(Conserver la Couverture)

LA GRANGE-CHANCEL 4318

LES

PHILIPPIQUES

ODES

ÉDITION DÉFINITIVE

Collationnée sur un manuscrit de l'époque

AVEC REMARQUES INÉDITES

LETTRE DE

VICTOR HUGO

ACCEPTANT LA DÉDICACE

DE L'ÉTUDE HISTORIQUE ET BIOGRAPHIQUE

SUR PHILIPPE D'ORLÉANS ET LA GRANGE-CHANCEL

PAR

LÉON DE LABESSADE

PARIS

ADOLPHE MOUVEAU ET G. LEVESQUE

libraires-éditeurs

20, AVENUE DU MAINE, 20

MDCCCLXXVI

LES

PHILIPPIQUES

ODES

Les éditeurs ont fait tirer de ce livre cinquante exemplaires sur papier des Vosges, destinés aux amateurs.

LA GRANGE-CHANCEL

LES
PHILIPPIQUES
ODES

ÉDITION DÉFINITIVE

Collationnée sur un manuscrit de l'époque

AVEC REMARQUES INÉDITES

LETTRE DE
VICTOR HUGO
ACCEPTANT LA DÉDICACE

DE L'ÉTUDE HISTORIQUE ET BIOGRAPHIQUE

SUR PHILIPPE D'ORLÉANS ET LA GRANGE-CHANCEL

PAR

LÉON DE LABESSADE

PARIS

ADOLPHE MOUVEAU ET G. LEVESQUE

libraires-éditeurs

20, AVENUE DU MAINE, 20

MDCCCLXXV

Tous droits réservés

DÉDICACE

Au grand Poëte, — à l'éloquent Tribun, — à l'Exilé du 2 décembre 1851, — Celui qui a pu écrire courageusement :

Et s'il n'en reste qu'un, je serai celui-là !

à l'auteur des *Châtiments*, — le plus illustre penseur de son siècle, — *notre Shakespeare, à nous,* comme l'a dit Louis Blanc avec une justesse si profonde, — à notre Maître vénéré,

VICTOR HUGO

l'*Étude sur les Philippiques et sur la Régence est dédiée,* — Témoignage très-sincère de notre admiration fervente et de notre respectueux dévouement.

LÉON DE LABESSADE

Paris, 21 août 1875.

LETTRE

DE

VICTOR HUGO

A MONSIEUR LÉON DE LABESSADE

Paris, 22 août 1875.

Monsieur,

J'aurais beaucoup de réserves à exprimer sur les Philippiques *de La Grange-Chancel.*

Mais l'Etude que vous en faites a, — au double point de vue historique et littéraire, — une très-réelle valeur.

Tout ce qui me vient de vous m'intéresse vivement.

J'accepte la dédicace que vous voulez bien m'offrir, en vous envoyant, Monsieur, tous mes vœux de succès [1].

Recevez l'assurance de mes sentiments les plus distingués,

VICTOR HUGO.

---

[1] Les *réserves*, faites par l'auteur de tant de poésies sublimes, viennent encore corroborer notre impression première ; nos *réserves* étaient déjà formulées à chaque page de l'Étude.

Comme œuvre satirique, les *Philippiques* ont souvent dépassé le but ; comme œuvre littéraire, elles l'ont quelquefois atteint avec une vigueur, un bonheur d'expression remarquables.

Les *Philippiques* rappellent les *Châtiments*, avec l'énorme différence qui sépare l'étoile du soleil, la copie de l'original. Au point de vue de la langue, c'est une production qui restera, au point de vue de l'histoire, c'est un monument.

L'école romantique ne peut pas répudier cette portion d'héritage du dix-huitième siècle ; il y aurait là un parti pris que nous ne soupçonnons chez personne.

La justice ne connaît ni la haine, ni les accommodements faciles ; au contraire, elle s'impose, — avec une force qui varie selon le degré de culture — au poëte, au critique, à l'historien, à toutes les intelligences élevées, à toutes les consciences droites. La justice est la passion de l'homme supérieur.

(*L'annotateur de 1875.*)

RÉPONSE

A

VICTOR HUGO

A VICTOR HUGO

> E quindi uscimmo a riveder le stelle.
> (Dante, *Inferno*, c. XXXIV, v. 139.)
> Et, de là, nous sortimes pour revoir les étoiles.

Et puisque nous sortons des épaisses ténèbres,
Et puisque des méchants les actes si funèbres
A notre conscience ont sonné comme un glas, —
Allons devant la foule et dépouillons ces voiles ;
Sortons de la Régence et montons aux étoiles ;
Comme le grand poëte aux Enfers, je suis las !

Si nous pouvions aller même au-delà des sphères
Où le croyant s'élance au souffle des prières,
Comme nous quitterions le vêtement charnel !
Et des cieux nous verrions cette terre où nous sommes,
Comme un point sur lequel s'agitent quelques hommes,
Ignorants, inquiets, sous l'œil de l'Éternel.

J'ai porté la Justice au centre de l'histoire ;
J'ai vu s'évanouir les titres à la gloire,
J'ai vu le déshonneur sur les fronts abattus,
Des courtisans nombreux, histrions sans courage,
Mendiant le salaire et refusant l'ouvrage,
Et le crime, — où devraient resplendir les vertus !

La Justice aujourd'hui parle à toute la terre ;
Qui voudrait la nier, devrait bientôt se taire.
Ce siècle est pour les Rois un fort mauvais moment ;
C'est le siècle du peuple! — et nul ne serait libre,
Si le sabre venait déranger l'équilibre :
Le farouche Lion gronderait sourdement !

De leurs droits sociaux les hommes vont s'instruire ;
Autour de ses devoirs j'entends l'âme bruire,
Elle cherche, elle aspire à son couronnement ;
Et la masse du peuple, au Forum accourue,
S'y recueille et s'instruit ; sa raison, — secourue
Par le progrès, — y trouve un solide aliment.

Respectons-le pourtant le siècle qui s'achève ;
Son résultat n'est pas l'ébauche d'un vain rêve ;
Il fait la République avec le dur granit,
Et chaque citoyen voit en elle la France,
Et du travail de tous jaillit une espérance,
Comme le jeune aiglon s'envole de son nid !

Rien n'est aussi puissant que l'artiste suprême,
Auquel la Muse donne un brillant diadème,
Et qui porte un nom,—grand comme un sceptre royal ;
Sa voix a retenti sur le sommet des mondes,
Les semences du Vrai vont devenir fécondes,
Le Droit va repeupler les ruines du mal.

Un ciel pur, — ses rayons tout ruisselants d'aurore,
Le rire castillan sur la harpe sonore,
Quelques doux souvenirs des vieux romanceros,
Un soleil qui se baigne aux mers occidentales,
Le pas retentissant des cités idéales,
Voilà le chant sacré d'une âme de héros !

La vague frissonnante allant baiser les plages,
La bataille des vents aux plus lointains rivages,
Et le golfe de Naple et les champs d'oranger,
La barque du pêcheur et sa voile latine,
D'une vierge au cœur pur la figure divine,
O poëte, que tout cela te fait songer !

Du feu dont le poëte inonde ses prunelles,
Le foyer se retrouve aux sphères éternelles,
  Dans cette immensité,
Où naissent les éclairs, passent les météores,
Où la foudre s'unit aux plus fraîches aurores,
  Dieu, l'amour, la beauté !

S'il a compris son but, le poëte est un ange,
Ange tombé sans doute au milieu de la fange,
  Subissant le réel,
Les insultes, les maux, les doutes, la tempête,
N'ayant quelquefois rien pour appuyer sa tête,
  Le doux enfant du ciel.

N'importe, il passe fier à travers les décombres ;
Il est comme un rayon qui traverse les ombres,
  Un Virgile aux Enfers ;
Et quand la tyrannie a poursuivi son rêve,
Quand elle a triomphé, le poëte soulève
  Un *Châtiment*, — son vers !

Dante exilé pleura son berceau, sa Florence ;
Il méritait la gloire, — il n'eut que la souffrance !
  Dieu lui dicta ses chants.
Le poëte en exil est une conscience,
Dont l'inspiration, sublime prescience,
  Marque au front les méchants.

Ton vers, ouvrant son aile à l'horizon immense,
Nous montre la bonté, souveraine clémence,
Nos vieux droits reconquis, désormais triomphants.
Et les convictions seules gouvernent l'âme,
Et l'amour du foyer illumine la femme,
Et Dieu semble bénir tes deux petits enfants !

Qu'il conserve au pays ta vieillesse robuste;
Et que le deuil jamais ne recouvre le buste
Où la gloire a jeté tant de couronnes d'or !
Et ta strophe reçoit l'étreinte du génie,
Et les nombres, toujours amants de l'harmonie,
Dans ton vers inspiré s'incarnent mieux encor.

Secoue aux vents du soir tes fleurs de poésie,
Apprends-nous les secrets de ta langue choisie,
Laisse-nous savourer les fruits délicieux ;
Pétris l'homme moderne avec la noble argile,
Fais pâlir les Tyrans sur leur Trône fragile,
Pour nous transfigurer, suspends notre âme aux cieux !

LÉON DE LABESSADE.

LE RÉGENT

LE RÉGENT

I

Considérations générales.

Les empires s'écroulent, — les hommes passent, — les principes restent ; — c'est la loi !

Parfois, cependant, la morale subit des variations funestes, ou plutôt des déviations de sens ; toute une époque se trouve pour ainsi dire atteinte du même mal : la cécité intellectuelle, le sommeil profond de la conscience.

Temps malheureusement féconds en erreurs, en querelles byzantines, en crimes monstrueux, qui finissent par les catastrophes, ou du moins qui les préparent, les amènent à un point tel, qu'il faut plusieurs hommes transcendants, dans le cours d'une portion de siècle, pour enrayer le mouvement de décomposition morale.

Les vérités éternelles, l'acquis pratique de la philosophie, les règles immuables de la logique des choses et des faits, l'ensemble même de la sociabilité, semblent atteints, profondément gangrenés; et le penseur, le patriote passent, impuissants, déconcertés, le deuil sur le front, l'amertume au fond de l'âme, devant le fléau vainqueur.

Telle nous est apparue la Régence.

Ducunt volentem fata, nolentem trahunt.

Ce vers expressif de Sénèque peint admirablement la situation des gouvernants en face des peuples; on peut dire du progrès ce que le poëte applique à la destinée: *Le progrès conduit qui veut le suivre, il entraîne qui résiste;* vérité théorique aussi incontestable qu'incontestée, et néanmoins méconnue par la jurisprudence officielle des dirigeants.

Philippe d'Orléans fournit une démonstration éloquente de cette opposition aux idées progressives; mais n'anticipons pas; le moment viendra de juger l'homme, nombreux en vices, et l'œuvre, stérile en progrès accomplis.

Nous sommes en 1715, le 1ᵉʳ septembre; la valetaille titrée ne répète plus le *Nec pluribus impar*, le chêne a reçu un robuste coup de hache au tronc, le roi Louis XIV vient de mourir!

Le génie malfaisant de la Monarchie, celle que les Courtisans, oublieux du cul-de-jatte Scarron, nommaient *Madame de Maintenant*, et qui dura plus longtemps que leur ironie ne l'avait prévu, se retirait à

Saint-Cyr ; un fourgon portait à Saint-Denis le cadavre du Roy, et le peuple s'ameutait sur son passage, — premier et significatif rugissement du lion ; le Parlement déchirait le testament qui reconnaissait aux bâtards les droits des enfants de France, la succession légitime au trône de saint Louis et d'Henri IV ; enfin, le Régent, Philippe d'Orléans, prenait les rênes du gouvernement.

Jetons un coup d'œil rapide sur l'enchaînement des faits qui aboutirent à la réunion des États-Généraux.

Un interrègne scandaleux, la Régence ; un règne où l'action diplomatique et civilisatrice de notre pays fut anéantie sous de basses intrigues, n'est-ce pas *viles* qu'il faudrait dire ? le partage odieux de la Pologne (1773), consommé sans une seule protestation du cabinet voluptueux de Versailles,—crime excusé par un muet dangereux, Louis XV, et par une muette césarienne, Marie-Thérèse d'Autriche [1] ; — en un mot, la corruption partout !

Quelques années plus tard, le royal habitué du Parc-

---

[1] La Prusse et la Russie n'étaient ni muettes, ni inactives ; elles parlaient, agissaient, accaparaient surtout. Le petit duché de Brandebourg allait devenir cette Prusse redoutable que l'Europe connaît ; mais, il faut avoir le courage et le patriotisme de l'avouer, la politique inepte et antinationale de Louis XIV et de Louis XV a préparé, secondé inconsciemment la prépondérance germanique, si merveilleusement aidée à la dernière heure par les défaillances diplomatiques du cabinet des Tuileries, — par l'habileté, le machiavélisme infernal du Richelieu prussien, — comte de Bismarck !

Le plus grand crime commis par Louis XIV est un crime de politique intérieure ; la Révocation de l'Édit de Nantes jeta à l'Étranger, et notamment en Prusse, notre commerce, les ouvriers, aux-Cerfs, s'éteignant presque subitement, rongé par la débauche jusques aux moelles; un jeune roi, honnête homme à ses débuts, inexpérimenté, trop accessible aux câlineries conjugales, prenant le pouvoir au milieu des troubles; et, en fin de compte, soixante-quatorze ans après le déplorable passage de Philippe d'Orléans aux affaires, la date contemporaine la plus retentissante, la plus mémorable, tombant avec fracas dans l'histoire : 1789 !

Voilà, sommairement présentées, indiquées seulement à l'intelligence du lecteur, les fatales conséquences de cette période triste, sombre et burlesque que l'on nomme la Régence!

Notre plume ne connaît ni la passion ni la haine; nous saurons rendre justice à tout le monde; nous voulons dire la vérité aux gouvernants, sans faiblesse, sans ostentation, — aux gouvernés, sans flatterie, sans atténuation; le même accent de sincérité pour les peuples et les rois.

---

les hommes influents qui l'avaient constitué; les secrets de nos fabrications allèrent enrichir les Allemands.

Louis XIV a préparé la grandeur de la Prusse; Napoléon Ier a refoulé sa puissance; anéantie après la bataille d'Iéna, la Prusse ne dut qu'à la générosité du vainqueur le droit de compter comme grande nation. Faute capitale, que le captif de Sainte-Hélène dut se reprocher amèrement! Le dernier des Napoléon a relevé la Prusse; il a rendu à Guillaume la glorieuse épée de la France.

Louis XIV, d'une part, Louis XV de l'autre, par son *laisser-faire* dans la question polonaise, Napoléon III enfin, — tels sont les hommes auxquels la Prusse est redevable d'une élévation qui semble l'avoir surprise elle-même.

II

Les trois siècles précurseurs de la Révolution.

Au début d'une Etude dans laquelle nous touchons à trois règnes qui ont rempli plus d'un siècle, il n'est pas indifférent, ne fût-ce qu'à titre d'observation, ce diagnostic moral aussi lumineux, aussi certain que le diagnostic médical, de jeter un coup d'œil à vol d'oiseau sur les siècles antérieurs au nôtre, pendant lesquels l'idée de l'unité française, l'idée de la libre pensée, ont étendu dans toutes les branches des connaissances humaines, avec un sens supérieur de la notion de continuité, leurs rameaux vigoureux, chargés de fleurs et de fruits.

L'observation se résout en expérience; cette expérience est utile aux individus; elle est indispensable à l'individu collectif, la nation; les peuples qui ne prennent pas conseil de l'expérience sont des peuples finis; la lumière se retire; l'initiative individuelle s'efface; et l'étranger ne tarde pas à régenter le peuple qui s'est ainsi abandonné lui-même.

A ces moments troublés, où la conscience n'a plus

que des lueurs confuses, éparses, intermittentes, le byzantinisme des discussions semble tenir lieu de l'idée condensée en préceptes, formules du système politique contemporain; nous parlons du droit national, ayant pour corollaire le droit international des peuples européens et celui des peuples vivaces, propagandistes, des deux Amériques, avec lesquels le vieux continent entretient des relations aussi nombreuses qu'importantes.

Observer la formation et la filiation de ce droit nouveau dans les siècles, est un travail digne de tenter un esprit philosophique bien trempé.

Nous ne voulons pas le tenter dans une Étude; nous signalons l'entreprise à de plus savants que nous, car la bonne volonté, dans ces graves matières, ne peut tenir lieu de science.

Nous ne ferons qu'un aperçu; et le lecteur attentif verra qu'il jette de la clarté sur la question de responsabilité historique, aussi distributive dans ses applications aux peuples que la responsabilité personnelle l'est aux individus.

Un mot sur le seizième siècle, époque de floraison incomparable. Une des plus hautes intelligences de ce temps l'a représenté ainsi :

« — C'est une immense époque pour la société hu-
« maine, mais c'est une immense époque pour l'art;
« c'est le passage de l'unité religieuse et politique à la
« liberté de conscience et de cité, de l'orthodoxie au
« schisme, de la discipline à l'examen, de la grande syn-
« thèse sacerdotale qui a fait le moyen âge à l'analyse

« philosophique qui va le dissoudre ; c'est tout cela, et
« c'est aussi le tournant, magnifique et éblouissant, de
« perspectives sans nombre, de l'art gothique à l'art
« classique.

« Ce n'est partout, sur le sol de la vieille Europe,
« que guerres religieuses, guerres civiles, guerres pour
« un dogme, guerres pour un sacrement, guerres
« pour une idée, de peuple à peuple, de roi à roi,
« d'homme à homme ; que cliquetis d'épées toujours
« tirées et de docteurs toujours irrités ; que commo-
« tions politiques ; que chutes et écroulements des cho-
« ses anciennes, que bruyant et sonore avénement des
« nouveautés ; en même temps, ce n'est dans l'art que
« chefs-d'œuvre.

« On convoque la diète de Worms, mais on peint
« la chapelle Sixtine. Il y a Luther, mais il y a Michel-
« Ange. »

En lisant cette admirable page, tout le monde a nommé Victor Hugo, qui l'écrivit le 20 novembre 1831, après l'écroulement d'une maison royale, peu soucieuse des droits de la nation, envieuse plutôt de nous ramener brusquement en arrière et de raturer la Révolution française : nous avons rappelé Polignac et Charles X.

Ainsi, et pour employer la remarquable expression de l'illustre poëte, il y a, au seizième siècle, Luther et Michel-Ange : d'un côté, le libre examen ; de l'autre, l'art dans sa plus haute incarnation ; ces deux caractères constituent l'originalité du mouvement intellectuel, du courant de protestations, qui devaient aboutir à la convocation des États-Généraux par Louis XVI.

Les productions luxuriantes du seizième siècle restent le point de départ bien défini des investigations philosophiques ; l'esprit critique est mis en branle avec une vigueur initiale tellement forte, qu'il ne s'arrêtera plus ; toutes les conséquences seront tirées d'une manière inflexible ; la pratique s'enrichira des données de la science ; le vieux monde, sapé dans ses assises, tremblera comme un homme ivre jusqu'à la fin du siècle dernier, qui lui portera le coup mortel en décapitant la Royauté dans la personne de Louis XVI.

La Régence de Philippe d'Orléans n'aura pas peu contribué à précipiter le dénouement ; la corruption des mœurs, poussée à ses dernières limites, devait amener les catastrophes ; l'analyste doit le reconnaître, — à moins de subir l'aveuglement de l'esprit de parti, — si constamment contraire à la vérité.

Au dix-septième siècle, les problèmes les plus ardus de la philosophie de l'histoire et de la philosophie des sciences furent nettement posés ; le champ de la démonstration s'élargit ; une ère nouvelle commença pour l'esprit humain, l'ère inaugurée par la doctrine luthérienne, le libre examen.

Un siècle allait venir, le dix-huitième, siècle de vulgarisation par excellence.

Chose étrange, et sur laquelle les penseurs spécialement psychologistes n'ont pas, à notre sens, suffisamment insisté, c'est que la marche de notre langue vers l'unité, vers la perfection de la forme littéraire, était, au dix-septième siècle, commandée par des besoins impérieux, une sorte de prescience, le coup d'œil du génie, voulant donner aux réformateurs sociaux du siècle suivant un instrument littéraire puissant et achevé.

Le moment vint où cette langue fut indispensable aux encyclopédistes ; Diderot, D'Alembert, et la pléiade qui gravitait dans leur orbite, sentirent l'importance d'une langue aussi perfectionnée, souple et forte, également capable d'émouvoir le cœur et d'ébranler les résolutions.

Nous n'insisterons pas sur ce rapprochement ; il est trop dans la nature des choses ; il ressort trop de l'enseignement historique pour qu'il soit urgent de fournir des preuves à l'appui.

Dans la dernière partie du dix-huitième siècle, quelques hommes se rencontrèrent animés des intentions les plus généreuses ; ils mirent leur ambition, — et nulle ne fut plus grande ni plus légitime, — à incarner dans les faits les idées lancées dans la circulation intellectuelle par les encyclopédistes ; ces hommes étaient conséquents : ils suivaient, ou plutôt ils étaient portés par le mouvement commencé au seizième siècle.

Les travaux de plusieurs générations devaient-ils donc rester infructueux ?

Nous ne le pensons pas ; et la bourgeoisie, héritière des conquêtes libérales du siècle dernier, ne peut qu'accentuer son amour du bien public en les étendant, en les complétant, en leur faisant donner toute la résultante possible d'idées gouvernementales; elle commence à le comprendre, mais l'évolution gagnerait beaucoup à se généraliser.

Mirabeau, Robespierre et Danton [1], ces hommes que les réacteurs à outrance appellent des démolisseurs, furent donc des *reconstructeurs* au sens vrai du mot; ils appliquèrent ce que les penseurs avaient formulé en principe; ils jetèrent les bases de l'édifice social européen en écrivant la charte immortelle des *Droits de l'homme*.

Cette *Déclaration*, simple et logique comme tous les actes de justice, est à coup sûr la ligne de démarcation tranchée qui sépare l'ancien ordre de choses du nouveau; cette inauguration est due à l'esprit de la Révolution, qui trouve enfin aujourd'hui son couronnement si longtemps attendu, — la République française !

---

[1] Nous possédons sur la période révolutionnaire, et spécialement sur Danton, un travail presque achevé; quelques recherches sont encore indispensables.

III

Les Encyclopédistes et leur œuvre.

Le dix-huitième siècle, venant après celui des grands artistes classiques, qui avaient entouré la vieille monarchie héréditaire de tant de prestige et de gloire, devait nécessairement se vouer aux questions ardues, complexes, délicates, du gouvernement dans ses rapports avec les masses, et creuser la question sociale, encore actuellement si débattue.

Les Parlements, les discours de réunions, les Revues, les journaux, les brochures, les livres, retentissent de cette discussion, commencée au dix-huitième siècle et toujours pendante devant l'histoire du progrès et devant la conscience des nations.

Qui tranchera le nœud gordien ? Sans doute le vingtième siècle, qui s'ouvrira dans vingt-cinq ans, en pleine efflorescence républicaine.

Notons qu'avec le dix-huitième siècle, la question sociale, brûlante par excellence, parce qu'elle touche plus aux intérêts de l'homme qu'aux opinions intellectuelles en crédit, allait enfin quitter la sphère nuageuse des théories pour entrer dans la phase pratique ;—mais de tels revirements ne s'effectuent jamais sans des changements violents, sans l'effacement radical du passé, effacement qui ne peut aller sans ruines; on peut et on doit même le regretter ; la sympathie pour les victimes, à quelque parti qu'elles appartiennent, est une des grandes lois de la moralité historique ; nous ne la méconnaissons pas ; nous serions coupables de n'en tenir aucun compte dans un siècle, écoulé aux trois quarts, qui a vu déjà tant d'écroulements et qui a fait de trop nombreuses victimes.

Voltaire, avec l'arme acérée du ridicule, de l'ironie athéniennes, flèches du Parthe lancées d'une main expérimentée, avait porté les premiers coups à l'édifice religieux et monarchique ; une corrélation intime les joignant, on ne pouvait frapper l'un sans que l'autre ressentît le contre-coup, — c'est là ce qui, pour l'observateur non prévenu, devait assurer le succès définitif de la cause.

Les Commentaires bibliques de Voltaire sont encore aujourd'hui dans toutes les mémoires ; il parlait une langue pure, claire, simple, méthodique, qui se gravait facilement par le brio, le mordant, la finesse, et, parfois, la profonde méchanceté du discours. Cette langue devait être reprise plus tard par Beaumarchais et par Paul-Louis Courier.

Voltaire se doutait de son rôle, puisqu'il avait du génie ; le propre du génie est d'apercevoir les conséquences, même éloignées ; mais on peut avancer que le philosophe rieur, sans cesse narquois, sardonique, cynique même, quand il fallait frapper un grand coup, ne pressentait pas la catastrophe aussi imminente, aussi désastreuse pour la cause sacerdotale et pour la cause royale.

Il commença le mouvement réformiste dans l'ordre spéculatif; il sema les germes, discrédita les dogmes, ébranla la foi catholique; il fit même rire du pouvoir; désormais on pouvait laisser faire le temps, cet autre artiste prodigieux, qui ne parle qu'à son heure et dont les raisonnements sont irrésistibles.

Voltaire n'avait rien adouci dans sa polémique, et, néanmoins, que de ménagements paraissaient commandés par la situation !

Rousseau, imagination malade, caractère aigri, nature tendre et mélancolique, l'aïeul de tous les pleureurs à nacelle dont notre littérature fut inondée au commencement du siècle, devait faire pour l'État, pour la chose sociale, ce que Voltaire avait accompli contre la Religion, avec un si rare et si cruel bonheur.

L'homme, ses droits, ses devoirs, ses rapports avec l'État, l'instruction nationale, les abus à déraciner, une foi nouvelle à inculquer, tout un Credo philosophique; telles furent les théories du redoutable discuteur; ces questions, assurément nouvelles, se posèrent brutalement; elles se posèrent comme des faits, et non comme les utopies sorties des élucubrations d'un cerveau malade.

La peur des gouvernants fut immense; ils eurent conscience du danger qui les menaçait.

Rousseau réussit à merveille; son style fiévreux, éloquent comme la passion, rêveur comme l'enthousiasme à peine refroidi, ouvrant à l'imagination de vastes perspectives, fut l'instrument le plus redoutable employé contre l'ancien ordre de choses; les femmes se rangèrent à son avis, et, même à la Cour, elles se souvinrent de la *Nouvelle Héloïse* et attendrirent les persécuteurs ministériels.

Le Parlement frappa son ouvrage capital, l'*Émile*; Rousseau dut fuir, emportant avec lui cette amertume qui devait le conduire à la haine des hommes, et, finalement, au suicide.

Voltaire et Rousseau firent la révolution dans les esprits; de là aux faits il n'y a pas loin; on allait le voir bientôt.

Les théories énoncées par les deux penseurs, développées et commentées par l'école encyclopédique, achevèrent l'œuvre et lui communiquèrent une vie nouvelle; les encyclopédistes se montrèrent plus positifs que raisonneurs; ils entrevirent le but; ils y marchèrent résolûment.

Comme toutes les révolutions, 1789 vint à son heure, fatalement, inexorablement, avec tous ses défauts, ses inconséquences, ses erreurs, inconséquences et défauts qui allaient se traduire par des crimes.

Une période en prépare une autre; les esprits se meuvent en vertu de lois naturelles immuables;

à une préparation purement intellectuelle succède une rénovation pratique : rien de plus, rien de moins.

Le dernier quart de siècle, celui que nous traversons si péniblement, entourés de tant de périls et d'embûches, nous prépare un renouvellement de la forme sociale ; la bourgeoisie gouvernera libéralement une démocratie instruite de ses droits et pratiquant ses devoirs, soumise aux lois, laborieuse, amie de la paix, mais poursuivant tous les progrès, toutes les réformes sages, prudentes et vraiment civilisatrices : cette perspective est magnifique.

L'ordre et la paix à l'intérieur, avec le travail, la justice, la loi respectés ; la paix à l'extérieur, avec les alliances qui viendront nous chercher d'elles-mêmes, dès que notre assiette gouvernementale sera plus fixe : voilà l'horizon pour la France !

Les rêves de restauration ont fait leur temps ; les masses sont acquises à la République ; avec ce gouvernement, nous consacrerons définitivement le règne du droit.

Les vieux partis peuvent désarmer ; devant la nation, ils ont perdu tout prestige. On ne ressuscite pas un cadavre.

L'heure des miracles est passée ; le libre examen a tué la fantasmagorie sacerdotale.

Un seul parti a eu des chances sérieuses de restauration, le parti henriquinquiste, le principe du droit divin, le moyen âge *avec toutes ses beautés ;* mais, pour gouverner, il faut un personnel nombreux, et les légitimistes ne possèdent qu'un homme supérieur, leur Roy!

Les vieux partis ont en face d'eux la France contemporaine ; le patriotisme leur commande de l'aimer et de la servir!

IV

*Résumé des trois chapitres précédents.
Quelques vues sur les théories modernes.*

Le travail de trois siècles aboutit à 1789, à l'émancipation de l'homme, au double point de vue de l'individu et de l'être pensant ; la Révolution est entrée franchement dans le domaine de l'absolu, repoussant le relatif comme une injustice, une indignité sans exemple.

Elle a justifié le sublime vers de Térence, qui semblait l'avoir pressentie, en disant :

Homo sum : humani nihil a me alienum puto.

En effet, la Révolution possède un caractère d'humanité, qui resterait sans comparaison, si l'Évangile ne nous avait pas conservé la morale du Christ, ce premier révolutionnaire, qui devait toucher, lui aussi, le salaire promis aux esprits trop supérieurs à leur temps, la mort !

Et, *de fait*, nous n'envisageons pas la question au point de vue *du droit*, l'axe de la vie intellectuelle se trouve déplacé singulièrement.

Vouloir, en 1875, c'est-à-dire quatre-vingt-six ans après la *Déclaration des droits de l'homme*, rétablir l'équilibre du moyen âge, l'Empereur et le Pape, les diverses vassalités, les petits et les grands feudataires, tout l'ordre féodal, serait une folle imagination, un coup de fortune sans circonstances atténuantes, qui mènerait aux abîmes celui qui serait assez aveugle, assez téméraire, pour se lancer de propos délibéré dans une aussi formidable entreprise.

Nous ne voulons rappeler qu'une déclaration, mais une déclaration officielle du chef responsable du gouvernement français, laquelle n'a jamais été désavouée : « *Les chassepots partiraient tout seuls ce jour-là !* » Quelle leçon !

Il faut en prendre son parti, 1789 a changé la face du monde. *Ceci a tué cela*, d'après une antithèse restée célèbre.

L'axe du vieux monde reposait sur deux dogmes, battus en brèche même à l'époque de leur apparition : le dogme religieux et le dogme royal; ces dogmes autoritaires ont fait place à la souveraineté populaire, exprimée par l'institution organique du suffrage universel, fruit précieux de la révolution de 1848, malheureusement plus idéaliste que pratique, plus dogmatique que constitutionnelle; ses bonnes intentions furent paralysées par la crainte de l'avénement au pouvoir du plus grand nombre.

Une expression, hardie autant que juste, est venue dans ces derniers temps donner la formule de cette évolution, et les *nouvelles couches sociales* [1] ont pu se

---

[1] Ce programme, tant critiqué par les feuilles monarchico-clé-

rendre un compte précis de leur importance politique.

Le nombre, considéré comme une utopie pendant de longs siècles, est devenu une réalité.

Les âmes et les pensées évoluaient autrefois dans un cercle restreint; les impossibilités se heurtaient partout

---

ricales et orléano-bonapartistes, fut développé dans un discours prononcé à Grenoble par l'éminent M. Léon Gambetta.

L'illustre orateur est revenu, à différentes reprises, sur cette donnée politique si remarquable; il l'a entourée de considérants qui ont fourni pleine satisfaction au parti républicain; les organes les plus modérés de la presse étrangère ont donné leur adhésion aux théories de Grenoble; néanmoins, les réacteurs de toute nuance et de toute école gardent rancune à M. Gambetta.

Nous n'avons pas la prétention de rappeler dans une note les services rendus à la cause nationale par M. Léon Gambetta; ils sont trop nombreux, trop éclatants, pour n'être pas restés au fond de toutes les mémoires. Néanmoins, citons quelques faits :

Quand l'honneur du drapeau fut engagé sur les rives du Rhin, aujourd'hui redevenues allemandes, — quand notre étoile militaire sembla pâlir, et que l'Europe accueillit, avec un ricanement mal déguisé, l'effondrement de notre gloire séculaire, — un homme entre tous se prit à aimer la France; il mesura sa confiance en elle au degré de malheur qui l'accablait; il frappa virilement du pied le sol sacré de la patrie, et des armées en jaillirent; il jeta le cri d'alarme patriotique, quand un chef de l'armée rendit à l'ennemi les clefs d'une forteresse, vierge jusque-là; il fut à l'Assemblée nationale de Bordeaux l'un des derniers députés de Strasbourg, que nous allions perdre, et il opta pour ce noble lambeau de la France, qui allait nous être arraché; cet homme qui ne désespérait pas, c'était M. Léon Gambetta !

On n'est pas impunément l'homme de son siècle, le chef autorisé de la démocratie, l'ami sincère et applaudi des masses.

La France, elle, n'oubliera jamais que M. Gambetta a défendu son drapeau à l'heure des périls suprêmes !

menaçantes; aujourd'hui, elles évoluent dans un infini de lumière, d'expansion, de liberté; le serf n'est plus une *chose*, c'est un *homme*, c'est une conscience; son bulletin de vote pèse dans la balance des destinées de la patrie; l'égalité devant la loi, l'admission à tous les emplois, même l'avénement à la magistrature suprême, sont les conséquences, et j'insiste fortement là-dessus, du travail des trois siècles qui ont précédé le nôtre.

Les fautes, les crimes, les monstrueuses aberrations de la monarchie, en particulier de la Régence, ont imprimé au mouvement de revendication sa spontanéité, sa vitalité propres; sans les turpitudes galantes de la Régence, qui devait marquer de son caractère le règne suivant (Louis XV), peut-être la décomposition royale eût-elle été retardée longtemps encore; ainsi les erreurs des rois servent quelquefois la cause générale des peuples; elles permettent à la justice d'armer son bras et de frapper les coupables.

Vue d'après ces considérations, la Régence emprunte aux circonstances une énorme responsabilité; ce fut un interrègne, trop influent, hélas! sur les intelligences qui menaient alors la France; les dernières années de Louis XIV, mornes, religieuses, tristes, poussaient les classes aristocratiques vers une réaction; mais cette réaction dépassa les bornes; la débauche rappela les orgies sanglantes de Rome impériale, alors que Néron ne rougissait déjà plus de paraître sur la scène avec des histrions et des courtisanes!

L'influence profondément dissolvante de la Régence

devait hâter la régénération, loin de l'enrayer; elle paraît dans l'histoire comme un ciel sombre, bariolé de gros nuages noirs, annonçant l'orage d'où partira la foudre, — l'un et l'autre étaient réservés à la France; l'épreuve la mit à deux doigts de sa perte; l'Europe se coalisa; mais le principe de la liberté trouva dans son essence généreuse ce qui devait la sauver; le sang-froid de ses tribuns, l'amour de la patrie sur les champs de bataille!

En 1875, comme aux seizième, dix-septième et dix-huitième siècles, le dogme, soit Religieux, soit Royal, est aux prises avec la science et la souveraineté populaire; la réfutation s'accomplit sans secousses; les périodes se succèdent plus ou moins tourmentées, selon la moralité des gouvernants; les crimes d'État tendent à disparaître; le 18 brumaire et le 2 décembre sont considérés comme d'épouvantables souvenirs d'histoire; leur retour semble de plus en plus impossible : les rouages constitutionnels tendent à l'harmonie dans leurs parties vraiment essentielles; l'accord se fait entre les citoyens d'un même pays; *il n'y a plus de classes;* et l'homme peut aborder résolûment l'éducation rationnelle de toutes ses facultés, depuis le cerveau jusqu'à la faculté maîtresse : l'âme!

Résumons ces considérations, sans doute trop rapides, du moins consciencieusement étudiées, sans négliger le caractère des temps et le degré de responsabilité de chacun d'eux.

Le seizième siècle pose les questions avec une netteté, une vigueur, une clairvoyance, une probité d'argumentation que l'on méconnaîtra plus tard; il recueille, il recherche avec soin les origines de l'idée; il porte dans la philosophie le flambeau des faits particuliers; c'est une époque analytique [1]; les siècles qui suivront auront pour mission de condenser, de grouper les observations éclairées par l'analyse pénétrante.

Le seizième siècle contient les deux autres, comme le bourgeon contient le fruit.

Le dix-septième siècle s'attache à la langue, aux procédés oratoires, aux modes d'exprimer les pensées; c'est une époque littéraire par un de ses grands côtés.

L'opération synthétique suit d'elle-même la période d'incubation; elle se fait jour dans les meilleurs esprits; elle se dégage de l'acquis philosophique du siècle précédent; et, quoique présentées alors avec une prudence, un art infinis, on voit distinctement poindre les conclusions, qui doivent ouvrir des horizons nouveaux à l'humanité.

Le dix-septième siècle appartient à deux ordres différents : la littérature et la synthèse, se combinant en

---

[1] L'analyse est un précieux instrument; elle porte la lumière dans toutes les sphères d'investigation; cependant, sous une plume éloquente, passionnée, elle peut revêtir le sophisme des couleurs les plus séduisantes et, partant, les plus dangereuses.

Les philosophes J.-J. Rousseau et Joseph de Maistre, Lacordaire et Lamennais, qui se meuvent aux deux pôles de la pensée, le démontrent suffisamment. Avec l'analyse, l'éloquence passionnée est un danger.

vue d'un but commun, l'émancipation sociale et morale de l'homme.

Le dix-huitième siècle est désigné clairement par l'action de celui-ci; les questions sont élucidées; J.-J. Rousseau, Voltaire, Montesquieu et les encyclopédistes peuvent venir; plus il y aura d'ouvriers, plus la moisson sera abondante.

Héritier des traditions deux fois centenaires qui l'ont formé, le dix-huitième siècle tient à la fois de la synthèse scientifique et de l'analyse transcendantale; son instrument favori, c'est la logique implacable, toujours nerveuse comme une démonstration algébrique, toujours serrée comme le découlement d'une équation, mais empreinte d'un sentiment de la justice, de l'humanité, du droit des faibles, qui la feront triompher de tous les obstacles amoncelés sur sa route.

Les dernières heures du siècle furent marquées par l'écroulement de la monarchie, la reconnaissance, aussi tardive qu'éclatante, des droits de l'homme, et l'intronisation de la souveraineté populaire; le dix-huitième siècle avait accompli son œuvre; la philosophie avait abattu le moyen âge.

L'action caractérise heureusement le siècle de Montesquieu et de Rousseau; il fut hardi, mais logique; il fut sans pitié dans la recherche des conséquences, — mais il montra un rare amour de l'humanité.

Les reconstructeurs firent bon marché de leur réputation; ils sacrifièrent leur tête à l'œuvre commencée; l'histoire, toujours plus impartiale à mesure qu'elle s'éloigne des passions contemporaines, leur rendra justice, à eux qui n'ont vécu que pour la justice et la liberté!

La Régence occupe le moment décisif[1] dans cette succession de périodes; elle pouvait faire oublier les ruineuses grandeurs de Louis XIV et préparer au jeune Louis XV un règne sans tourmentes; elle n'offrit au futur monarque que le spectacle fascinateur des débauches sans nombre, des exactions de toute nature, des fraudes financières, qui devinrent une crise nationale; en un mot, l'atmosphère corrompue où vécut celui qui devait être le Roi de France, le pénétra de si bonne heure, — et si intimement, — que les abominations surgirent bientôt; on les vit s'étaler avec cynisme, sans pareilles, sans excuses.

Les énumérer, serait écrire la plus honteuse page de notre histoire; mentionnons seulement la Du Barry, fille publique devenue souveraine au petit-pied, les princes de l'Église s'inclinant devant elle, la morale servant de litière aux passions, le partage de la Pologne, deux grands crimes, sans compter les autres!

Nous allons aborder la Régence; nous suivrons l'ordre tracé par les *Philippiques* de La Grange-Chancel; c'est le procédé qui nous a paru se prêter le mieux à l'exposition des faits; laissons-les parler avec leur éloquence, souvent brutale, toujours instructive!

---

[1] Les historiens d'outre-Rhin diraient « *le moment psychologique* ». Nous la connaissons, cette expression!

V

Le Régent. Aperçus sommaires.

La première strophe des *Philippiques* contient un mot de portée, un mot qui indispose quelque peu le lecteur, pourvu qu'il soit déjà prévenu contre La Grange par les clichés et les racontars du siècle dernier.

> Contre un Monstre encor plus farouche
> Mettez votre *fiel* en ma bouche.

Ce Monstre n'est autre que le Régent de France, Philippe d'Orléans, appelé par les arrêts souverains du Parlement à gouverner pendant la minorité de Louis XV.

> Ce bon Régent, qui gâta tout en France.

Cette boutade contient beaucoup de vrai, en dépit des certificats accordés par les contemporains complaisants; le temps n'est pas venu d'entrer au fond de la question.

Le mot *fiel* éveille un écho vengeur dans la conscience; la vérité ne connaît pas le fiel. Cicéron et

Démosthènes, invoqués en première ligne, eussent sans doute repoussé le fiel de leurs lèvres éloquentes; si le mot n'est qu'une remplissure, nous déclarons qu'elle est fâcheuse.

Les deux grandes ennemies du Régent, mesdames de Maintenon et des Ursins, nous ont laissé de ce prince des portraits effrayants de noirceur, d'hypocrisie, un ensemble abominable; la passion, la rancune, la haine, ces trois choses mélangées dans un cœur de femme, assaisonnées encore de petites intrigues et de nombreux regrets tout personnels, peuvent seuls engendrer un aussi affreux assemblage de méchantes remarques; — mais l'histoire, — impartiale et consciencieuse, aujourd'hui si recueillie et si lumineuse, — ne s'est pas arrêtée à ces commérages bilieux.

L'horizon de l'historien s'est considérablement agrandi, depuis que l'on prête une attention soutenue aux personnages, reléguant pour ainsi dire les faits aux plans secondaires; une vive lumière rejaillit de cette façon sur l'acteur, et son œuvre, sans passer inaperçue, n'est considérée qu'au point de vue des conséquences, bonnes ou mauvaises, qu'elle a produites.

Le procédé contemporain est le meilleur; si vous voulez juger les deux méthodes, lisez, à de courts intervalles, quelques chapitres de Michelet et quelques chapitres de Mignet; les deux systèmes sont aux prises, et votre conviction ne tardera pas à s'établir sur des preuves irréfragables.

Mignet ne scrute pas l'homme, il va droit aux événements, qu'il expose, analyse, compare, rapproche, toutes opérations bien combinées, et dont il résulte une harmonie de lignes imposante.

Mais prenez l'historien narrateur Michelet, le point de vue change; le panorama des plans reste saisissant, en s'imprégnant d'une vérité de perspective inconnue aux écrivains, trop lourds et trop secs, de la vieille école; les personnages sont fouillés dans leurs moindres entournures; l'homme se meut, sans masque officiel, sans discours apprêté sur les lèvres, sans oripeaux de convention sur les épaules; vous n'étudiez plus une époque, vous vivez de sa vie propre, ce qui vaut mieux.

Que l'on veuille bien nous pardonner cette théorie de l'histoire, courte d'ailleurs, — comme doivent l'être les hors-d'œuvre, — elle n'est pas déplacée au début d'une étude, où notre plume inexpérimentée doit remettre sous les yeux du lecteur les scènes les plus tourmentées de notre histoire, les travers de l'esprit et des mœurs les plus odieux, les mascarades de sentiment les plus révoltantes; c'est là, et là surtout, nous le croyons, que l'historien doit se pencher sur son personnage avec une curiosité inquiète, sans autre souci que l'éternelle vérité, — une déesse nue! — sans autre prétention que celle de faire sortir un rayon d'évidence du chaos légendaire où reste enfermée la Régence.

Ce devoir rempli, simplement et jusqu'au bout, comme se remplissent les devoirs, que tel ou tel parti jette les hauts cris de l'indignation, — simulée bien souvent, — il faut passer outre, fort du témoignage de sa conscience.

Scientia, conscientia : Jamais cette devise philosophique ne fut mieux à sa place ; et, si elle n'était pas inscrite sur le livre d'or d'une école d'investigation critique, où nous comptons de nombreux amis, qui furent nos maîtres, nous l'eussions prise et gravée sur le premier feuillet de notre ouvrage ; la science aidant la conscience, — la conscience éclairant la science, les deux lumières se rencontrant au sein du vrai et concentrant leurs divines étincelles, afin d'illuminer le ciel moral de l'humanité,—quelle autre vue plus splendide, plus progressive, plus amie du développement de la pensée !

Science et conscience, la théorie ne nous appartient pas, mais nous l'acceptons ; puissions-nous l'avoir assez bien comprise pour qu'elle nous serve de flambeau !

Nature expansive, joviale, toute de premier mouvement, avec un fond d'humeur gauloise, le Régent s'offre à nous sous un aspect qui n'a rien de repoussant. Élevé sur les marches d'un trône qu'il occupa par intérim, et dont il faillit être le titulaire auguste, Philippe avait reçu une instruction solide ; le témoignage de Madame Mère, princesse palatine, femme lettrée, une cancanière de haute volée, est très-précieux sur son fils ; ses lettres, adressées en Allemagne, traitent de la Cour, des finances, de la diplomatie, de la littérature, des petits et grands voyages du Roy et du Régent, elle s'occupe de tout et de rien ; en maints endroits, néanmoins, se rencontre un jet pétillant d'observation, un moulage fait sur le vif, une circonstance dramatisée par cette plume tracassière, fine, quelquefois enfiellée.

Nous citerons très-souvent Madame Mère, *la Palatine*, ainsi que la nomment les Mémoires du temps; aussi l'avons-nous présentée au lecteur.

Sceptique de bonne heure, le Régent jeta son dévolu, le trop-plein d'une intelligence curieuse, un peu désordonnée, sur les sciences naturelles et physiques; il étudia la peinture, la musique, la chimie, qui fut une de ses passions, celle-là même qui donna prise aux attaques des *Philippiques*, visant la mort des Enfants de France; ces occupations, austères en apparence, ne l'empêchaient pas de cultiver d'autres muses plus décolletées, ce goût le suivit aux affaires. Il peignit quelques toiles; et, au dire autorisé de M. Ch. Blanc, le savant, le sympathique Directeur des Beaux-Arts sous la présidence de M. Thiers, elles ont subi le coup de feu des enchères publiques, où les connaisseurs les recherchaient avec avidité. Bizarre rapprochement! Comment concilier le Régent artiste avec le viveur effréné, l'amant des coureuses aristocratiques que nous verrons plus tard?

Les points d'interrogation abonderaient dans ce premier fusain du Régent, que nous établissons à la hâte pour saisir les lignes faciales et déterminer les traits caractéristiques; il faudrait le *pourtraicturer* à la Van Dyck, si nous tenions à une figure vibrante de vérité, de sentiments; le masque était d'une extrême mobilité; le menton bien attaché, le nez bourbonien, l'œil fatigué par des veilles où les affaires de l'État n'avaient rien à voir, et cependant chargé du fluide de la pensée, — le front haut, un large espace où le travail d'incubation devait s'opérer sans difficulté, — les joues pendantes avant l'âge, irisées de points bleuâtres, stigmates laissés par l'orgie sur une figure sympathique, avenante, dénotant la supériorité de l'intelligence aux prises avec des habitudes légères, malheureusement invétérées; en un mot, l'ensemble fascinateur d'un homme au-dessus du commun, né pour les luttes du Parlement, les travaux du Cabinet, les soucis du Gouvernement, et qui ne sut pas, qui ne voulut pas, disons-le avec tristesse, mettre à profit les prodigalités de la nature.

Le Régent est-il là bien vivant? Il ne nous appartient pas de décider. Nous l'avons vu ainsi. La critique se prononcera. — Beaucoup de touches manquent; des nuances, imperceptibles en face, que l'éloignement seul rend sensibles par effet d'opposition, se retrouveront dans l'Étude, aux endroits marquants; ceci n'est qu'un léger crayon jeté au premier plan de l'œuvre.

La lutte intérieure se peignait sur la physionomie du Régent, comme un nuage se reflète dans l'onde calme d'un lac; on distinguait ce regard errant, encore rempli de flamme, qui dénotait le trouble plus profond d'une âme supérieure en désaccord avec les fluctuations du caractère et les appétits si vivement aiguisés de la matière.

Chez Philippe, — et ce fut le malheur, — la femme

joua le rôle prépondérant; époux de Mademoiselle de Blois depuis 1692, il gaspilla son cœur en monnaie courante, et pas toujours de bon aloi ; il crut aimer, il n'aima personne; les fantaisies des sens se succédèrent de la petite Léonore à la Grandval, de la Pinet de la Massonnière à Charlotte Desmares, de Mademoiselle Florence à Madame d'Argenton, de la Parabère à la Sabran, de Madame d'Averne à Mademoiselle Houët, — la duchesse de Phalaris termine cette première liste des favorites huppées; elle reçut dans ses bras le Régent mortellement frappé ; un laquais, à défaut de médecin, ouvrit les veines du cadavre, mais inutilement !

J'en passe, — et des meilleures ; — il manquerait quelque chose à l'énumération, si je ne mentionnais pas, — à titre de mémoire, — les femmes à *passades*, comme les qualifie énergiquement le duc de Saint-Simon : la danseuse Émilie Dupré, les deux sœurs Souris, dont l'une, la belle Émilie, fut la cause d'un duel célèbre; la Le Roy, fille de l'Opéra, la Fillon, conspiratrice, mariée plusieurs fois, bien digne de se trouver dans les ruelles du Palais et dans les sentines de la Ville; Mademoiselle d'Uxée, Mademoiselle Cavalier, Madame de Brossay, la femme aux cinquante-trois amants, Madame de Sessac, Madame de Cursay, Madame de Châtilon, Madame de Flavacourt, Madame de Gesvres, la princesse de Léon, la duchesse d'Albret, Mademoiselle de Portes, Madame de Pramnon, la Maréchale de Villars, Madame de Nicolaï, Madame

Horvaux, Madame Lévesque, Mademoiselle Chausseraye, l'élégante Madame de Prie, Madame de la Vrillière, etc., etc., etc.; la main et l'esprit se fatiguent à transcrire ces listes amoureuses, plus longues et moins choisies que celle de Don Juan : deux dames manquent au chapitre, Mesdames de Tencin et du Deffant, qui jouèrent un rôle plus littéraire que galant, quoiqu'elles appartinssent bien à l'escadron volant des femmes court-vêtues de la Régence.

Philippe chercha le plaisir, peut-être l'amour, qu'il ne trouva point ; et le plaisir dut lui faire expier chèrement cette aberration ; quand il voulut aimer, le cœur s'était racorni, sa résistance fut impitoyable, il ne s'ouvrit à aucune affection vraie. Ainsi finissent les téméraires qui osent porter une main profane sur la flamme sacrée de l'amour. Plaignons-les !

VI

Le pouvoir personnel au tribunal de l'histoire.

Ecce iterum Crispinus..... C'est encore lui, ce Régent rempli de qualités, de vices, les premières l'emportant sur les seconds, quoi qu'aient pu dire sur ce point les folliculaires; la réhabilitation totale demeure impossible, mais les droits de la justice priment, à nos yeux, les haines de parti, toujours si acharnées, si virulentes. La question de responsabilité ne peut pas se déplacer, et le Régent fut *responsable* des épouvantables désordres qui désolèrent la France.

Le pouvoir personnel fut poussé à ses limites extrêmes; une tradition familiale s'imposait là-dessus; les aïeux en avaient largement usé; le règne de Louis XIV avait donné la mesure exacte du pouvoir que peut s'arroger un Monarque ambitieux, avide, plus soucieux de ses plaisirs que de la prospérité nationale. Philippe d'Orléans l'imita.

Hoc volo, sic jubeo, sit pro ratione voluntas [1].

Je veux cela, — j'ordonne ainsi, — ma volonté, — voilà ma raison !

Nous déclinons le triste honneur d'avoir écrit l'alinéa précédent; nous avons simplement traduit, — et c'est assez.

Le pouvoir personnel, ainsi mis en cause dans l'antiquité par Juvénal, qui appliquait son vers à des mœurs revenues depuis, avec une exagération sans cesse croissante, est le même à toutes les époques, sous les régimes constitutionnels ou tyranniques les plus divers; c'est le rouage central auquel viennent aboutir les systèmes administratifs, politiques, diplomatiques; l'action gouvernementale pèse sur l'ensemble des services, les règle, les subordonne, les anéantit presque sous l'initiative écrasante d'une volonté sans contre-poids ; périodes néfastes, celles qui sont marquées à ce signe : décadence de la pensée, décadence de l'art, décadence des mœurs, écroulement des nations !

Et jamais, — on peut l'avancer sans craindre un démenti, — cette soif immodérée du pouvoir personnel

---

[1] Cette satire juvénalesque s'applique aussi bien à l'Église qu'à l'influence délétère d'un seul; l'auteur a pu se convaincre, par une expérience personnelle assez chèrement acquise, que les Jésuites contemporains se rebiffent aigrement, quand on juge la conduite de l'Église; l'auteur racontera peut-être un jour cette ignoble persécution, mêlée à une candidature très-honorable. La morale et l'histoire lui font un devoir d'annoncer cet écrit.

ne tourmenta les dirigeants comme à ce moment d'interrègne scandaleux. L'autorité se concentra de plus en plus. Il a fallu une Révolution pour opérer la décentralisation.

Tous les régimes personnels ont abouti aux abimes ; et ces exemples, très-éloquents, si on les rapproche des conséquences qui en découlèrent, paraissent uniquement faits pour augmenter les leçons de l'histoire, sans aucun profit pour les Rois, qui devraient être les premiers serviteurs de la nation.

Certains hommes d'État méprisent ces exemples ; ils passent outre avec un cynisme qui nous remet en mémoire le trait sanglant de l'illustre Berryer, parlant du *cynisme des apostasies*; ces conseillers funestes ne se préoccupent même pas d'une puissance aujourd'hui souveraine, l'opinion publique !

Les derniers et misérables ministres de Louis XVI, — les conseillers intimes de Napoléon Ier, — les coopérateurs de Louis XVIII, — les introuvables de Charles X, Polignac et ses fidèles, — le favori de Louis-Philippe, l'ennemi du suffrage universel, Guizot, — les hommes du 2 décembre, satellites du Prince Louis-Napoléon, depuis Empereur, — et autres ministres, ont eu soif du pouvoir personnel ; ces noms rappellent des catastrophes et prouvent, avec la dernière évidence, quels dangers résultent de cette pratique antigouvernementale.

Les personnalités nous répugnent ; on comprendra que nous les évitions avec soin.

Cependant, les *revenants* de l'ancien régime, les Ducs

et Princes de 1815, les souteneurs de la Terreur blanche, ce pouvoir qui nous revint dans les fourgons de l'ennemi, furent de grands coupables; nous les mettons à part; nous pourrions parler d'eux d'une manière plus explicite; nous nous réservons là-dessus; le vent qui souffle ne porterait pas nos observations, quoique tirées de l'histoire; — mais l'histoire paraît si incommode aux réacteurs!

Avant de prendre le Régent à ses débuts dans la vie publique, notre devoir d'historien était de nous élever contre une manie funeste aux hommes politiques; le Régent la pratiqua : il se boucha les oreilles toutes les fois qu'un conseiller honnête homme lui signala les errements de Law et la ruine qui se préparait, la Banqueroute hideuse.

Mirabeau devait tonner plus tard contre ces perpétuelles oscillations dans la direction des affaires; le sacrifice était consommé; les plus superbes mouvements oratoires n'y pouvaient plus rien.

L'exemple de Philippe V en Espagne, ce monarque idiot, ivre de religion et de voluptés, ne retint pas Philippe d'Orléans sur la pente glissante du pouvoir personnel; le mot topique de sa mère la Palatine : « *Ah! nous voilà bien débonnaire! depuis Louis le Débonnaire, on n'a rien vu de si débonnaire que vous !* » ne change rien aux protestations de l'histoire.

Philippe fut débonnaire, soit; il fut surtout très-amoureux de son pouvoir; de là vinrent ses erreurs, *de là aussi sa lourde responsabilité.*

VII

L'oncle et le neveu. — Portrait de Louis XIV.

Né en 1674, Philippe d'Orléans avait quarante et un ans en 1715, à la mort de Louis XIV; il mourut en 1723, sa régence avait duré huit années; il était alors âgé de quarante-neuf ans.

Le Régent mourut à l'âge précis où l'homme d'État se trouve dans la plénitude de ses moyens, dans la virilité de l'exécution; on le sait, d'ailleurs, quoique notre croquis, dessiné à larges touches, n'ait pas accusé les détails repoussants, cet homme était mûr pour la mort, puisque ses facultés — et nul dans sa famille ne les posséda plus hautes ni plus assouplies — se trouvaient avachies par une débauche continuelle.

La prostration n'eût pas manqué de se produire; les conseils du jeune monarque ne devaient plus rien attendre de grand, de généreux, d'une intelligence obscurcie par les fumées de l'ambition et les efforts débilitants du plaisir.

Un homme dont nous ne voulons pas écrire le nom, — la pudeur et le patriotisme nous le défendent, — a formulé, dans la Préface de la *Vie de César,* cette pensée profonde, qu'il s'est efforcé d'oublier pendant vingt années de règne : « *Soyons logiques et nous serons justes.* »

Le Régent de France, lui, ne fut ni logique ni juste; l'action de sa vie privée se rompit plusieurs fois; la calomnie, ou du moins les criminelles imputations pénétrèrent docilement par les fissures de cette vie privée, abandonnée ainsi aux flots tumultueux des passions; ce fut la conséquence funeste, — elle ne pouvait manquer de se produire; le châtiment suit toujours de près de semblables écarts de pensée et d'action.

Le moment est venu pour nous de prendre position, nettement et franchement, dans ces questions si capitales; c'est notre droit; on avouera que c'est notre devoir. La sanction de la morale doit reprendre ses prérogatives.

A ses débuts dans la vie publique, Philippe se montra vaillant capitaine, trop vaillant même, puisqu'il indisposa son oncle, Louis XIV; ce dernier ne voulait laisser arriver personne à la réputation, notamment les individualités de la branche cadette Bourbon-Orléans.

Louis XIV n'encourut-il pas une grande responsabilité le jour où il dégoûta son neveu du métier des armes, où cette robuste nature se fût retrempée ?

Poser une pareille question, c'est en même temps la résoudre.

L'hôte orgueilleux du palais de Versailles n'aimait

personne; tout entier à ses visées d'ambition et de domination, écoutant tantôt ses confesseurs, et tantôt ses favorites, il voulait écraser dans leur germe les velléités de supériorité; l'homme mesquin avait la prétention de rabaisser son entourage à son niveau.

Philippe le comprit; il subit cette pression de fer, se révolta, mais finit par demander aux femmes une distraction qu'on lui refusait dans les dangereux hasards de la guerre.

Une fois lancé sur cette pente rapide, il ne s'arrêta plus; les natures ardentes comme la sienne ne font rien à demi; il fut un débauché raffiné comme il eût été un excellent général; il usa dans les boudoirs, dans les ruelles l'énergie de son âge mûr.

La Cour vit bien la faute commise; elle l'aggrava encore, en ne la réparant pas avec générosité; de ce jour, Philippe, courroucé contre son oncle, hostile aux conseillers de Versailles, ne tenta aucune démarche; la situation resta tendue au point de se rompre, et peu s'en fallut, comme on le verra.

Caractère indifférent à tout ce qui n'était pas lui, l'amant Royal de la Montespan se fit un jeu de briser, une à une, les illusions, encore viriles, encore très-avouables, de Philippe d'Orléans; confiné dans son Versailles, qu'il ne quittait que pour les parties de plaisir, en carrosses remplis de femmes, le chef de la famille gouvernait les siens aussi despotiquement que la France; ce fut lui qui montra à l'Europe stupéfaite une favorite assise à côté de la Reine, le dernier degré de l'abjection, on doit l'admettre; ce fut lui qui éloigna Racine de sa Cour, parce qu'il osait s'occuper *du peuple;* ce fut lui qui fit pilorier et brûler par la main déshonorante du bourreau le magnifique ouvrage de Vauban sur *la Dîme royale;* ce fut lui qui, à l'instigation de Rome, représentée à Versailles par ses confesseurs jésuites flanqués de la Maintenon, — bigote ayant passé *le retour,* circonstance qui nous donne la clef de sa conduite intolérante, — envoya Villars contre ses sujets non-catholiques, et ouvrit une période de massacres à jamais regrettable; ce fut lui qui ne flatta les grands écrivains qu'au point de vue des louanges qui tombaient de leur plume, amour-propre sans précédent; ce fut cet homme qui tolérait Molière dans son intérieur, uniquement pour froisser les courtisans et poser en prince protecteur des belles-lettres; ce fut lui qui jeta notre industrie et notre commerce en Allemagne, préparant ainsi une agglomération là où Richelieu et Henri IV voulaient des États divisés[1]; le déplacement qui s'est produit sur l'échiquier européen vient de cette fatale mesure dictée par l'ultramontanisme: *la révocation de l'Édit de Nantes;* ce fut ce rigide censeur de la conduite d'autrui qui, recevant les plaintes du mari de la Montespan, y faisait droit en signant un ordre d'exil, avec formelle injonction de ne plus reparaître à la Cour; ce

---

[1] La théorie des trois tronçons n'était pas inventée. Cette théorie nous a coûté l'Alsace et la Lorraine. Payés à ce prix, les discours de M. Rouher se chiffrent par dix milliards!

fut lui qui fit périr un nombre considérable d'ouvriers, occupés aux conduites d'eau, cette eau si convoitée, et qui manquait au parc royal; ce fut lui, le général en bas de soie, en vêtement chamarré, qui suivait de loin les opérations de bataille ou de siége, et qui, la partie chaude terminée, venait recevoir majestueusement les clefs de la place sur un plat d'or massif; ce fut lui, enfin, qui ne craignit pas de changer l'ordre de succession au Trône, en y appelant les enfants bâtards de ses maîtresses; — ce dernier trait, — et nous le réservions, — peint le potentat mieux que les argumentations et les souvenirs d'histoire; cette action ne fut pas perpétrée à la légère, ce ne fut pas une fugitive inspiration, puisque le roi mourant y revint avec ses familiers; — et l'on reste confondu en présence de tant d'arrogance, d'obscénités, de chutes et de grandeurs, d'élévations et d'abaissements!

Et c'est là, ô comble de la turpitude! la fine fleur du panier, c'est le grand règne de Louis quatorzième du nom, c'est l'idéal des Monarchistes!

D'Orléans, aux prises avec l'arbitraire de son oncle, regimba quelque peu, mais le dégoût, et sans doute l'instinct de sa valeur personnelle, lui fit prendre une détermination rigoureuse, quitter la vie publique.

L'orgueil est, de sa nature, un sentiment méprisable, indigne des âmes d'élite, des intelligences souverainement partagées, et pour ainsi dire comblées de tous les dons de couleur et d'expression; et pourtant, en face de tant de basse injustice, en face de taquineries toujours plus mordantes, l'orgueil arrive à l'exaltation ; les blessures, loin de se fermer, restent béantes ; l'indignation continue, verse goutte à goutte son fiel et ses rancunes ; et l'homme ne tarde pas à succomber sous le poids d'une passion chauffée à plus d'atmosphères que n'en peut supporter le cerveau humain.

En effet, l'orgueil aboutit ou à la folie ou au déréglement des mœurs ; l'alternative n'existe pas ; les criminalistes qui s'occupent de médecine, et les médecins qui étudient les causes criminelles en rapport avec leur art, sont arrivés aux mêmes conclusions. Ou la débauche, ou la perte de la raison, voilà ce qui attend les orgueilleux ; et les ravages sont plus affreux encore quand ils s'exercent sur un prince !

Louis XIV est responsable des débauches de Philippe d'Orléans.

L'oncle ne comprit pas le neveu, ou le comprit trop bien ; de là ces virulences de langage, ces ordres impératifs de quitter l'armée, ces calomnies circulant à la Cour sous le manteau, à peine ébruitées, le soir, au jeu du Roy, racontées discrètement par une dame officieuse, et prenant leur vol audacieux le lendemain, et allant, — contre-coup prévu, — attrister le disgracié du château de Meudon. Voilà la vérité !

Le neveu s'éloigna, blessé dans son légitime amour-propre de soldat, humilié comme Prince du sang, amer, presque haineux, pessimiste et défiant, lui que la nature avait créé si ouvert à toutes les généreuses illusions ; — ce duel acharné, où les combattants occupent, dès l'abord, une position si désavantageuse, dura autant que la vie de Louis XIV.

Philippe manifesta plusieurs fois un retour sincère ; on affecta de ne pas le comprendre, et les choses en restèrent là !

La malignité atteignit le Prince jusqu'au lit de mort du persécuteur ; la Régence lui revenait de droit, mais les *restrictions mentales,* toujours habiles, plus ou moins cauteleuses, le frustrèrent dans ses prétentions les mieux fondées.

Le testament attribuait seulement à Philippe la présidence du Conseil ; les enfants des maitresses avaient le pas sur le premier Prince du sang ; — l'œuvre était accomplie au souhait d'une faction.

Le Parlement, muet sous Louis XIV, comme tout ce qui avait de l'éloquence et une conscience, se révolta ouvertement ; il déchira ces dispositions, ces insultes à la morale et au patriotisme, et le Régent reprit le pas sur MM. du Maine et de Toulouse.

Nous racontons brièvement une lutte qui demanderait un volume de développements ; nous nous adressons à un public qui connait le passé de la France, et qui nous saura gré de ne pas trop accuser les contours ; la vérité n'y perdra rien.

Peut-on se figurer ce qu'il fût advenu de la France, au cas où la faction du Maine, — avec ses attaches ultramontaines et espagnoles, — l'eût emporté en 1715, à la mort du Roy ?

La guerre civile et ses horreurs attendaient notre malheureuse patrie; les guerres de secte se fussent déchaînées avec leur cortège de crimes et de scandales.

Philippe V attisait à Versailles la haine de l'oncle contre le neveu; une Française, Anne-Marie de La Trémouille, princesse des Ursins, grande-maîtresse de la maison de la reine d'Espagne, ennemie jurée de Philippe, prêtait son concours aux machinations du cardinal Alberoni.

La conjuration, bien ourdie, vaste surtout, fut déjouée par les décisions si fermes du Parlement.

La main de Rome se trouvait dans cette affaire. Rome, la Cour et l'Espagne, se virent abattues par le retour aux doctrines *du droit*, le plus glorieux héritage de la France.

VIII

Louis XIV, censeur du duc d'Orléans, jugé par ses contemporains.

Nous allons entrer dans le narré des campagnes faites par le Régent, alors duc de Chartres ; toutefois, après avoir exposé les dissentiments profonds qui divisèrent l'oncle et le neveu, nous croyons devoir apporter ici le témoignage autorisé d'un contemporain, le Duc de Saint-Simon.

Historien fureteur, sans cesse aux aguets des nouvelles, des intrigues, des négociations, sourdes menées et autres petites et grandes balivernes de Cour, le Duc fut le plus infatigable compilateur de son temps ; ses renseignements, puisés aux meilleures sources, sont précieux à tous les titres.

Les papiers notamment étaient recherchés par ce seigneur lettré avec une vigilance, une continuité d'efforts au-dessus de tout éloge ; l'écrivain avait conscience de son travail, destiné aux historiens futurs ; il ne perdait rien; ses moindres brouillons étaient conservés avec un soin scrupuleux; la correspondance nous manque, hélas! — mais les modernes sont sur la piste, et peut-être un jour les Archives des Affaires Étrangères, ou quelque autre dépôt officiel, donneront satisfaction à l'opinion unanime des lettrés [1].

L'utilité de ces lettres est démontrée; les hommes intelligents et les directeurs des grandes feuilles politiques feront maintenant le reste.

L'autorité réelle du Duc de Saint-Simon ne sera pas contestée; ami du Régent, il ne sacrifia jamais la vérité aux puériles convenances d'antichambre; au contraire, il sut la dire entière, hautement; son affection ne l'aveugla point à l'époque où, retiré de la Cour, il écrivait ses Mémoires en son magnifique château de La Ferté-Vidame; le pétulant vieillard fut impartial pour tout le monde, heureuse et rare qualité!

---

[1] M. Armand Baschet, un fureteur, lui aussi, a ouvert une courageuse campagne à l'effet de découvrir les correspondances de Saint-Simon. Nous lui souhaitons cordialement une complète réussite. Les lettres françaises et l'histoire s'enrichiraient de nombreux documents, de pages étincelantes; un nouvel horizon s'ouvrirait, et le dix-huitième siècle nous apparaîtrait plus homogène dans ses grandes lignes, mieux étudié dans ses détails, plus fécond en anecdotes sur les personnalités.

Nous adjurons les détenteurs de ces originales correspondances de s'en dessaisir; celui qui les découvrira, ou qui les restituera, aura bien mérité de son pays.

(Voir *le Duc de Saint-Simon et son cabinet*, et l'*Histoire du dépôt des Archives aux Affaires étrangères*, par M. Armand Baschet.)

Au reste, si notre prédilection semblait plutôt de tempérament que de raison, nous n'aurions qu'à mettre sous les yeux de nos contradicteurs cette phrase du Prince de la critique, Sainte-Beuve : « *Ne vous repentez pas, Français, d'avoir eu chez vous, en pleine Cour de Versailles, — et à même de la curée humaine, — ce petit Duc à l'œil perçant, cruel, inassouvi, toujours courant, furetant, présent à tout, faisant partout son butin et son ravage, un Tacite au naturel et à bride abattue. Grâce à lui, nous n'avons rien à envier à l'autre.* »

Voilà l'opinion réfléchie de l'auteur des *Nouveaux lundis*. Il nous semble être désormais à l'abri ; nous avons pris notre précaution contre certaines insinuations, certaines malignités de discussion.

Louis XIV fut-il supérieur au duc d'Orléans, son neveu ?

Le duc d'Orléans avait-il plus de qualités intellectuelles que Louis XIV, son oncle ?

C'est le point qu'il s'agit d'élucider. Entrons au fond de la question.

Un des travers du Roy fut de vouloir gouverner sans premier ministre ; la centralisation, étouffante à toutes les époques, et plus encore sous la main d'un ambitieux, s'étendit sur tout le royaume comme un immense filet ; elle paralysa les intentions les meilleures ; — et le Cabinet du Roy devint le centre du mouvement, de l'activité, de la vie nationale ; ces choses entassées se corrompirent bientôt.

Saint-Simon, parlant d'une maxime prise par le Roy

comme règle de conduite, ajoute : « Cette maxime fut de gouverner par lui-même, qui fut la chose dont il se piqua le plus, dont on le loua et le flatta davantage, *et qu'il exécuta le moins.* »

Et qu'il exécuta le moins, — cet aveu dit plus qu'un volume d'aperçus; la peur d'un premier ministre fit tomber le Roy dans un mal mille fois plus dangereux, mille fois plus à craindre, le pouvoir personnel. L'étouffement pratiqué par le cardinal Mazarin sur le royal élève, et le dépit que celui-ci en ressentit, furent donc les mobiles secrets de sa détermination.

Un trait de Saint-Simon pratique une trouée lumineuse dans cet esprit inculte, qui devait régner et gouverner : « Né avec un esprit au-dessous du médiocre, mais un esprit capable de se former, de se limer, de se raffiner, d'emprunter d'autrui sans imitation et sans gêne, il profita infiniment d'avoir toute sa vie vécu avec les personnes du monde qui toutes en avaient le plus, et des plus différentes sortes, en hommes et en femmes de tout âge, de tout genre et de tous personnages. »

Du propre aveu des observateurs patients et sagaces, Louis était *né avec un esprit au-dessous du médiocre;* le travail d'assimilation, cette ressource des impuissants, qui croient suppléer le génie par les emprunts, était son habituelle ressource; ceux qui formaient son entourage furent pillés, mis à contribution sans pudeur; c'est là ce que rend si bien l'auteur des Mémoires, quand il dit : « *emprunter d'autrui sans imitation et sans gêne.* » Expéclient misérable, condamné sans pitié dans les pratiques de la vie quotidienne entre citoyens, — mais que l'on trouve admirable dès que l'emprunteur est une tête couronnée; c'est le système connu des deux morales.

Saint-Simon va nous édifier: « S'il faut parler ainsi d'un roy de vingt-trois ans, sa première entrée dans le monde fut heureuse en esprits distingués de toute espèce. Ses ministres au dedans et au dehors étaient alors les plus forts de l'Europe, ses généraux les plus grands, leurs seconds les meilleurs, et qui sont devenus des capitaines en leur école, et leurs noms aux uns et aux autres ont passé comme tels à la postérité d'un consentement unanime. Les mouvements dont l'État avait été si furieusement agité au dedans et au dehors, depuis la mort de Louis XIII, avaient formé quantité d'hommes qui composaient une Cour d'habiles et d'illustres personnages, *et de courtisans raffinés.* »

Le malicieux Duc ne pouvait mieux terminer cet alinéa; les courtisans raffinés ne figurent pas ici à titre de chute de phrase plus ou moins réussie; non, c'est une vérité qu'il ne veut pas déguiser. En vain les historiens à gages voudraient pallier le mauvais effet d'une déclaration aussi accentuée; il n'y a rien qui puisse en détruire la portée; nous répéterons avec Guizot, dans son Livre: De la Démocratie en France : « *La vérité, la vérité terrible, luit au-dessus de ces vaines paroles.* »

Le paragraphe de Saint-Simon est surtout éminemment instructif au point de vue de la préparation des esprits à l'avénement au trône du Roy; un concours de circonstances, toutes plus heureuses les unes que les autres, se présenta alors, comme pour faire cortége au jeune souverain.

De grands ministres, d'habiles généraux, et leurs élèves marchant sur ces traces illustres, s'offrirent à l'égoïste, qui accapara ces lumières, ces dévouements, et s'en fit une colossale réputation; le personnage de comédie perçait sous l'habit de soie; le grand cordon du Saint-Esprit ne suffisait pas à combler les vides par où s'échappait la nullité de l'histrion grimé en puissant Roy.

Il reste donc établi que la gloire des arts, des armes, des lettres, du commerce, de l'industrie, de la navigation, ne doit pas remonter jusqu'à Louis, mais qu'elle doit s'éparpiller sur la mémoire des hommes simples et supérieurs auxquels la France est redevable de chefs-d'œuvre sans nombre jetés dans la pierre, le marbre, le bronze, sur la toile et sur le papier; la justice trouve son compte dans cette façon d'envisager le grand règne.

Le Roy n'était pas l'astre d'où partent les rayons; les rayons allaient à lui, et les foules purent croire qu'il en était le foyer, quand il servait, qu'on nous pardonne l'expression, de réflecteur trop avide. Admire-t-on le reflet, ou le corps lumineux qui le projette?

Cette gloire surfaite, déjà ramenée à son expression véritable par les critiques d'histoire, est trop lourde encore; la lecture approfondie des Mémoires grave cette conviction, à savoir que Louis fut le centre d'une merveilleuse joute des esprits, et qu'il parvint à rendre siennes les découvertes opérées dans les arts, les inspirations de la poésie et de la prose, les créations de la peinture, les secrets des savants; en un mot, l'orgueilleux et l'impuissant se crut au-dessus de l'humanité, parce que la période où il vint fut remarquable entre toutes par l'éclat des talents et les splendeurs des œuvres accomplies.

Nous n'irons pas jusqu'à lui dénier l'amour des arts, la protection accordée aux gens de lettres; loin de nous cette prétention, qui serait sans justification; nous voulons seulement protester contre l'accaparement de tous les titres à la renommée.

Quand on songe à l'ouverture brillante de ce règne, à cette mise en branle de tant de génies et d'activités, et qu'on place en regard la fin lugubre, le cinquième acte du drame royal, on ne peut s'empêcher d'être sévère.

Les dernières années furent sombres; la gloire s'enfuyait à tire-d'aile; il fallut que Villars la ramenât sous nos drapeaux, — la victoire de Denain évita une catastrophe.

Les Impériaux, fatigués par la guerre, supportant depuis longtemps le poids de notre épée, n'eussent pas attendu une seconde défaite.

Villars, écrasé à Denain, devenait le prélude d'actions militaires désastreuses. L'habile général, dont le patriotisme était tenu en éveil par ce mot du Roy: «*Je vous confie ma dernière armée. Allez, et n'attendez pas de renforts*, » se battit comme un lion acculé ; la victoire fut complète ; la France respira.

Mais que de souffrances intérieures ! que de commotions avaient ébranlé le crédit et le commerce !

La famine vint se mettre de la partie ; la vaisselle de la Cour fut envoyée à la Monnaie ; la gêne était assise à tous les foyers ; le Versailles d'autrefois ressemblait plus à un couvent qu'à un palais ruisselant de pages, de femmes et de seigneurs éblouissants.

Le vieux Roy, disons-le à sa louange, se montra grand dans cette extrémité ; il sut contenir l'arrogance de l'Europe, et il trouva de fières paroles le jour où l'ambassadeur d'une puissance jalouse osa lui faire des représentations presque hostiles ; l'orgueil national blessé se redressa vivace ; la réponse foudroyante [1] apprit aux cabinets étrangers que la France occupait toujours la première place sur l'échiquier européen.

Qu'étaient devenues ces gloires naissantes, ces capitaines et ces talents, si bien caractérisés par Saint-

---

[1] L'Écossais lord Stairs, parlant au roi des travaux qui s'exécutaient à Mardick, et qui, dans une certaine mesure, pouvaient remplacer les forts de Dunkerque sur la ligne des côtes françaises, s'avisa d'être insolent avec le Roy. Après l'avoir entendu avec tranquillité, le prince lui fit cette mémorable réponse : « *Monsieur l'ambassadeur, j'ai toujours été maître chez moi, quelquefois chez les autres ; ne m'en faites pas souvenir.* » Et il le congédia.

Lord Stairs racontait le lendemain au maréchal de Noailles sa profonde impression en ces termes : « *J'avoue que la vieille machine m'a imposé.* »

Le marquis de Torcy compléta la leçon quelques jours après en

Simon? Le châtiment de l'orgueil était arrivé, le revers de la médaille se montrait dans son implacable nudité.

Les sommets de l'intelligence étaient découronnés ; l'étoile des arts avait pâli ; Watteau et Boucher et leurs élèves allaient venir, — et les boudoirs de la Pompadour attendaient leurs peintures gracieuses, mièvres, sans éclat, sans inspiration soutenue.

Et des victoires de Turenne, et des combats de Jean-Bart, et des pièces de Molière, et des traités de Colbert, et des vers harmonieux de Racine, et des plans de Vauban, il ne restait plus rien qu'une nation puissante encore, grâce à sa vitalité exceptionnelle, grâce à son énergie dans tous les champs de l'activité, — mais énervée, atteinte par le doute, meurtrie par un long règne de plaisirs et de guerres.

L'auteur des *Mémoires* va nous montrer une autre face de ce caractère : « L'esprit, la noblesse de sentiments, se sentir, se respecter, avoir le cœur haut, être instruit, tout cela lui devint suspect et bientôt haïssable. Plus il avança en âge, plus il se confirma dans

---

disant à lord Stairs : « *Monsieur l'Ambassadeur, tant que vos insolences n'ont regardé que moi, je les ai passées pour le bien de la paix ; mais si jamais, en me parlant, vous vous écartiez du respect dû au Roy, je vous ferai jeter par les fenêtres.* »

Les ministres qui ont le sentiment de la responsabilité ne peuvent parler d'une autre façon. Il était réservé à la France de voir à son ministère des affaires étrangères un duc de Gramont ! On connait le reste !

cette aversion. Il la poussa jusque dans ses généraux et dans ses ministres, laquelle dans eux ne fut contrebalancée que par le besoin, comme on le verra dans la suite.

« Il voulait régner par lui-même. Sa jalousie là-dessus alla sans cesse jusqu'à la faiblesse. *Il régna en effet dans le petit ; dans le grand il ne put y atteindre, et jusque dans le petit il fut souvent gouverné.* »

Jamais pareille et si verte critique ne coula d'une plume. Le propre des petits caractères étant de jalouser les grands, il est indubitable que le Maître de Versailles fut un homme mesquin ; « *être instruit lui devint suspect et bientôt haïssable,* » cela nous renseigne pleinement sur la valeur morale de celui qui fit une scène à Louvois au sujet d'une fenêtre, laquelle scène devait coûter à la France une longue guerre (guerre de 1688, terminée par l'humiliant traité de Ryswick, en septembre 1697).

Les supériorités l'effarouchaient ; l'âge même ne put le guérir de ce travers ; ses généraux et ses ministres lui devinrent suspects, parce qu'ils possédaient mieux que lui le maniement des affaires générales et le secret assemblage des petits faits qui concourent à la formation des événements ; le petit esprit n'aima jamais les intelligences à large horizon ; il les subit, mais en se révoltant par d'indignes taquineries.

L'amour des clichés est chose commune aujourd'hui ; cela vous évite la peine de réfléchir, travail au-dessus du courage de certains écrivains, plus en quête de copie que de pensées ; au nombre de ces clichés, aussi légendaires qu'insupportables, figurent ceux-ci : *Le grand règne de Louis XIV, le grand Roy*, etc., etc.

Il est manifeste qu'il faut en rabattre beaucoup ; les historiens royalistes l'ont compris dans ces dernières années ; leurs éloges, moins pompeux, moins solennels, ont laissé entrevoir l'homme sous le Roy, et l'homme ne fut rien moins que grand ; il eut toutes les infirmités de caractère, toutes les impuissances de talent, toutes les mesquineries de conduite, il ne brilla que par l'entourage, et encore faut-il choisir !

Il ne régna que dans le petit ; le grand demeura hors de son pouvoir ; « *dans le petit il fut souvent gouverné* [1]. »

La conclusion s'impose ; elle est claire, évidente, sans ambages.

Louis, qui fit trembler l'Europe, ne gouvernait pas

---

[1] L'indécision personnelle, qui marqua les actions du Roy, est exprimée dans ces vers de Virgile avec un si parfait bonheur d'expression, que nous les reproduisons :

Sicut aquæ tremulum labris ubi lumen ahenis
Sole repercussum, aut radiantis imagine lunæ,
Omnia pervolitat late loca ; iamque sub auras
Erigitur, summique ferit laquearia tecti ;...

Ainsi, lorsque dans un vase d'airain une onde agitée réfléchit l'image du soleil ou les pâles rayons de Phébé, la lumière voltige incertaine, monte, descend et frappe les lambris de ses mobiles reflets.   (Virgile, *Énéide*, VIII, 22.)

L'idée n'était pas moins incertaine dans le cerveau royal que les rayons du soleil dans le vase d'airain ou les paresseuses caresses de la lune sur les lambris. Tout flottait, — rien ne se fixait !

son intérieur; tantôt un confesseur, tantôt une maîtresse, tantôt un courtisan, tantôt un étranger de distinction, tantôt,— et plus rarement,—un seigneur assez patriote, assez ami du bien public pour faire entendre un avis sévère, tels furent les inspirateurs du Cabinet.

L'influence prépondérante ne fut pas celle des ministres ni des courtisans honnêtes; elle fut prise, — il faut dire usurpée, — par les femmes déshonorées qui portaient en souriant le fardeau de la prostitution royale.

Le Roy avait un cœur dur à tout ce qui n'était pas lui. Duclos porte le témoignage suivant : « L'âge et la dévotion semblaient endurcir un cœur naturellement peu sensible.

« La Révocation de l'Édit de Nantes fut l'acte le plus terrible de cette dévotion fanatique, Louis prétendait régner sur les consciences. La France, déjà ruinée par la guerre, le luxe et les fêtes, fut dépeuplée par les proscriptions; les étrangers se sont enrichis de nos pertes. Louis ne fut que l'instrument aveugle de tant de barbarie. On lui peignait des couleurs les plus noires ces hérétiques, à qui son aïeul Henry devait principalement la couronne; on ne lui parlait point de la Ligue. Madame de Maintenon, née dans le sein du calvinisme (*sic*), craignit de rendre sa foi suspecte en intercédant pour ses premiers frères.

« Louvois, qui frémissait de devenir inutile s'il n'entretenait comme un feu sacré celui de la guerre, espérait enflammer tout le protestantisme de l'Europe.

Il n'eut pas même pour excuse l'aveuglement du fanatisme, il ne fut que barbare. D'autre part, des moines ignorants, des prêtres forcenés, des évêques ambitieux, criaient qu'il ne fallait qu'un Dieu, un roy, une religion (*sic*), et persuadaient à un prince enivré de sa gloire que ce prodige lui était réservé. *Une telle entreprise passe le pouvoir des rois. Les esprits se séduisent, les cœurs s'avilissent; mais les consciences se révoltent.* »

Voilà les fruits d'une éducation exclusivement cléricale ! L'intolérance la plus brutale régnait en souveraine; la liberté de conscience était un dogme hérétique; une révolution seule pouvait nous donner cette liberté qui engendre et consacre les autres, cette pierre angulaire de notre édifice civil moderne.

La gloire de Bossuet reste à jamais ternie par son immixtion dans ces querelles religieuses; le rédacteur des articles qui posaient en principe les libertés de l'Église gallicane ne rougit pas de descendre dans l'arène avec les combattants ultramontains, tels que le père La Chaise et le chancelier Le Tellier, père de Louvois, qui eut le triste honneur de signer l'édit de sang qui proscrivait trois millions de citoyens, le même homme qui, à son lit de mort, se fit l'application sacrilège du cantique de Siméon.

Il n'y avait rien de bon à espérer de ce Roy, dont l'esprit faussé ne comprenait pas les problèmes menaçants qui se posaient déjà, et semblaient appeler une solution.

La morale était un mot à la Cour. Le précepteur

de Louis XIV, donnant l'exemple du cynisme le plus effronté, émettait des théories dans le genre de celle-ci : « Il faut tenir le pot de chambre aux ministres tant qu'ils sont en place, et le leur verser sur la tête quand ils n'y sont plus. Quelque ministre des finances qui vienne en place, je déclare d'avance que je suis son serviteur, son ami, et même un peu son parent. » Maximes de courtisan peu aptes à former l'âme d'un roy !

L'élève ne conserva aucune retenue. La duchesse de Vaujour, la sensible La Vallière, si douce et si bonne pour tout le monde, avait à peine franchi le seuil des Carmélites, où elle devait rester agenouillée pendant trente-six années (1674-1710) qu'une Rochechouart, hautaine et capricieuse, la Montespan, était déclarée maîtresse en titre, jouissant des prérogatives infamantes attachées à ce poste si envié !

Le cœur brisé de la colombe pénitente était cruellement torturé de nouveau, en apprenant ce scandale ; car elle aimait le Roy, la pauvre La Vallière ; et lui, égoïste sans grandeur, ambitieux sans vues personnelles, étroit et mesquin même dans l'orage des passions, n'avait plus un souvenir pour l'adorable jeune femme qui venait encore de lui sacrifier le monde et sa jeunesse.

Entraîné sur cette pente, le Roy devait toucher le fond de l'abîme ; il le toucha.

Duclos, page 112 des Mémoires, va déchirer le voile qui recouvre ces turpitudes: « Le scandale d'un double adultère fit le plus grand éclat; le roi s'en inquiéta si peu, qu'il se fit suivre dans ses campagnes et dans les villes frontières par ses deux maîtresses, *l'une et l'autre dans le même carrosse que la Reine.* Les peuples accouraient pour voir, disaient-ils, *les trois reines*[1].

« Louis ne gardait plus de mesure. La Cour se tenait chez la nouvelle favorite. Les couches de la première avaient été secrètes, sans être ignorées ; *celles de la seconde étaient publiques.* »

Nous n'avons plus que quelques pages à consacrer aux jugements définitifs portés sur Louis; nous sentons à l'amertume qui déborde de notre cœur l'impression pénible qui doit gagner le lecteur attentif, aimant à tirer les conséquences, et, avant tout, animé du patriotisme, cette vertu de naissance plus utile aujourd'hui qu'en aucun autre temps; nous taisons bien des hontes, bien des crimes contre la morale politique et contre la morale privée; mais nous sommes retenu par un sentiment de pudeur, qui manquait trop à la Cour de Versailles.

Le portrait à l'huile, caressé jusque dans ses moindres détails par le pinceau caractéristique d'un Flamand ou d'un Bolonais, ne pourrait pas s'appliquer au cas présent; il faut passer rapidement.

Glissez, mortels, n'appuyez pas.

Ce vers fameux est applicable au règne de Louis XIV;

---

[1] *Les peuples*, comme les appelle Duclos, eussent trouvé le mot de la situation en disant : « La Reine et les deux femmes galantes ! »

le portrait avec toutes les lignes accusées n'est pas en harmonie avec les exigences et la sobriété d'une Étude ; nous n'avons voulu faire qu'une eau-forte[1]. Les touches ténues de la pointe sur le cuivre étaient seules appropriées à notre cadre restreint.

D'autres autorités se présentent à notre mémoire ; nous les négligeons.

Saint-Simon va écrire le dernier mot. A tout seigneur tout honneur ! à tout historien grave tout crédit !

« A peine lui apprit-on à lire et à écrire, et il demeura tellement ignorant, que les choses les plus connues d'histoire, d'événements, de fortunes, de conduites, de naissance, de lois, il n'en sut jamais un mot. Il tomba, par ce défaut, *et quelquefois en public*, dans les absurdités les plus grossières. »

Après avoir raconté un déni de justice pratiqué à l'endroit d'un Montmorin, Saint-Simon ajoute : « Il semblerait à cela que le roy aurait aimé la grande noblesse, et ne lui en voulait pas égaler d'autre ; rien moins. L'éloignement qu'il avait pris *de la noblesse des sentiments*, et sa faiblesse pour ses ministres, qui haïssaient et rabaissaient, pour s'élever, tout ce qu'ils n'étaient pas

---

[1] Notre époque restaure les Rubens, rentoile les Raphaël, époussette et rajeunit les Rembrandt ; — rien de mieux, — mais pourquoi négliger les restaurations historiques ?

Les figures de Louis XI, Richelieu, Louis XIV, La Maintenon, Louvois, Mazarin, Talleyrand et autres, offrent à l'observation des enseignements sans nombre. On y viendra ; les fortes études y conduiront la jeunesse. Nous le souhaitons.

et ne pouvaient pas être, lui avait donné le même éloignement pour la naissance distinguée. *Il la craignait autant que l'esprit;* et si ces deux qualités se trouvaient unies dans un même sujet, et qu'elles lui fussent connues, c'en était fait!

« Les louanges, disons mieux, la flatterie lui plaisait à tel point, que les plus grossières étaient bien reçues, *les plus basses* encore mieux savourées. La souplesse, la bassesse, l'air admirant, dépendant, rampant, plus que tout l'air de néant sinon par lui, étaient les uniques voies de lui plaire. Pour peu qu'on s'en écartât, on n'y revenait plus, et c'est ce qui acheva la ruine de Louvois. *Ce poison ne fit que s'étendre.* »

D'une ignorance qui comprenait jusqu'aux simples notions de langue, de géographie, de diplomatie, d'administration et d'histoire universelle, Louis ne put gouverner que par les autres, en s'attribuant leurs talents, leurs succès, leurs vertus. Le satellite voulut être l'astre rayonnant. Il bouleversa toutes les lois de la gravitation intellectuelle.

Les corps lancés sur les tangentes, en vertu de la force initiale de la planète centrale, jouèrent le rôle inverse à celui qu'on admire dans la nature, et qui maintient l'harmonie sidérale des mondes; ils communiquèrent le mouvement au lieu de le recevoir, ce qui est notablement contraire aux lois éternelles qui régissent les infinis lumineux, comme ils président, dans un ordre moral bien combiné, à l'évolution des esprits et des consciences.

Flatter pour gagner et conserver la faveur du maître soupçonneux, tel fut le mode d'avancement réservé aux médiocrités et aux génies, — mais quelles tortures, quelles angoisses pour ces derniers, le génie n'allant jamais sans un profond respect de soi-même !

Le judicieux écrivain des Mémoires déplore l'ambition et le manque de lumières :

« C'est donc avec grande raison qu'on doit déplorer avec larmes l'horreur d'une éducation uniquement dressée pour étouffer l'esprit et le cœur de ce prince, le poison abominable de la flatterie la plus insigne, qui le déifia dans le sein même du christianisme, et la cruelle politique de ses ministres qui l'enferma, et qui pour leur grandeur, leur puissance et leur fortune l'enivrèrent de son autorité, de sa grandeur, de sa gloire jusqu'à le corrompre, et à étouffer en lui, sinon toute la bonté, l'équité, le désir de connaître la vérité que Dieu lui avait donné, au moins l'émoussèrent presque entièrement et empêchèrent sans cesse qu'il fît aucun usage de ces vertus, dont son royaume et lui-même furent les victimes.

« De ces sources étrangères et pestilentielles lui vint cet orgueil, que ce n'est point trop de dire que, sans la crainte du diable, que Dieu lui laissa jusque dans ses plus grands désordres, *il se serait fait adorer et aurait trouvé des adorateurs.* »

Le pouvoir personnel devait arriver là : tout corrompre et tout perdre ! Et ne faut-il pas contempler la France dans ces extrémités, en guerre avec l'Europe, —

pressurée par les gens du Roy,—voyant les successeurs au Trône descendre les uns après les autres dans une tombe prématurée,—ne connaissant la branche cadette d'Orléans que par le récit très-grossi des courtisans de Versailles, — en butte à la malveillance des chancelleries, —prévoyant la mort du Roy, et l'inconnu que cet événement allait ouvrir?

La France resta ferme; les complications les plus menaçantes ne la troublèrent point; la gestation des intelligences allait entrer dans une période décisive; l'attente allait se transformer en promesse visible; la Monarchie voyait descendre à l'horizon pourpré les derniers soleils qui devaient l'éclairer.

« *Il se serait fait adorer et aurait trouvé des adorateurs...* » Nous relevons ce trait; il peint avec énergie l'affaissement moral du monarque.

La volonté, instrument faussé par des habitudes violentes, ne se dirigeait plus d'après les règles humaines; une monomanie dangereuse remplaçait les actes de la raison; le vieillard, encore imbu du souvenir des gloires qui avaient signalé les commencements de son règne, ne voyait même pas les désordres, les ruines, l'écroulement du passé, les méfiances populaires, les avis significatifs des Parlements; l'orgueil ne voulait pas se dessaisir de sa proie.

Et que dire de ce peuple de courtisans, prêts à se prosterner devant l'esclave de la Maintenon?

Les mœurs de la liberté, n'eussent-elles pour conséquences que la suppression des cours, devraient être acceptées comme une bénédiction. La flatterie est capable de tout, sauf d'un bon conseil; on le vit surabondamment pendant ce long règne, où le haut du pavé fut tenu par les adulateurs, les bâtards et les maîtresses.

L'heure suprême approche[1]; déjà les antichambres de Versailles se désemplissent; la favorite, comblée de grâces, de faveurs, reine pour ainsi dire, s'est enfuie à

---

[1] *La gloire ne peut être où la vertu n'est pas.*

Lamartine, après avoir retracé la vie tumultueuse d'un de *ces pasteurs des peuples*, qui mettent leurs soins à devenir des fléaux, laissa tomber de sa lyre éloquente ces deux magnifiques strophes:

« Achève..... c'est le Dieu qui règne et qui couronne!
« C'est le Dieu qui punit! c'est le Dieu qui pardonne.
« Pour les héros et nous il a des poids divers!
« Parle-lui sans effroi, lui seul peut te comprendre!
« L'esclave et le tyran ont tous un compte à rendre;
    « L'un du sceptre, l'autre des fers!

« Son cercueil est fermé! Dieu l'a jugé! silence!
« Son crime et ses exploits pèsent dans la balance;
« Que des faibles mortels la main n'y touche plus!
« Qui peut sonder, Seigneur, ta clémence infinie?
« Et vous, fléaux de Dieu, qui sait si le génie
    « N'est pas une de vos vertus?..... »

Lamartine remania ainsi les deux derniers vers :

« Et vous, peuples, sachez le vain prix du génie
    « Qui ne produit pas des vertus. »

La retouche ne valait pas l'original. Un reflet n'a jamais la chaleur d'un rayon.

Nous n'établissons pas de rapprochement entre Bonaparte et Louis XIV; c'est bien le même orgueil, le même défi jeté à l'opi-

Saint-Cyr, sans attendre le dernier soupir presque errant sur les lèvres du Roy, qui presse ses familiers de la faire revenir; elle s'exécute de mauvaise humeur; le dégoût de la chambre mortuaire la reprend, elle s'éloigne et ne reparaît plus. Belle leçon de reconnaissance pour les rois!

Le Duc du Maine, le boiteux spirituel, lâche et railleur, fait des gorges chaudes dans son intimité; il connaît la teneur du codicille, il se voit au sommet du pouvoir et en savoure longuement les charmes.

Mais ici nous ne pouvons que citer; le lecteur peu au courant des Mémoires douterait peut-être de notre véracité : « Le duc du Maine marqua aussi bien toute la bonté de son cœur, et toute sa reconnaissance pour un père qui lui avait tout sacrifié.

« Il se trouva à la consultation de cet homme arrivant de Provence, qui donna de son élixir au roy.

---

nion; l'amour des armes, avec cette notable différence que Bonaparte était sans cesse au premier rang des batailles; — la chute finale présente des analogies.

N'oublions pas cependant que Louis XIV augmenta le nombre de nos provinces, et que l'Empire nous fit perdre, en 1815, les glorieuses conquêtes de la République.

Le second Empire est resté trop fidèle à *l'inévitable* tradition de famille. L'Alsace et la Lorraine, rentrées dans le giron français sous Louis XIV, en furent criminellement détachées en 1871, nouvelle et brutale conséquence du pouvoir personnel.

Louis XIV et Bonaparte furent deux ambitieux, deux princes sans haute culture de la conscience, sans notions profondes sur l'humanité, deux despotes!

Fagon, accoutumé à régner sur la médecine avec despotisme, trouva une manière de paysan très-grossier, qui le malmena fort brutalement.

« M. du Maine, qui n'avait pas lieu de rien arracher, et qui se comptait déjà le maître du royaume, raconta, le soir, chez lui, parmi ses confidents, avec ce facétieux et cet art de fine plaisanterie qu'il possédait si bien, l'empire que ce malôtru avait pris sur la médecine, l'étonnement, le scandale, l'humiliation de Fagon pour la première fois de sa vie, qui, à bout de son art et de ses espérances, *s'était limaçonné en grommelant sur son bâton*, sans oser répliquer, de peur d'essuyer pis.

« *Ce bon et tendre fils* leur fit de cette aventure le conte *si plaisamment, que les voilà tous aux éclats de rire, et lui aussi, qui durèrent fort longtemps*. L'excès de la joie de toucher à la toute-puissance, à la délivrance, au comble presque de ses vœux, lui avait fait commettre une indécence que les antichambres surent bien remarquer, et la galerie encore sur laquelle cet appartement donnait, proche et de plain-pied de la chapelle, où des passants de distinction entendirent ces éclats. ».

Nous n'osons rien ajouter. L'éloquence simple de Saint-Simon donne son vrai caractère à cette scène, image frappante de la décadence irrémédiable qui s'emparait de la société aristocratique.

Et non-seulement les enfants, les princes légitimés restaient sourds à la voix du sang, aux sollicitations du sentiment; mais un autre personnage, redoutable par son prestige, auguste par son habit, voué par ministère au culte de la mort, le P. Le Tellier, se fatigua de monter une longue garde auprès de son royal pénitent ; il scandalisa tout le monde par ses absences réitérées ; Bloin et Maréchal durent le faire avertir maintes fois ; il ne faisait que paraître au chevet et se retirait de lui-même.

Le cardinal de Noailles se trouvant disgracié, « *Rohan laissa le roi sans messe,* quoiqu'il fût en pleine connaissance et qu'il dît qu'il désirait l'entendre quand on le lui proposa, et qu'à l'égard de la tête et de la parole il fût comme en pleine santé. »

Ainsi, plus d'office, plus de confesseur, plus d'enfants adoptifs, plus de maîtresse, plus rien auprès de Louis XIV ; le vide s'était fait autour de l'égoïste ; un juste retour des choses lui réservait cette torture finale. Il mourut au milieu de ses valets, les seuls qui le regrettassent !

Que l'on ne croie pas que le dernier trait soit de notre invention ; nous l'avons dit aux premiers feuillets de cette Étude et nous le répétons,—*notre plume ne connaît ni la haine, ni la passion;* — nous suivons la version des contemporains.

A la fin du chapitre XIV, Saint-Simon écrit : « *Louis ne fut regretté que de ses valets intérieurs, de peu d'autres gens,* et des chefs de l'affaire de la constitution. Son successeur n'était pas en âge, Madame n'avait pour lui que de la crainte et de la bienséance, Madame la duchesse de Berry ne l'aimait pas et comptait aller régner. *M. le duc d'Orléans n'était pas payé pour le pleurer,* et ceux qui l'étaient n'en firent pas leur charge. *Madame de Maintenon était excédée du roi* depuis la perte de la Dauphine ; *elle ne savait qu'en faire ni à quoi l'amuser ;* sa contrainte en était triplée, parce qu'il était beaucoup plus chez elle, ou en parties avec elle.

« Sa santé, ses affaires, les manéges qui avaient fait tout faire, ou, pour parler plus exactement, qui avaient tout arraché pour le duc du Maine, avaient fait essuyer continuellement d'étranges humeurs, et souvent des sorties à Madame de Maintenon. Elle était venue à bout de ce qu'elle avait voulu ; ainsi, quoiqu'elle perdît en perdant le roy, *elle se sentit délivrée, et ne fut capable que de ce sentiment.* »

Et plus loin : « Paris, las d'une dépendance qui avait tout assujetti, respira dans l'espoir de quelque liberté, et dans la joie de voir finir l'autorité de tant de gens qui en abusaient. Les provinces, au désespoir de leur ruine et de leur anéantissement, respirèrent et tressaillirent de joie, et les Parlements de toute espèce de judicature, anéantis par les édits et par les révocations, se flattèrent, les premiers de figurer, les autres de se trouver affranchis.

« *Le peuple, ruiné, accablé, désespéré, rendit grâces à Dieu.* »

Après un semblable jugement, nous ajouterons peu de mots. La conviction doit être établie chez tous les bons esprits ; ces tableaux ne sont pas des exhibitions historiques recouvertes d'une draperie littéraire, le but est placé plus haut.

Des récits de cette nature, — et venant à cette heure, — sont indispensables pour un nombre infini de citoyens, encore hésitants sur la forme gouvernementale, et ne sachant pas au juste à quels abaissements peut conduire le pouvoir personnel !

Nous ne dirons pas que le passé monarchique de la France soit dépourvu de gloire ; nous ne soutiendrons pas qu'il n'ait rendu aucun service à la cause de la civilisation ; nous l'accordons volontiers, et nous concluons que la seule puissance créatrice, organisatrice et gouvernementale réside aujourd'hui dans le peuple, dans ce *tout le monde* qui est la nation, la force, la grandeur, l'élément constituant par excellence.

Les monarchies ont depuis longtemps doublé le cap des expériences ; nous n'attendons plus rien d'elles, et ce pays, très-attaché aux principes de justice, n'admettrait pas de nouveaux essais, préludes d'inévitables déchirements, amenant à plus ou moins longue échéance la ruine et les invasions.

Avant de passer à Philippe d'Orléans et d'établir une rigoureuse confrontation avec son oncle Louis XIV, mort si misérablement sur le premier Trône de l'Europe, nous résumerons nos impressions dans une phrase courte, mais expressive.

Dieu seul est grand! s'écriait le prélat chargé de parler devant le cadavre qui allait dormir son dernier sommeil sous les voûtes de Saint-Denis ; à son point de vue, le mot était vrai.

Si nous avions l'honneur de parler au nom de l'histoire, nous dirions, nous, avec l'intime confiance de proclamer une vérité : *Les peuples seuls sont grands*[1] !

---

[1] Il va de soi que nous ne confondons pas l'ordre *surnaturel* avec l'ordre *humain*.

Dieu seul est grand reste vrai dans la sphère théologique et religieuse, — comme *les peuples seuls sont grands* reste vrai dans la sphère humaine et politique.

Nous serions désolé que l'on se méprît sur notre pensée. Le doute n'est plus possible.

IX

Philippe d'Orléans, son rôle à l'armée et à la cour. — Son caractère et sa vie privée. — Dubois, Cardinal-Archevêque de Cambray. — Jugements de Saint-Simon, Duclos et Mathieu-Marais.

Le juge rigoriste de Philippe d'Orléans vient de passer sous les yeux du lecteur, — avec ses qualités rares, ses vices considérables, ses travers pernicieux, sa domination écrasante, ses velléités étranges ; — venons à l'accusé, qui fut loin d'être impeccable, qui se laissa vivre de la vie corrompue des ruelles les plus infectes, — mais n'oublions pas qu'il fut poussé aux désordres par l'injustice de Louis XIV.

Après le souverain, le sujet ; — après le Roy, tyran de sa famille et de son peuple, voyons le Prince, lui aussi courbé, et le plus profondément peut-être, sous l'autorité du Maître, son oncle.

Ce n'est pas l'histoire domestique que nous ébauchons dans une Étude; les Mémoires, très-nombreux et très-volumineux sur l'époque, n'ont rien laissé à glaner; depuis longtemps les collectionneurs connaissent ces particularités, qui sont, à vrai dire, plus du ressort des bibliothèques que des ouvrages courants; on y rencontre une infinité de détails qui feraient reculer la vertu pudibonde d'un grand nombre de nos éditeurs, en l'an de grâce 1875.

Philippe d'Orléans naquit en 1674; dès l'âge de dix-neuf ans, il se distingua aux armées, en 1691 et 1693, sous les ordres de M. de Luxembourg et au siége de Mons; le jeune duc de Chartres commandait la cavalerie de ce maréchal; ces succès précoces eurent pour résultat d'aliéner la confiance du Roy, qui ne souffrait pas que nul, dans sa famille, acquît une célébrité tapageuse. Ce fut un tort, bien grave même, à le juger par les conséquences néfastes qu'il produisit.

Aussi brutalement évincé du champ de bataille, où sa nature éminemment française se plaisait beaucoup plus qu'à la Cour, Philippe, mécontent, cherchant sa voie, aigri par les tracasseries de Versailles, se jeta à corps perdu dans l'étude des sciences naturelles et physiques; intelligence ouverte à la compréhension philosophique, il étudia avec fruit les auteurs sévères de l'antiquité; la littérature ne lui fut pas étrangère, quoiqu'il préférât les chiffres ou la chimie, sa passion favorite, trop prononcée, s'il faut en croire là-dessus les écrivains du moment; — ces occupations devinrent le point de départ d'accusations ignobles, qui allèrent colporter leur venin jusqu'aux pieds du Roy; — sa postérité mourut, et le monarque ne fut pas éloigné de soupçonner son neveu. Nous exposerons cette ténébreuse affaire dans le chapitre suivant; et, nous environnant des auteurs qui font autorité par leur amour de la vérité, par leur conscience, leur constante recherche des causes, nous réduirons à néant ces grossières inventions, dues à l'imagination malsaine de trois femmes, la du Maine, la des Ursins et la Maintenon! En présence de pareils témoins, l'histoire se voile noblement le front, et passe, grave, recueillie et pensive ; — ce qu'il lui faut, c'est précisément ce qui manque ici, la dignité de la vie, la hauteur du caractère, le culte des principes, la pratique des augustes choses de l'âme et de la pensée. Que peuvent trois intrigantes, dont l'une fut la maîtresse d'un Roy, après avoir promené ses charmes d'un poëte cul-de-jatte à ceux qui daignèrent les remarquer, — dont l'autre régna à Madrid par son astuce, son cœur froid, antifrançais, vile créature plutôt que sujette dévouée, toujours prête à mettre le feu aux quatre coins de l'Europe, alors inflammable comme aujourd'hui, — dont la dernière fut dévorée d'une ambition de gouverner que rien, ou presque rien, ne légitimait, — épouse d'un bâtard de Louis XIV, le plus insignifiant, le moins courageux, le moins bourbonnien par les grandes qualités de race, vipère de Cour qui n'osa jamais attaquer d'Orléans en face, se servant de la calomnie pour abattre son ennemi et le mettre entre les mains du bourreau, car les griefs d'empoisonnement, s'ils eussent été reconnus et entourés de preuves plus ou moins apocryphes, la hache seule pouvait vider la question à la satisfaction de trois femmes, conseillères de deux couronnes, inspiratrices de deux Cabinets, Madrid et Versailles!

La conduite militaire du Prince lui concilia l'estime des soldats et la chaude amitié des généraux; ses connaissances spéciales, son action, sa stratégie, ses résolutions, aussi promptes que bien raisonnées et appliquées sans retarder, son esprit de suite, sa vivacité de coup d'œil sur le champ de bataille, lui valurent l'adhésion des hommes rompus au métier des armes; — de semblables opérations de guerre, suivies d'éloges tombés des lèvres les plus autorisées, et qui parlaient ouvertement en sa faveur dans le cabinet royal, devaient produire un revirement; d'habiles courtisans ouvrirent le feu contre le Prince, — et le troupeau à souple échine suivit les meneurs.

Nous n'écrivons pas une froide biographie, tout entière composée de noms propres et de dates; — nous ne pouvons pas nous attarder aux campagnes, et suivre le soldat dans ses étapes; — ce que nous cherchons à établir, c'est l'insigne mauvaise foi de l'oncle contre le neveu, — c'est la tyrannie de famille qu'exerçait Louis, tyrannie sans amendements, sans appels, sans le moindre adoucissement, pesant de tout son poids sur les plus grands, les plus illustres de son entourage, comme sur le dernier et le plus obscur de ses sujets; nous visons l'incarnation du pouvoir personnel,

— et la démonstration nous semble déjà surabondamment faite.

Quand cette manie orientale de gouverner les hommes *avec son bon plaisir* s'est une fois emparée de l'intelligence, le ver rongeur est au cœur du fruit, et ses ravages ne peuvent que s'accroître ; — ni les sages représentations, ni les conseils politiques et prudents, ne sont de nature à extirper cette soif de domination ; l'homme entier se trouve englobé, et l'on peut dire des potentats le mot sombre et douloureux inscrit au seuil de l'enfer :

Lasciate ogni speranza, voi che intrate.
(Dante. *Inferno*, ch. III, v. 9.)

Laissez toute espérance, ô vous qui entrez! Et le penseur, à plus forte raison, doit ainsi conclure, quand il se trouve en présence d'un parti pris malveillant ; nulle considération n'est assez forte pour faire pencher les plateaux de la balance historique en faveur du souverain ; — la conclusion arrive d'elle-même, et c'est une énergique réprobation, et c'est une mise en lumière des droits de la nation, et c'est, en dernière analyse, une glorification raisonnée des principes de justice et de liberté ! Malheureusement pour sa gloire, Philippe, élevé à cette école de la compression, devait l'imiter de 1715 à 1723 ; — mais la réprobation, si elle veut frapper juste, doit remonter à Louis XIV.

D'Orléans, après une assez longue absence, remplie par de vastes études, — où l'inquiète curiosité d'un esprit novateur et hardi trouvait d'amples satisfactions, — reparut à l'armée. En deux mots, puisque nous reprenons le fil biographique, rappelons qu'à dix-sept ans, en 1691, il fut remarqué par le Roy lui-même au siége de Mons et en 1692 à la prise de Namur. Il fut blessé à Steinkerque en 1692, — et en 1693, à Neerwinden, il faillit rester aux mains de l'ennemi, tant sa valeur avait de pétulance et de fougue, — ce jour-là, il chargea cinq fois, malgré les remontrances des vieux officiers, qui lui rappelaient son âge et l'inutilité d'une mort héroïque. — Tenu à l'écart après Neerwinden, son oncle, ombrageux et jaloux de la réputation des autres, surtout quand des services éclatants la légitimaient aux yeux de tous, lui rendit un semblant de faveur, et lui confia le commandement de l'armée d'Italie sous les murs de Turin ; on eut le soin de borner son initiative, et Marsin, un courtisan incapable, fut chargé de modérer son élan ; à la bataille de Turin, compromise et enfin perdue par Marsin, en 1706, il se conduisit valeureusement, mais ne put ramener la victoire sous nos drapeaux ; il s'engagea personnellement dans la mêlée ; deux blessures, dont l'une était assez dangereuse, furent le résultat d'un courage chevaleresque indéniable.

Un an après, en 1707, il fut appelé au commandement de l'armée d'Espagne ; il opéra dans les royaumes de Valence et d'Aragon, porta les armes en Catalogne, prit d'assaut l'importante place de Lérida, en 1707 ; avec un pareil bonheur, en 1708, il entreprit les campagnes de Dénia et d'Alicante, soumit Tortose, et reçut de grands hommages lors de son entrée à Madrid ; ces marques de la faveur populaire produisirent un effet facile à prévoir sur une nature ambitieuse : il rêva le trône d'Espagne ! Quelques seigneurs mécontents attisèrent dans le cœur du Prince ce désir coupable ; — mais Philippe avait compté sans la police du Cabinet de Versailles. Des indiscrétions compromirent le succès du complot ; le Roy, irrité de voir se produire une compétition sur laquelle il ne comptait pas, fit signifier à d'Orléans d'avoir à rendre compte de sa conduite et des espérances qu'il avait conçues à l'endroit du trône de Philippe V. — Le criminel d'État parut devant son redoutable maître ; la mort se dressa sinistre aux yeux du général victorieux ; et sans la haute et bienveillante intervention des plus éminents personnages de la Cour, le Procès criminel eût été instruit ; de cette instruction à une sanction, il n'y avait qu'un pas. Il signa une renonciation par laquelle il abdiquait toute prétention sur l'Espagne, — et le Roy l'admit à justification. Le prestige du Prince était diminué ; l'orgueil de l'oncle se trouvait satisfait ; les petites coteries de malveillants et d'impuissants purent reprendre le thème favori des plus grossières imputations ; quant au Prince, il se renferma dans une solitude où la débauche seule fut admise à le consoler ; — il y eut sans doute faute de sa part : le soldat, sujet de Louis XIV, n'avait pas le droit de briguer une Couronne, dont la succession n'était pas légalement ouverte ; mais la vengeance à triple tranchant que lui infligea la Cour ne fit qu'augmenter en lui la haine contre les coteries et l'amour des plaisirs. Le Roy le froissa dans ses instincts les plus nobles; sa famille le repoussa durement; les courtisans firent le vide autour de lui; *la conspiration de la calomnie* ourdit ses trames les plus scélérates; elle pénétra dans le cœur généreux du Prince par les plus petites fissures, elle y brisa l'instinct du bien, y réveilla les passions, seulement endormies, et prépara la Régence, ses hontes et ses turpitudes. Du sentiment de sa valeur personnelle et de son orgueil blessé, d'Orléans se fit des griefs contre les créatures de Versailles, qui entouraient son oncle et l'entretenaient sans cesse des machinations de Saint-Cloud; avec l'esprit de famille, avec un large pardon, avec une tolérance pleine de gravité, on eût pu ramener le Prince au devoir, à la conduite digne qui convient à ceux qui sont le plus en vue dans une nation éclairée; — tous ces égards lui manquèrent, et le débordement des passions de la chair, brutales et sauvages, ennemies du frein, fit le reste. Un quart d'heure de conversation avec le Roy eût changé ces dispositions; ces intentions, les seules raisonnables, les seules en harmonie avec une situation fausse créée par la Cour et ses agents dévoués, n'étaient pas entrées dans les intelligences, — et ne nous en étonnons point outre mesure, car la frénésie du pouvoir personnel réussit à détruire les vertus de l'homme qui la subit; il n'y a plus pour lui d'atmosphère sereine où les intérêts de famille priment les divagations d'une volonté sans règle et sans limites; l'absolu dans toute sa laideur, toute son omnipotence, règne et dicte ses lois, qui sont des ordres indiscutables.

Philippe, adonné aux femmes, ne cherchant plus dans la science, les lettres ou les arts, les distractions sérieuses d'un esprit supérieur, attendait que le temps lui montrât une occasion digne de ses facultés ; — car, établissons-le, cet homme n'était pas encore parvenu à rompre les liens qui le rattachaient à la vie publique ; il se sentait capable de jouer un grand rôle dans la société de Versailles, et ses facultés, quoique ébranlées au contact des plaisirs, étaient néanmoins encore aptes à comprendre les ressorts du gouvernement et à les faire mouvoir au bénéfice d'un enfant de France, puisque le Trône ne lui revenait pas en ligne directe. C'est à ce propos, c'est en se rendant un compte parfait de cette situation si particulière et si périlleuse pour un premier prince du sang, que ses ennemis, ses détracteurs, — et ils étaient nombreux alors, — prirent occasion de la mort simultanée des Dauphins pour faire peser sur lui un soupçon criminel. La destinée de Philippe était d'être incriminé partout et toujours ; la calomnie ne l'épargna pas même au pouvoir, — et La Grange-Chancel, qui flagella ses débauches, — et c'était son droit de poëte satirique, — ne recula point devant la réédition des clichés enfiellés de Versailles ; les *Philippiques* reprirent le texte des empoisonnements et des actes incestueux avec ses deux filles, Mademoiselle de Chartres, abbesse de Chelles, et avec sa fille aînée, Madame la duchesse de Berry ; — nous citons les accusations, nous les examinerons bientôt, et nous en ferons toucher au doigt toutes les invraisemblances. Nous avançons seulement, — et nul écrivain au courant du dix-huitième siècle ne s'inscrira en faux contre l'assertion, — que les libertés de calomnie prises envers le Régent par la du Maine, la des Ursins et la trop fameuse Maintenon, donnèrent le branle aux hardiesses de langage déployées par la suite; le vers, la prose, le théâtre, le livre, le pamphlet, le feuilleton manuscrit du Sottisier, tout servit de porte-paroles aux partisans des trois intrigantes dont nous avons esquissé la moralité au début de ce chapitre; les Mémoires du temps ne tarissent pas, et, s'il fallait les prendre au pied de la lettre, jamais Rome n'eût supporté un monstre aussi odieux que le duc d'Orléans; la conspiration réussit au delà des souhaits formés dans l'antichambre royale, — car Louis XIV, après tout, dans les rares lueurs que lui laissait sa vieille gouvernante, devenue premier ministre, et le directeur de sa conscience, le P. Le Tellier, avait su discerner chez son neveu plus de bizarrerie, plus d'amour de la gloire, plus de soif d'ambition, plus d'inconséquences que de vices réels, que de criminelles intentions; le Roy mourut sans croire aux monstrueuses fables d'empoisonnement et d'inceste, ce qui prouve combien nous sommes dans la tradition historique en attribuant aux seules coteries et à leurs porte-voix les affreuses et multiples accusations lancées contre le Prince, alors réduit au silence et plongé dans un loisir voluptueux.

Nous avons hâte,—et que l'on veuille bien nous pardonner ce que l'expression peut avoir de commun,—d'aborder carrément le taureau par les cornes, et de porter la lumière dans les sombres récits des courtisans; — cependant, nous croirions manquer à la vérité qui doit ressortir à chaque ligne de cette Étude, si nous ne donnions pas ici, comme préambule aux horreurs qui vont suivre, le portrait si original et si fidèle que le duc de Saint-Simon nous a laissé de Philippe d'Orléans; les relations intimes, fréquentes, et qui durèrent jusqu'à l'heure de la mort, font de l'historien des Mémoires un témoin-précieux; le déshabillé de l'homme lui était familier; Saint-Simon disait brutalement au Prince ce que nulle personne au Palais-Royal n'eût osé articuler, et sa franchise nous est attestée par des auteurs très-dignes de foi, très-bien placés pour connaître les actions et les discours à leur source; ce portrait se recommande par ses touches larges et profondes, par la vivacité et la franchise de son coloris; c'est un Rubens où l'on voit les formes éblouissantes, la vigueur qui s'allie à la grâce, l'ensemble qui se détache nettement, et la figure qui semble sourire, et les lèvres qui s'ouvrent, et les bras qui se tendent; — en un mot, toute l'illusion d'une œuvre d'art parfaite.

Il manquerait quelque chose à notre Étude, si le portrait peint à si larges touches par le duc de Saint-Simon ne s'y rencontrait pas.

Laissons donc l'historien nous montrer un coin du

tableau de son siècle, — laissons à l'artiste le soin de nous révéler les secrets de sa riche palette.

« Il est à propos de faire bien connaître, si l'on peut, le premier personnage, ses entraves intérieures et extérieures, et tout ce qui lui appartient personnellement. je dis *si l'on peut,* parce que je n'ai de ma vie rien connu de si éminemment contradictoire et si parfaitement en tout que M. le Duc d'Orléans. On s'apercevra aisément qu'encore que je le visse à nu depuis tant d'années, qu'il ne se cachât pas à moi, que j'aie été dans ces dernières années-ci le seul homme qui le voulût voir, et l'unique avec lequel il pût s'ouvrir et s'ouvrît en effet à cœur ouvert, et par confiance, et par nécessité, — on sentira, dis-je, que je ne le connaissais pas encore, et que lui-même aussi ne se connaissait pas parfaitement.

« Monseigneur le Duc d'Orléans était de taille médiocre au plus, fort plein, sans être gros, l'air et le port aisé et fort noble, le visage large, agréable, fort haut en couleur, le poil noir et la perruque de même. Quoiqu'il eût fort mal dansé, et médiocrement réussi à l'Académie, il avait dans le visage, dans le geste, dans toutes ses manières, une grâce infinie, et si naturelle, qu'elle ornait jusqu'à ses moindres actions, et les plus communes. Avec beaucoup d'aisance, quand rien ne le contraignait, il était doux, accueillant, ouvert, d'un accès facile et charmant, le son de la voix agréable, et un don de la parole, qui lui était tout particulier en quelque genre que ce pût être, avec une facilité et une netteté que rien ne surprenait, et qui surprenait toujours. Son éloquence était naturelle jusque dans les discours les plus communs et les plus journaliers, dont la justesse était égale sur les sciences les plus abstraites, qu'il rendait claires, sur les affaires du gouvernement, de politique, de finance, de justice, de guerre, de cour, de conversation ordinaire, et de toutes sortes d'arts et de mécanique. Il ne se servait pas moins utilement des histoires et des Mémoires, et connaissait fort les maisons. Les personnages de tous les temps et leurs vies lui étaient présents, et les intrigues des anciennes cours comme celles de son temps. A l'entendre, on lui aurait cru une vaste lecture. Rien moins. Il parcourait légèrement, mais sa mémoire était si singulière, qu'il n'oubliait ni choses, ni noms, ni dates, qu'il rendait avec précision, — et son appréhension était si forte qu'en parcourant ainsi, c'était en lui comme s'il eût tout lu fort exactement. Il excellait à parler sur-le-champ, et en justesse et en vivacité, soit de bons mots, soit de réparties. Il m'a souvent reproché, — et d'autres plus que lui, — que je ne le gâtais pas, mais je lui ai souvent aussi donné une louange, qui est méritée par bien peu de gens, et qui n'appartient à personne si justement qu'à lui,—c'est qu'outre qu'il avait infiniment d'esprit et de plusieurs sortes, la perspicacité singulière du sien se trouvait jointe à une si grande justesse, qu'il ne se serait jamais trompé en aucune affaire, s'il avait suivi la première appréhension de son esprit sur chacune. Il prenait quelquefois cette louange de moi pour un reproche, et il n'avait pas toujours tort, mais elle n'en était pas moins vraie. Avec cela nulle présomption, nulle trace de supériorité d'esprit ni de connaissances, raisonnant comme d'égal à égal avec vous, et donnant toujours de la surprise aux plus habiles. Rien de contraignant ni d'imposant dans la société, et, quoiqu'il sentît bien ce qu'il était, et de façon même de ne le pouvoir oublier en sa présence, il mettait tout le monde à l'aise, et lui-même comme au niveau des autres.

« Il gardait fort son rang en tout genre avec les princes du sang, et personne n'avait l'air, le discours, ni les manières plus respectueuses que lui ni plus nobles avec le Roy et avec les fils de France. Monsieur avait hérité en plein de la valeur des rois, ses père et grand'père, et l'avait transmise tout entière à son fils. Quoiqu'il n'eût aucun penchant à la médisance, beaucoup moins à ce qu'on appelle être méchant, il était dangereux sur la valeur des autres. Il ne cherchait jamais à en parler, modeste et silencieux même à cet égard sur ce qui lui était personnel, et racontait toujours les choses de cette nature où il avait eu le plus de part, donnant avec équité toute louange aux autres et ne parlant jamais de soi; mais il se passait difficilement de pincer ceux qu'il ne trouvait pas ce qu'il appelait francs du collier, et on lui sentait un mépris et une répugnance naturels à l'égard de ceux qu'il avait lieu de croire tels. Aussi avait-il le faible de croire ressembler en tout à Henri IV, et l'affecter dans ses façons, dans ses réparties, de se le persuader jusque dans sa taille et la forme de son visage, et de n'être touché d'aucune autre louange ni flatterie comme de celle-là, qui lui allait au cœur. C'est une complaisance à laquelle je n'ai jamais pu me ployer. Je sentais trop qu'il ne recherchait pas moins cette ressemblance dans les vices de ce grand prince que dans ses vertus, et que les uns ne faisaient pas moins son admiration que les autres. Comme Henri IV, il était naturellement bon, humain, compatissant, et cet homme, si cruellement accusé du crime le plus noir et le plus inhumain, je n'en ai point connu de plus naturellement opposé au crime de la destruction des autres, ni plus singulièrement éloigné de faire peine même à personne, jusque-là qu'il se peut dire que sa douceur, son humanité, sa facilité, avaient tourné en défaut, *et je ne craindrai pas de dire qu'il tourna en vice la suprême vertu du pardon des ennemis*, dont la prodigalité sans cause ni choix tenait trop près de l'insensible, et lui a causé bien des inconvénients fâcheux et des maux dont la suite fournira des exemples et des preuves.

« Il aimait fort la liberté, et autant pour les autres que pour lui-même. Il me vantait un jour l'Angleterre sur ce point, où il n'y a point d'exils ni de lettres de cachet, et où le Roy ne peut défendre que l'entrée de son palais ni tenir personne en prison, et sur cela me conta en se délectant, car tous nos princes vivaient lors, qu'outre la Duchesse de Portsmouth, Charles II avait bien eu des petites maîtresses; que le grand-prieur, jeune et aimable en ce temps-là, qui s'était fait chasser pour quelque sottise, était allé passer son exil en Angleterre, où il avait été fort bien reçu du Roy.

« Aussi d'ambition de régner ni de gouverner, n'en avait-il aucune. S'il fit une pointe tout à fait insensée pour l'Espagne, c'est qu'on la lui avait mise dans la tête. Il ne songea même, comme on le verra, tout de bon à gouverner que lorsque force fut d'être perdu et déshonoré, ou d'exercer les droits de sa naissance ; et, quant à régner, le cas forcé arrivé, il s'en serait trouvé également importuné et embarrassé. Que voulait-il donc? me demandera-t-on; *commander les armées, tant que la guerre aurait duré, et se divertir le reste du temps sans contrainte ni à lui ni à autrui.*

« C'était, en effet, à quoi il était extrêmement propre. Une valeur naturelle, tranquille, qui lui laissait tout voir, tout prévoir, et porter les remèdes, une grande étendue d'esprit pour les échecs d'une campagne, pour les projets, pour se munir de tout ce qui convenait à l'exécution, pour s'en aider à point nommé, pour s'établir d'avance des ressources et savoir en profiter bout à bout, et user aussi avec une sage diligence et vigueur de tous les avantages que lui pouvait présenter le sort des armes. On peut dire qu'il était capitaine, ingénieur, intendant d'armée; qu'il connaissait la force des troupes, le nom et la capacité des officiers et les plus distingués de chaque corps; il savait s'en faire adorer, les tenir néanmoins en discipline; exécuter, en manquant de tout, les choses les plus difficiles. Ce qui a été admiré en Espagne, et pleuré en Italie, quand il y prévit tout, *et que Marsin lui arrêta les bras sur tout.* Ses combinaisons étaient justes et solides tant sur les matières de guerre que sur celles d'État; il est étonnant jusqu'à quel détail il en embrassait toutes les parties sans confusion, les avantages et les désavantages des partis qui se présentaient à prendre, la netteté avec laquelle il les comprenait et savait les exposer, enfin la variété infinie et la justesse de toutes ses connaissances, sans en montrer jamais ni avoir en effet meilleure opinion de soi.

« Quel homme aussi au-dessus des autres, et en tout genre connu! et quel homme plus expressément formé pour faire le bonheur de la France lorsqu'il eut à la gouverner. Ajoutons-y une qualité essentielle, c'est qu'il avait plus de trente-six ans à la mort des Dauphins et près de trente-huit à celle de M. le duc de Berry, qu'il avait passés particulier, éloigné entièrement de toute idée de pouvoir arriver au timon; courtisan battu des orages et des tempêtes, et qui avait vécu de façon à connaître tous les personnages, et la plupart de ce qui ne l'était pas; en un mot, l'avantage d'avoir mené une vie privée avec les hommes, et acquis toutes les connaissances, qui, sans cela, ne se suppléent point d'ailleurs. Voilà le beau, le très-beau sans doute et le très-rare! »

(Saint-Simon, t. VII, c. XXVII, p. 339 à 343.)

Saint-Simon est un grand peintre. Toutes les lignes sont accusées avec une précision, une ampleur, une force, qui nous rappellent ces magnifiques *préparations* de La Tour, conservées religieusement au musée de Saint-Quentin, et qui sont d'une puissance, d'une vérité, vraiment idéales; nous pouvons dire que jamais l'illustre pastelliste du dix-huitième siècle n'a dépassé le coloris, l'harmonie du dessin, le jeu des ombres et des lumières, qui se rencontrent dans ce vigoureux portrait du Duc d'Orléans; cette peinture, si large et si vivante, n'est pas une reproduction, c'est une résurrection ! Nous allons ajouter une anecdote, qui est précieuse pour l'observateur; au surplus, elle est crayonnée avec une heureuse finesse et une arrière-pensée narquoise, qui lui prêtent infiniment de séduction.

« Deux ou trois ans après la mort du Roy, je causais à un coin de la longue et grande pièce de l'appartement des Tuileries, comme le Conseil de Régence allait commencer dans cette même pièce où il se tenait toujours, tandis que Monseigneur le Duc d'Orléans était à l'autre bout, parlant à quelqu'un, dans l'embrasure d'une fenêtre. Je m'entendis appeler comme de main en main; on me dit que Monseigneur le Duc d'Orléans me voulait parler. Cela arrivait souvent en se mettant au Conseil. J'allai donc à cette fenêtre, où il était demeuré. Je lui trouvai un maintien sérieux, un air concentré, un visage fâché, qui me surprirent beaucoup. « Monsieur, me
« dit-il d'abordée, j'ai fort à me plaindre de vous, que
« j'ai toute ma vie compté pour le meilleur de mes amis.
« — Moi, monsieur! plus étonné encore, qu'y a-t-il
« donc, lui dis-je, s'il vous plaît? — Ce qu'il y a, répon-
« dit-il avec une mine encore plus colère, chose que

« vous ne sauriez nier, des vers que vous avez faits
« contre moi. — Moi, des vers! répliquai-je; eh! qui
« diable vous conte de ces sottises-là? et depuis près
« de quarante ans que vous me connaissez, est-ce que
« vous ne savez pas que de ma vie je n'ai pu faire, non
« pas deux vers, mais un seul? — Non, par la calotte
« du Pape! reprit-il, vous ne pouvez nier ceux-là », et
tout de suite il me chante un *pont-neuf* à sa louange
dont le refrain était: *Notre Régent est débonnaire, là, là,
il est débonnaire*, avec un grand éclat de rire. « Com-
« ment, lui dis-je, vous vous en souvenez encore! et
« en riant aussi, pour la vengeance que vous en prenez,
« souvenez-vous-en du moins à bon escient. » Il
demeura à rire longtemps, à ne s'en pouvoir empêcher,
avant de se mettre au Conseil. Je n'ai pas craint d'écrire
cette bagatelle, parce *qu'il me semble qu'elle peint.* »

(Saint-Simon, t. VII, p. 341-342.)

Oui, monsieur de Saint-Simon, cette bagatelle peint
mieux qu'un discours en trois points; — c'est bien là le
Prince sans fiel, sans morgue, connaissant ses bons
amis, et sachant les récompenser avec un mot, un
sourire, un de ces riens, qui empruntent aux circonstances un prix quelquefois inestimable.

Le Régent restera aux yeux de l'histoire dans l'attitude que lui laisse Saint-Simon; on le verra dans un
demi-jour très-favorable, — sans masque, sans apprêts
d'aucune sorte, homme tout de premier mouvement;
— sans rigorisme, sans austérité feinte, sans hypocrisie

dans le discours, droit, sardonique, galant, rieur, probe, instruit, courageux, général et diplomate distingués, — très-respectueux avec le jeune Roy, — rempli d'égards pour la duchesse d'Orléans, quoiqu'il soupât chaque soir avec une série de drôlesses, — ne divulguant jamais les affaires d'État, ni aux viveurs, ses amis, ni aux petites dames, ses convives, se retranchant sous un rigoureux silence, — ayant fait de sa vie deux parts, une pour le travail, l'autre pour le plaisir! voilà le Régent de France!

L'opinion de Duclos est d'un grand poids; l'honnêteté proverbiale de son caractère est un sûr garant de ses assertions; cœur droit, courageux et bienfaisant, il fut toujours sincère; il soutint l'éloquent et malheureux La Chalotais contre le rapporteur M. de Calonne,— et, dans cette circonstance très-grave, il réclama hautement la justice; sa parole fit sensation, mais on passa outre ! De tels écrivains apportent dans l'histoire un sérieux, une conscience, un sentiment des responsabilités, qui impriment à leur narration ce je ne sais quoi de réfléchi qui repose la pensée et fixe le jugement. Homme d'esprit à ses heures, il a émaillé son récit de traits malicieux, de pointes ironiques, d'aperçus mordants qui restent au premier plan de son œuvre, comme une date littéraire et un rapprochement curieux à constater. Le dix-huitième siècle ne pût jamais atteindre à la dignité historique vraie; l'accent ému, le sens humain, la force de l'idée moralisatrice, lui manquèrent toujours; — siècle de transition, il prépara 89, sans en avoir ni la grandeur, ni le dévouement aux principes.

Voici le portrait de Duclos : « Le duc d'Orléans était d'une figure agréable, d'une physionomie ouverte, d'une taille médiocre, mais avec une aisance et une grâce qui se faisaient sentir dans toutes ses actions. Doué d'une pénétration et d'une sagacité rares, il s'exprimait avec vivacité et précision. Ses réparties étaient promptes, justes et gaies. Ses premiers jugements étaient les plus sûrs ; la réflexion le rendait indécis. Des lectures rapides, aidées d'une mémoire heureuse, lui tenaient lieu d'une application suivie ; *il semblait plutôt deviner qu'étudier les matières.* Il avait plus que des demi-connaissances en peinture, en musique, en *chimie,* en mécanique. Avec une valeur brillante, modeste en parlant de lui, et peu indulgent pour ceux qui lui étaient suspects sur le courage, il eût été général, *si le Roy lui eût permis de l'être;* mais il fut toujours en sujétion à la Cour, et *en tutelle à l'armée.* Une familiarité noble le mettait au niveau de tous ceux qui l'approchaient; il sentait qu'une supériorité personnelle le dispensait de se prévaloir de son rang. *Il ne gardait aucun ressentiment des torts qu'on avait eus avec lui,* et en tirait avantage pour se comparer à Henri IV. Son insensibilité à cet égard venait de son mépris pour les hommes; il supposait que ses serviteurs les plus dévoués auraient été ses ennemis, pour peu que leur intérêt les y eût portés. *Il soutenait que l'honnête homme était celui qui avait l'art de cacher qu'il ne l'est point,* — jugement aussi injuste pour

7

l'humanité que déshonorant pour celui qui le porte. Il tenait cette manière de penser de l'homme le plus corrompu, l'abbé, depuis cardinal Dubois, qui ne croyait pas à la vertu ni à la probité, et n'était pas fait pour y croire. »

Nous avons relevé les traits qui se rapprochent de nos appréciations, tels que le constant mauvais vouloir de Louis XIV à l'endroit de son neveu, — les entraves apportées à sa conduite valeureuse sur les champs de bataille, — la haine de la Cour contre le persécuté de Meudon, — le facile pardon des injures, — et, en dernière analyse, la corruption des vues morales dans l'âme du Prince, exemple sa définition excentrique de l'honnête homme; Duclos est plus sévère que le duc de Saint-Simon, — il est plus dans le vrai, l'étude plonge plus avant dans le cœur et dans les mobiles déterminants de la conduite publique et privée. Pouvait-il en être autrement? Voyons-le.

Le duc Philippe d'Orléans avait eu quatre gouverneurs, de caractères et de formes très-dissemblables: le maréchal de Navailles, le maréchal d'Estrades, le duc de la Vieuville, le marquis d'Arcy, et deux sous-gouverneurs, la Bertière et Fontenay; le cinquième précepteur fut, tout le monde le sait, *ce coquin de Dubois*, ainsi que l'appelait le Régent et son entourage le plus intime; cet abbé, qui ne croyait ni à Dieu, ni à diable, quoiqu'il fût prince de l'Église, mit le sceau à l'éducation du prince; la morale souffrit de sanglantes atteintes, et l'élève conserva jusqu'au lit de mort les préceptes accommodants de son premier ministre et ami. Dubois s'est réhabilité comme homme d'affaires et comme diplomate consommé; ajoutons qu'elles étaient urgentes, ces vertus de gouvernement, pour que l'historien lui octroie une grâce pleine et entière; le Régent le supportait parce qu'il en avait besoin, et aussi parce qu'il avait su démêler dans le secrétaire d'État un réel dévouement à sa personne; l'intrigue si hardie de Cellamare, qui consistait à enlever d'Orléans, afin de placer Philippe V d'Espagne sur le trône de France, fut découverte à son instigation; les Mémoires entrent là-dessus dans une foule d'explications, et la plus saisissante à coup sûr est celle-ci: le complot faillit réussir, — ce fut la Fillon, célèbre appareilleuse, par conséquent très-connue de Dubois, qui les connaissait toutes, qui eut la première un soupçon très-fondé; un des secrétaires de Cellamare avait pour maîtresse une fille de la Fillon; il bavarda après boire, — la créature parut flairer une importante affaire; elle avertit la Fillon, qui instruisit Dubois de l'événement, et le prince-ambassadeur fut arrêté. Le secret d'État se trouvait en bien mauvaise compagnie!

Le Régent n'oublia jamais l'éminent service rendu par Dubois à sa personne et au royaume, car de terribles complications se fussent produites à l'avènement au pouvoir de la faction du Maine; — il passa l'éponge sur les travers, les débauches, les vices de son ex-précepteur, devenu son chef de cabinet, et nul ne put lui faire renvoyer Dubois, pas même Madame la Palatine, l'astucieuse et vindicative Allemande, qui avait bien les qualités et les défauts de sa race, ne pardonnant pas et gardant rancune aux membres les plus proches de sa famille, desservant tout le monde, et soufflant à son fils deux passions germaniques qu'il ne ressentit pas : la haine et la dissimulation! Philippe vivait au grand jour,—il pardonnait facilement; sa mère ne put modifier la nature, à son grand regret. Dubois fut bon ministre, homme corrompu et prince de l'Église détestable, il eut de grandes qualités de tête et toutes les ardentes passions d'un tempérament sanguin. Entre le Régent et le Cardinal l'amitié persévéra; les meilleurs amis, les *soupeurs* du Palais-Royal furent évincés sur une plainte; ces deux hommes, supérieurs par l'intelligence, esclaves de leurs vices, attaqués par des ennemis puissants, sentirent qu'il fallait rester unis pour lutter avec plus d'avantage—peut-être aussi,—et certainement il y a du vrai dans cette appréciation,— les dangers communs et les travaux quotidiens amenèrent dans la liaison un sentiment de franche amitié; ne calomnions pas l'humanité, en prenant au pied de la lettre les racontars du dix-huitième siècle; la diplomatie de Dubois, inspirée par son maître et ami, fut un bienfait, puisqu'elle éloigna la guerre, réprima les troubles intérieurs et permit à Louis XV d'atteindre sa majorité sans passer par les émeutes, les révoltes, qui signalèrent la minorité de Louis XIV; les deux hommes qui parvinrent à ce but furent crapuleux dans l'intérieur, mais ils aimèrent la France,—et il faut leur pardonner beaucoup. Si le patriotisme n'absout pas les turpitudes et les déréglements, il est du moins un commencement de justification aux yeux de l'histoire, qui tient compte des moindres services et des plus obscurs, dès qu'il s'agit de cette chose auguste, la Patrie !

L'appréciation de Duclos nous conduit à celle d'un jurisconsulte, avocat au Parlement, qui tenait un journal des événements de son époque, Mathieu-Marais, qui est plus détaillé, plus verbeux, plus ami du réquisitoire, et constamment sur la piste d'une intrigue ou d'une nouvelle.

Comme nous ne pourrons pas consacrer à Dubois un chapitre spécial, nous prenons acte du passage de Marais, au 10 août 1723, sur le cardinal, pour relever les traits les plus originaux de cette physionomie célèbre.

Marais, 9 et 10 août 1723, Édition Didot, tome III, pages 3, 6 et 7 : « Le 10, jour de la Saint-Laurent, on lui a levé l'appareil (maladie de la vessie). La gangrène a paru, et, sur les cinq heures après-midi, le cardinal est mort. Et voilà ce grand cardinal, premier ministre de France, en plomb comme les autres ; mais il n'a pas eu la consolation d'emporter ses pièces en l'autre monde, car on lui a coupé tout, rasibus. Il ne s'est pas mis en peine des derniers sacrements.

« Le cardinal Dubois a fait de grandes choses pour son maître. Il a fait les traités, les mariages d'Espagne, *et a établi la paix avec l'étranger.* »

Mathieu-Marais intercale dans son journal l'article

nécrologique de la *Gazette de France* du 14 août 1723 : « Guillaume Dubois, cardinal-prêtre, archevêque, duc de Cambrai, prince de l'Empire, comte de Cambrésis, abbé de Saint-Just, de Nogent-sous-Coucy, de Bourgueil, d'Airvaux, de Cercamps, de Bergue-Saint-Vinox et de Saint-Bertin-de-Saint-Omer, principal et premier ministre d'État, ministre et secrétaire d'État ayant le département des affaires étrangères, grand maître et surintendant général des courses, postes et relais de France, l'un des quarante de l'Académie française, honoraire de l'Académie royale des sciences et de celle des inscriptions et belles-lettres, élu par les prélats et autres députés à l'assemblée générale du clergé de France, pour en être premier Président, et, ci-devant, précepteur de Monseigneur le duc d'Orléans, mourut à Versailles, le 10 de ce mois, vers les cinq heures du soir, âgé de soixante-six ans, onze mois, quatre jours, étant né le 6 septembre 1656. Le cardinal Dubois avait été nommé conseiller d'État d'Église vers la fin de l'année 1715. Au retour du premier voyage qu'il fit en Hollande, en qualité d'ambassadeur extraordinaire et plénipotentiaire de Sa Majesté pour le traité d'alliance entre la France, l'Angleterre et la Hollande, qu'il signa le 4 janvier 1717, le Roy lui donna une des charges de secrétaire de la Chambre et Cabinet de Sa Majesté, et l'entrée au conseil des affaires étrangères. Il fut envoyé ensuite en Angleterre, avec le même titre d'ambassadeur et plénipotentiaire du Roy, et il y signa, le 2 août 1718, le traité conclu à Londres pour la pacification de l'Europe. Le 24 septembre de la même année, le Roy le nomma ministre et secrétaire d'État au département des affaires étrangères, et en 1720, archevêque de Cambrai. Le pape le fit cardinal, dans le consistoire tenu le 16 juillet 1721, et le 15 octobre suivant, Sa Majesté lui donna la charge de grand maître et surintendant des postes. Il eut séance au conseil de Régence, au mois de mars 1722, et le 22 août de la même année, le Roy le déclara principal et premier ministre d'État. L'heureux succès des différentes négociations dont le cardinal Dubois a été chargé, la grande réputation et le crédit qu'il s'est acquis dans les pays étrangers et la confiance dont le Roy a honoré sa personne, seront des témoignages éternels de l'étendue de son génie, de sa capacité dans les affaires et de son zèle infatigable pour le service de Sa Majesté et pour la gloire de l'État. »

Certes, la Gazette officieuse de Renaudot soldait en beaux compliments, véritable eau bénite de Cour, le privilége dont il se trouvait investi d'être le gazetier en titre; — les éloges sont outrés; il est d'ailleurs rare que les *officieux* restent dans la mesure et sachent prendre le ton convenable : ils dépassent invariablement les limites, soit dans le blâme, soit dans la louange; — c'est le châtiment infligé à ceux qui vendent la noble indépendance de leur plume ou de leur parole !

Dubois eut pour successeur le comte de Morville, — mais on remplace un pareil homme sans le faire oublier. Le négociateur primait chez le cardinal toutes les autres qualités; retors par nature et aussi par éducation spéciale, adroit et dissimulé, très-prudent, faisant de la réserve son arme principale en diplomatie, il réussit à merveille dans ses ambassades, — et la paix européenne en fut le résultat.

En France, où l'on chansonne tout et tout le monde, même les têtes couronnées, il devait se rencontrer un sottisier pour rédiger une nécrologie moins pompeuse que celle de Renaudot; — c'est ce qui arriva :

ÉPITAPHE DU CARDINAL DUBOIS.

> Malgré le lien conjugal,
> Je fus Évêque et Cardinal;
> De maint logis abbatial,
> Je fis mon patrimonial;
> Malgré mon naturel brutal,
> Je fus ministre principal,
> Le tout grâce au Palais-Royal,
> Pour quelque entregent vaginal.
> Passant, apprends que ce canal
> Peut donner le sceptre papal,
> Ainsi qu'il donne certain mal
> Très-connu dans l'Escurial,
> Et qui m'a rendu le vassal
> Du roi de l'Empire infernal.

La verve, la causticité de ces rimes en *al* se retrouvent à chaque page des *Ruelles* de ce dix-huitième siècle philosophe et rieur;— et Dubois, quoique chef du cabinet et prince romain, ne pouvait pas y échapper; il avait donné prise : sa vie intime offrait une large cible aux flèches légères, et parfois si meurtrières, de l'esprit gaulois. Ainsi les jugements austères de la grande histoire trouvent leur confirmation dans les satires de l'antichambre et de la rue !

Marais, qui commence son journal le 2 septembre 1715, et qui le termine le 13 octobre 1727, avec une correspondance allant de 1724 à 1737, suit la Régence au jour le jour; il est généralement bien disposé à l'endroit du Régent, surtout au début; les Parlements avaient eu beaucoup à souffrir sous l'omnipotence de Louis XIV, leur déclarant, cravache en main : « *L'État, c'est moi !* » Aussi ne marchandèrent-ils pas leur adhésion au nouvel ordre de choses établi par la Régence; les bâtards perdirent leur cause devant le premier corps du royaume. Nous ne suivrons pas Marais; une Étude n'est pas un livre de longue haleine, et nous le regrettons beaucoup, car les raccourcis historiques, bien différents des admirables raccourcis en peinture, laissent toujours une certaine indécision au fond de l'esprit, et n'ouvrent pas assez spacieuses, assez éclairées, les sphères d'action où se meuvent les hommes illustres par la naissance et le génie ; — nous peignons l'interrègne à la flamande, le tout pour faire échec aux incroyables affirmations de La Grange sur quelques points, et, d'autre part, — les débauches et la vie facile, — pour appuyer les strophes vengeresses de l'opinion publique et de la morale; d'ailleurs l'Étude est complétée par de longues notes, qui se prêtent un mutuel appui ; notre cadre est restreint; il faut absolument que nous évitions les analyses trop abondantes.

D'Orléans se détache vigoureusement dans ce chapitre biographique; nous n'avons pas voulu l'isoler du Cardinal, en avouant avec franchise que force parties, même principales, restent dans l'ombre; les annotations viendront à notre aide.

Voyons maintenant le procès, — pendant encore devant l'histoire et devant la conscience, — intenté au Régent par ses ennemies de Cour, et visant la mort de la postérité royale et les accusations incestueuses lancées contre le père; — cette partie de notre Étude est celle que nous abordons avec le plus de répugnance; deux sentiments nous soutiendront, l'entière vérité due à la mort, l'indignation contre la calomnie !

X

Catastrophes royales. — Les Dauphins enlevés par un mal étrange. — Fagon et Boudin, médecins de la Cour, concluent à la mort résultant du crime. — Maréchal fait les autopsies; il conclut à la mort naturelle. — Louis XIV se range à son avis. — Accusations incestueuses; conduite plus imprudente que coupable. — Légèretés apparentes du Régent et de sa fille, la duchesse de Berry; non culpabilité de l'un et de l'autre; opinions de Saint-Simon et de Duclos.

Nous sommes enfin au cœur du débat! Ce n'est pas sans une émotion réelle et sans un frissonnement intérieur poignant que nous abordons ce redoutable procès historique. Il n'est pas arrivé jusqu'à nous, dans le cours des siècles, de réquisitoire plus véhémentement atroce que celui-là, — et la conscience frémit à la seule possibilité d'un si grand crime; et l'intelligence reste confondue, attérée, morne et comme frappée d'impuissance créatrice en présence d'un poëte si impitoyable, si audacieux!

Ah! que les mémoires du passé sont une énigme parfois difficile et sombre! que les raisonnements les mieux équilibrés sont peu de chose pour arracher son secret au sphinx de l'histoire! Et qu'il faut souvent abîmer sa pensée dans une longue contemplation avant de trouver, — non pas toujours la simple et radieuse vérité, — mais une lueur faible et vacillante, un semblant de conviction! C'est en présence de ces problèmes que l'homme comprend mieux encore la faiblesse de son intellect et de ses concepts les mieux agencés; c'est là que le philosophe, penché sur le puits vertigineux de l'histoire, éprouve ces mortelles défaillances, peintes si éloquemment dans les poëmes immortels du Dante, Shakespeare, Hugo et les visionnaires bibliques.

Si le lecteur a lu les *Odes Philippiques* avant l'Étude, il a pu se convaincre du sentiment que nous portons dans l'examen de la Régence; — et nos conclusions lui sont déjà familières; il sait que nous acquittons Philippe d'Orléans, au nom de la morale, qui demande une sanction, — au nom de l'honneur, qui attend sa réparation, — au nom de la famille, qui a le devoir d'exiger une réhabilitation, — au nom de la France, qui eût été gouvernée par un monstre, si la vérification du crime fournissait des preuves évidentes, — au nom surtout de la dignité personnelle de l'écrivain, qui place sa récompense dans le témoignage de sa conscience, le meilleur juge, celui qu'il redoute le plus, parce que ses arrêts ne relèvent d'aucun pouvoir humain!

Tribun ou Roi, personnage illustre ou simple citoyen, — nous l'avons dit, — la responsabilité est la même pour tout le monde. L'histoire, — cette grande justicière, — ne connaît pas les puériles distinctions sociales; que l'on soit revêtu de la pourpre ou du sarreau, que l'on soit assis sur un trône ou sur le banc d'une chaumière, elle apprécie les actes, elle juge les pensées; elle sonde les reins et les cœurs, — et son verdict est de ceux qui restent comme une flétrissure ou comme une glorification.

D'Orléans empoisonna-t-il les Enfants de France pour se frayer les voies au premier rang dans la Monarchie?

Le même d'Orléans, oubliant les préceptes les plus nobles, les instincts les plus vivaces de la nature humaine, foulant aux pieds toute retenue, toutes les lois divines et terrestres, eut-il avec ses filles des relations incestueuses?

C'est ainsi que les deux questions se posent brutalement. A la première et à la seconde, nous ne pouvons que répondre, avec la colère vibrante des âmes généreuses et l'indignation du penseur qui a le profond respect de l'humanité, — nous ne possédons aucune preuve; les affirmations ordurières des sottisiers ne sont pas des autorités; les ennemies si puissantes du Régent et leurs coteries avaient trop de haine et d'insigne mauvaise foi pour en imposer à l'histoire; — et, par contre, tous les honnêtes écrivains du dix-septième siècle, tous les analystes sérieux, ceux mêmes qui vivaient dans l'intimité de l'accusé, qui le connaissaient depuis le berceau, déclarent calomniatrices et diffamatoires ces perfides accusations.

Or, que nous restait-il à faire ? Prendre le parti de ceux qui ont vengé la morale. Nous l'avons fait, — et nous ne pouvons qu'opposer un NON très-énergique aux insinuations qui sortaient des cabinets de Madrid, Sceaux et Versailles, où s'agitaient si misérablement Mesdames des Ursins, du Maine et la Maintenon.

Entrons donc maintenant dans le détaillé de l'affaire ; nous y serons plus à l'aise, — puisque le lecteur n'a plus à redouter la pénible surprise d'une culpabilité qui serait le renversement de ses croyances et l'effondrement total de toutes ses idées sur le progrès humain ; — car, ne l'oublions pas un seul instant, l'homme, si grand dans la sphère des sciences, où son compas mesure les cieux, est petit, sans force, quelquefois sans initiative devant les agents secrets qui pèsent sur les délibérations intérieures de la conscience, et si Néron, Tibère, Caligula, furent des monstres, toute l'humanité reçut de leurs crimes une éclaboussure, un rejaillissement sinistres ; l'éternelle et vaste solidarité morale pèse sur chacun de nous !

Les Enfants de France descendirent au tombeau en moins d'une année, d'avril 1711 à mars 1712. Trois générations s'éteignirent. Le Dauphin, fils unique de Louis XIV, mourut le 14 avril 1711 ; le duc de Bourgogne, le nouveau Dauphin, le suivit de très-près, le

18 février 1712, et le 8 mars de la même année, le duc de Bretagne vint clore cette liste fatale. Restait le duc d'Anjou, depuis Louis XV, rejeton unique de la branche directe; il fut lui-même souffrant et presque condamné par les médecins officiels. Une autre mort, mystérieuse et subite, celle du duc de Berry, en 1714, à la veille de la Régence, réjouit les vindicatives ennemies de Philippe d'Orléans, — et l'accusation fut portée hautement à la Cour et dans le public.

Le peuple, organe cependant peu crédule, quand il s'agit d'une machination de Cour, prit ouvertement parti contre le futur Régent de France; le préjugé, — cette puissance indéracinable, — entra dans les mœurs; de là à s'infiltrer dans les récits de l'historien, il n'y a pas loin; on put le voir bientôt. Nouvelle preuve, et ce n'est pas la moins probante, que les calomnies venues de haut font leur chemin, et décrivent leur ellipse sans rencontrer la protestation émue de la conscience! Et de l'histoire, ces bruits, fomentés adroitement et propagés avec ardeur, passent tout entiers dans les traditions contemporaines; — et ce n'est pas un médiocre scandale que cette perpétuité du mensonge politique! Il faut réagir au nom des principes, au nom de l'honneur des familles; — réagissons!

Évidemment, il faut compter avec les créances de son époque, tant corrompue soit-elle, tout ignorante et injuste qu'elle puisse paraître, en dépit des lueurs de raison, d'humanité et de bonne foi qui s'échappent des lèvres éloquentes des orateurs et des philosophes ; l'époque est un milieu contre lequel on ne peut jamais avoir une action décisive, même pour la meilleure des causes, même pour le bien dans son expansion la plus légitime ; — on subit son temps, on ne le change pas radicalement d'une génération à l'autre ; il est nécessaire que des portions de siècle s'écoulent, que le travail d'analyse se fasse, que l'expérience dépose ses jugements dans l'impartiale histoire,—et qu'un homme, autorisé par le caractère, les services rendus, ou le talent, proclame la vérité dans une œuvre immortelle. Combien d'ouvrages de cette nature sont arrivés jusqu'à nous? Certes, on pourrait les compter, — ils sont assez rares ; et, si la dangereuse division des partis persiste en Europe, ils seront introuvables pour nos petits-neveux.

Il est notoire qu'en 1711, 1712 et 1714, et jusqu'au milieu de son gouvernement, qui lui avait ramené beaucoup d'excellents esprits, le Régent portait le poids de ces crimes d'empoisonnement ; — et ceux qui eussent pu désarmer la calomnie, la réfuter au besoin, aigrirent, au contraire, l'opinion publique contre l'accusé trop débonnaire.

Au siècle dernier, une monomanie coupable s'empara des esprits les plus distingués ; le poison entra comme agent dans toutes les catastrophes royales, et les morts illustres, sans exception, furent soupçonnées du même virus ; — l'intéressante princesse Henriette et la reine d'Espagne, s'il faut croire là-dessus l'histoire mise en romans par des écrivains dramaturges et conteurs, devinrent la proie de ce minotaure; le chevalier de Lorraine, le marquis d'Effiat se firent une célébrité ; la chambre des poisons siégeait à grand orchestre ; la crédulité populaire rendit plus de crimes vraisemblables qu'il ne s'en produisit véritablement, — et l'on conçoit qu'avec un pareil courant des esprits, la disparition des Enfants de France dut frapper l'imagination maladive de la foule.

Au plus fort des revers subis par les armes françaises, avant la victoire si disputée et si avantageuse de Denain (24 juillet 1712), après les offres de paix faites aux alliés à Gertruydenberg, février 1711, date des préliminaires convenus entre Louis XIV et les Anglais, viennent subitement se placer les morts royales imputées à Philippe d'Orléans. Le duc d'Anjou fut malade; sa gouvernante, duchesse de Ventadour, à tort ou à raison, lui administra un contre-poison, qu'elle avait rapporté de Turin ; l'enfant guérit; cet exemple ne fit que rendre plus évidents les soupçons de la Cour.

Il est à déplorer que nous ne possédions pas les rapports des autopsies ; l'honnête et savant chirurgien Maréchal, qui les exécuta, conclut à la mort naturelle ; cette fin de non-recevoir scientifique infligée aux factions acharnées contre d'Orléans, les révolta ; le Roy voulut lire les rapports; cette lecture le troubla ; peu à peu, néanmoins, le calme revint dans son esprit : il sut imposer sa conviction personnelle aux seigneurs et aux dames de son entourage ; — mais il eut le tort très-grave de brûler les preuves mémorables d'une innocence à laquelle certains historiens n'ont point voulu croire ; d'autres ont opiné dans le sens de la culpabilité, sans avoir le moindre instrument authentique qui pût appuyer leur jugement. Nous ne les imiterons pas.

La mort du premier Dauphin fut attribuée à la petite vérole ; le malade succomba à une violente suffocation ; le duc de Bourgogne se plaignit surtout d'atroces douleurs au bas-ventre ; la duchesse de Bourgogne ressentit au front des brûlures internes qui suspendirent l'usage de la parole, et, pendant les dernières heures de son existence, la pensée avait quitté cette tête pourtant si impressionnable et si intelligente ; le duc de Berry se vit en proie aux perpétuelles excitations d'estomac, qui l'amenèrent à rejeter une si grande quantité de sang qu'il en mourut ; ainsi, — et sans aborder la question médicale, qui nous échappe, qui ne rentre pas dans notre cadre historique, — les symptômes sont différents, les causes doivent l'être ; et, pour comble d'indécision, d'incertitude, d'étonnement profonds, les trois médecins sont en désaccord sur les origines, sur la marche et sur le dénouement des maladies !

Fagon, l'autocrate de la médecine officielle ; Boudin, créature de la Maintenon, par conséquent ennemi de Philippe d'Orléans, et tout porté à le perdre dans la conscience du Roy ; Maréchal, premier chirurgien, praticien très-habile, homme honorable, caractère élevé et savant de premier ordre à une époque où la science médicale ne vivait que d'empirisme ; — voilà les trois autorités appelées à déposer devant la postérité. Il est avéré que Fagon et Boudin étaient à la merci de la vieille calviniste convertie au catholicisme, madame de Maintenon; leur témoignage perd toute sa valeur par la seule constatation de leur vénalité; reste Maréchal, qui fit, nous le répétons, l'autopsie des cadavres, sans y découvrir le moindre agent destructeur des principes de la vie. Le poison n'avait joué aucun rôle dans ces morts rapprochées; l'éminent chirurgien, qui fécondait sa vaste expérience médicale par des études solides, citait, nous dit Duclos, *plusieurs exemples récents de pareilles maladies.*

Nous nous rangeons à l'opinion raisonnée du chirurgien Maréchal; Fagon et Boudin ont oublié le devoir professionnel, — ils sont devenus des hommes politiques; ils accusent un empoisonneur, alors qu'ils ne peuvent pas constater la présence du poison! Nous les récusons.

. Entendons les contemporains ; le cas est assez grave pour motiver cet appel à la barre de l'histoire. Duclos va déposer : « Ces soupçons répandus dans tout le royaume, tombaient uniquement sur le duc d'Orléans, depuis Régent, et formèrent bientôt un cri d'accusation publique. Il en fut si consterné, qu'il demanda au Roy de se constituer prisonnier avec Hombert, célèbre chimiste, dont il avait pris des leçons, jusqu'à ce que la calomnie fût démontrée et détruite. Le Roy, *prévenu par les ennemis de son neveu*, fut près d'accepter sa proposition; mais il en fut détourné par Maréchal, qui eut le courage de représenter qu'un tel éclat ne servirait qu'à tourner en certitude dans l'imagination du peuple des soupçons qui se détruiraient d'eux-mêmes; au lieu que la justification du duc d'Orléans laisserait toujours à sa réputation la tache d'une accusation indigne de lui, et que la démonstration de son innocence passerait encore pour l'indulgence d'un Roy qui ne veut pas déshonorer son sang. Maréchal rappela à ce sujet au Roy ce qu'il lui avait entendu dire à lui-même sur son neveu.

« Le duc d'Orléans avait eu une maladie, pendant laquelle Maréchal l'avait vu assidûment. Ils eurent ensemble plusieurs conversations sur des matières de sciences. Maréchal, frappé de l'étendue d'esprit et de la quantité de connaissances de ce prince, en parla au Roy. « Sire, lui dit-il, si le duc d'Orléans était un sim-
« ple particulier sans fortune, il aurait plus de dix
« moyens de gagner honnêtement sa vie, et c'est d'ail-
« leurs le meilleur homme du monde. » Le Roy, en convenant des talents du prince, acheva de le peindre par un seul trait : « *Savez-vous ce que c'est que mon ne-*
« *veu ? c'est un fanfaron de crimes.* »

« Madame de Maintenon, voulant perdre le duc d'Orléans dans l'esprit du public, n'y trouvait que trop de facilité. Ce prince, incapable d'une action noire ou basse, avait, à force d'imprudences, d'indiscrétions et de mœurs crapuleuses, donné de lui la plus mauvaise opinion, que l'idée même qu'on avait de son esprit aggravait encore. On parlait souvent alors d'empoisonnements, et les soupçons ayant été une fois dirigés contre le duc d'Orléans, se réveillèrent à chaque occasion. »

Rien, dans le langage si mesuré de Duclos, écrivain au franc-parler et d'allures peu suspectes de courtisanerie, ne fait présager la culpabilité de Philippe, Régent de France; tout, au contraire, y dénote la complicité de la bigote Maintenon, pétrie de fiel et de dévotion. Une autre femme, que l'on a vue déjà, qui remplit de ses intrigues les chancelleries du dix-huitième siècle, qui régna à Madrid et à Versailles, distilla le venin de la calomnie, — ce fut la veuve de Talleyrand, prince de Chalais, veuve en secondes noces (1698) du duc de Bracciano, de la maison des Ursins, l'astucieuse Anne-Marie de la Trémouille, princesse des Ursins.

Témoin duc de Saint-Simon, vous êtes appelé à déposer devant l'histoire; dites la vérité, toute la vérité, rien que la vérité.

La réponse se trouvera au cours de la déposition; ce n'est pas un homme qui parle, — c'est une conscience!

« Les horreurs qui ne se peuvent plus différer d'être racontées glacent ma main. Je les supprimerais, *si la vérité si entièrement due à ce qu'on écrit*, si d'autres horreurs qui ont augmenté celle des premières, s'il est possible, si la publicité qui en a retenti dans toute l'Europe, si les suites les plus importantes auxquelles elles ont donné lieu, ne me forçaient de les exposer ici comme faisant une partie intégrante et des plus considérables de ce qui s'est passé sous mes yeux. La maladie de la Dauphine, subite, singulière, peu connue aux médecins, et très-rapide, avait dans sa courte durée noirci les imaginations déjà fort ébranlées par l'avis venu à Boudin si peu auparavant, et confirmé par celui du Roi d'Espagne. La colère du Roi du changement de confesseur, qui se serait durement fait sentir à la princesse, si elle eût vécu, céda à la douleur de sa perte, peut-être mieux à celle de tout son amusement et de tout son plaisir; et la douleur voulut être éclaircie de a cause d'un grand malheur pour tâcher de se mettre en état d'en éviter d'autres, ou de rentrer en repos sur l'inquiétude qui le frappait. La Faculté reçut donc de sa bouche les ordres les plus précis là-dessus.

« Le rapport de l'ouverture du corps n'eut rien de consolant : nulle cause naturelle de mort, mais d'autres vers les parties intérieures de la tête, voisines de cet endroit fatal où elle avait tant souffert. Fagon et Boudin ne doutèrent pas du poison, et le dirent nettement au Roi, en présence de Madame de Maintenon seule. Boulduc, qui m'assura en être convaincu, et le peu des autres à qui le Roi voulut parler, et qui avaient assisté à l'ouverture, le confirmèrent par leur morne silence. Maréchal fut le seul qui soutint qu'il n'y avait de marques de poison que si équivoques, qu'il avait ouvert plusieurs corps où il s'en était trouvé de pareilles, et sur la mort desquels il n'y avait jamais eu le plus léger soupçon.

« Fagon, Boudin, quelques autres déclarèrent le plus violent effet d'un poison très-subtil et très-violent, qui, comme un feu très-ardent, avait consumé tout l'intérieur du corps, à la différence de la tête, qui n'avait pas été précisément attaquée, et qui seule l'avait été d'une manière très-sensible en la Dauphine. » (Saint-Simon parle ici de la mort du Dauphin, qui jeta la désolation dans le cœur du Roi, et fit murmurer les courtisans.) « Maréchal, qui avait fait l'ouverture, s'opiniâtra contre Fagon et les autres. Il soutint qu'il n'y avait aucunes marques précises de poison; qu'il avait vu des corps ouverts à peu près dans le même état, dont on n'avait jamais eu de soupçon; que le poison qui les avait emportés, et tué aussi le Dauphin, était un venin naturel de la corruption de la masse du sang enflammé par une fièvre ardente, qui paraissait d'autant moins qu'elle était plus interne; que de là était venue la corruption qui avait gâté toutes les parties, et qu'il ne fallait point chercher d'autres causes que celles-là, qui étaient celles de la fin très-naturelle qu'il avait vue arriver à plusieurs personnes, quoique rarement à un degré semblable, et qui, alors, n'allait que du plus au moins. Fagon répliqua, Boudin aussi, avec aigreur tous deux. Maréchal s'échauffa à son tour, et maintint fortement son avis. »

Le langage, honnête et scientifique, respectueux et si énergiquement motivé de Maréchal est une conclusion. Le Régent, poursuivi par la haine froide et tenace des factions de cour, se trouve placé en dehors du débat; la calomnie n'a point de prise sur le chef d'empoisonnement; le chirurgien a toute notre confiance.

Philippe ne fut pas criminel; — mais il ne sut pas résister à l'effroyable délire qui s'empare de certaines âmes dans les hautes régions du pouvoir; son action ne connut pas les moyens termes vertueux, du moins en ce qui regarde la vie privée; son intérieur erra au gré des événements,—il ne le conduisit pas, esclave qu'il était de ses passions, n'ayant plus, et depuis longtemps, à sa libre disposition ce frein rigoureux que savent appliquer les natures droites. Les mirages du pouvoir suprême produisent ces hallucinations désastreuses. D'Orléans reste un exemple fécond en graves enseignements, en leçons d'une éloquence austère. Heureux le prince qui sait aborder le pouvoir sans se laisser influencer par les désirs qui s'offrent en foule à l'imagination! Heureux le peuple qui possède un tel gouvernant! Le premier pas est toujours fatal; les débauches du prince rendirent vraisemblables les accusations d'empoisonnement; avec une vie publique moins relâchée, elles fussent tombées d'elles-mêmes; le Régent, quoique innocent, porta la peine de ses mauvaises mœurs; le viveur eut l'âme déchirée par la réputation qu'il s'était faite.

Mademoiselle de Chartres prit l'habit à Chelles, malgré les efforts du duc d'Orléans pour l'en dissuader; une sœur du maréchal de Villars était alors abbesse du couvent. (1717.)

Nous nous occuperons surtout,—et dès maintenant,—de la duchesse de Berry, cette fille préférée, qui devint le point de mire de la médisance d'abord, ensuite des propos colportés de Versailles à Paris, et, en fin de compte, d'une calomnie qui ne sut pas même s'arrêter devant la paternité ; — il faut le dire, puisque là seulement nous pouvons trouver le fil conducteur qui nous guidera dans ce labyrinthe de versions contradictoires, le Régent et sa fille eurent toutes les apparences contre eux ; leur intimité, sans être amoureuse, en eut parfois les dehors. En face d'un semblable abandon, il devait arriver que des ennemis profitassent des échappées de conduite pour construire un roman, — et quel roman ! Le portrait de la duchesse, que nous allons faire passer sous les yeux du lecteur, est une page saisissante de vérité, comme les moindres croquis de Saint-Simon, — et il emprunte à l'accusation une grande autorité. En effet, se figure-t-on un père amant criminel de sa fille? Et un père aussi haut placé, aussi supérieur par l'intelligence, par l'acquis scientifique, premier prince du sang en 1715, descendant à l'action la plus abominable qu'un homme puisse commettre ! Vraiment, il y a là de quoi faire frémir le cœur et donner à la pensée un dangereux vertige; il fallut que La Grange-Chancel, excité par les ennemies du Régent, eût oublié les plus élémentaires notions du devoir; il osa prostituer la poésie et la faire servir aux déclamations de la haine ; sa strophe remua la fange, au lieu de planer dans l'infini, au lieu d'indiquer à l'humanité de nobles buts à atteindre, les cimes du vrai à gravir, l'idéal à poursuivre constamment, le bien à pratiquer, le sentiment de justice à glorifier toujours, les autres sublimes mobiles qui doivent transfigurer l'âme, et lui rendre au moins supportable une existence traversée par la déception, les larmes et les affres du doute.—Le poëte satirique, organe d'une faction, fit descendre la Muse des hauteurs sereines du beau et de l'idée pure; son cothurne immaculé, souillé au contact des abominables inventions courtisanesques, ne conserva aucun de ces reflets d'azur où les rayons laissent une empreinte si douce aux regards du penseur! Et si la forme poétique persista au milieu de ces errements, elle fut loin de garder son ampleur, sa force natives,—elle n'eut pas le vol olympien des augustes strophes qui chantent le droit, la patrie, la famille, l'amour et l'humanité! La Muse, violée dans son sanctuaire, referma ses ailes, et les nombres harmonieux composèrent une couronne d'étoiles au front de la céleste victime!

Si le poëte resta, l'homme fut déshonoré, — sa vie ne fut plus qu'un supplice. Empoisonneur et incestueux, tel est le Régent des *Philippiques;* homme d'une valeur peu ordinaire, très-inconséquent, débauché avec raffinement, se livrant trop à son entourage et à ses suggestions, incapable de haine, sérieux et travailleur dès qu'il s'agissait du gouvernement, tel est le Régent de l'histoire!

Il reste au fond des natures les plus dépravées un sens familial qui résiste aux entraînements des sens; les annales judiciaires relatent peu de ces crimes contre lesquels se révoltent l'instinct et la raison; le sang et la chair peuvent-ils se prêter à une semblable profanation?

Ne le croyons pas, ne fût-ce que pour sauvegarder l'honneur de l'humanité en flétrissant celui du poëte coupable.

Saint-Simon s'exprime ainsi sur la duchesse : « Cette princesse était grande, belle, bien faite, avec toutefois assez peu de grâce, et quelque chose dans les yeux qui faisait craindre ce qu'elle était. Elle n'avait pas moins que père et mère le don de la parole, d'une facilité qui coulait de source, comme en eux, pour dire tout ce qu'elle voulait, et comme elle le voulait dire, avec une netteté, une précision, une justesse, un choix de termes et une singularité de tour qui surprenait toujours. Timide d'un côté en bagatelles, hardie d'un autre jusqu'à effrayer, haute jusqu'à la folie, basse aussi jusqu'à la dernière indécence, il se peut dire qu'à l'avarice près, elle était un modèle de tous les vices, qui était d'autant plus dangereux qu'on ne pouvait pas avoir plus d'art ni plus d'esprit. »

Ce commencement indique déjà une jeune femme très-régence, au sens le plus commun de cette expression ; peu de retenue avec beaucoup d'orgueil ; de l'intelligence avec des inclinations vicieuses ; entichée de son rang et livrant sa confiance aux plus viles espèces, aux personnes sans considération, sans foi ni loi ; éloquente et persuasive dans le discours et familière avec la langue verte de son temps ; — tel est, vu en raccourci, la fresque de Saint-Simon. Plus loin, une autre face de cette figure nous est montrée avec un rare bonheur de pénétration et d'analyse féminine : « Madame la duchesse de Berry vivait à son ordinaire dans le mélange de la plus altière grandeur, de la bassesse et de la servitude la plus honteuse; des retraites les plus austères, fréquentes, mais courtes, aux Carmélites du faubourg Saint-Germain, et des soupers les plus profanés par la vile compagnie, et la saleté et l'impiété des propos; de la débauche la plus effrontée, et de la plus horrible frayeur du diable et de la mort, lorsqu'elle tomba malade à Luxembourg. Elle ne voulait se contraindre sur rien; elle était indignée que le monde osât parler de ce qu'elle-même ne prenait pas la peine de lui cacher, et, toutefois, elle était désolée de ce que sa conduite était connue.

« Madame la duchesse de Berry a fait tant de bruit dans l'espace d'une très-courte vie que, encore que la matière soit triste, elle est curieuse et mérite qu'on s'y arrête un peu. Née avec un esprit supérieur, et, quand elle le voulait, également agréable et aimable, et une figure qui imposait et qui arrêtait les yeux avec plaisir, mais que sur la fin le trop d'embonpoint gâta un peu, elle parlait avec une grâce singulière, une éloquence naturelle qui lui était particulière, et qui coulait avec aisance et de source, enfin avec une justesse d'expression qui surprenait et charmait.

« Parmi une dépravation si universelle et si publique, elle était indignée qu'on osât en parler. Elle débitait hardiment qu'il n'était jamais permis de parler des personnes de son rang, non pas même de blâmer ce qui pouvait le mériter dans leurs actions les plus publiques, et qu'on aurait vues soi-même, combien moins de ce qui ne se passait qu'en particulier. C'est ce qui l'irritait contre tout le monde, comme d'un droit sacré violé en sa personne, le plus criminel manquement de respect, le plus indigne de pardon. »

Une personne de naissance prêta les mains aux plus révoltantes orgies, — ce fut Madame de Mouchy et son époux complaisant. Aussi, après la mort de sa fille, le Régent ne voulut-il plus les voir, et tout le monde se rangea à son avis. Écoutez plutôt : « L'unique personne de son entière confiance était Madame de Mouchy, dont il a été parlé, et dont les mœurs et le caractère en étaient parfaitement dignes. Outre la galanterie et la licence de la table, elle avait un talent et des ressources d'inventions tout entières de la plus horrible noirceur, une effronterie sans pareille et une avidité d'intérêt à lui faire tout entreprendre, avec tout l'esprit, l'art et le manége propre à réussir; toujours un but, et ne disant et ne faisant jamais rien sans un dessein, pour léger et indifférent que parût ce qu'elle disait ou faisait. Son mari, qui avait de la naissance, n'était pas moins bassement intéressé, et trouvait tout bon d'elle, pourvu que cela lui rapportât; de ces officiers d'ailleurs, quoique mort lieutenant-général de la Régence, bons au plus à placer quelque part capitaines des portes. » — Voilà au moins un maître aquafortiste ! Jamais Rembrandt, l'immortel rêveur qui sut trouver les secrets de l'ombre se jouant avec la lumière, n'a buriné deux profils avec autant de vigueur ! Que dites-vous de la Mouchy, cette maîtresse femme, qui *s'esbattait* avec Riom, l'amant de la princesse, d'ailleurs bien vue de son mari, parce que *cela lui rapportait!* Aller plus loin nous semble impossible; — et ce digne couple, augmenté de Riom, dépassa si bien les bornes permises, que, même sous la Régence, on leur ferma toutes les portes après la mort de la duchesse, leur dupe ; — elle succomba le 21 juillet 1719, sur le minuit.

La fille du Régent fut trouvée enceinte ; les opérateurs chargés de l'ouverture du corps, signalèrent aussi un dérangement cérébral, — circonstance atténuante pour les magistrats et les médecins aliénistes ; la morale, néanmoins, revendique ses droits, surtout à l'égard d'une jeune femme aussi richement douée par la nature et par la fortune, deux enchanteresses qui la comblèrent à l'envi, qui lui firent une existence si calme, si honorée, si douce ; — elle qui préférait aux conversations, aux réceptions, aux hommages de la Cour, les scènes érotiques du Palais-Royal et de la Muette, n'apprécia point à leur valeur les avantages de sa naissance, de son éducation, et, ce qui est plus déplorable, le profond respect de son sexe, le dernier sentiment qui puisse abandonner une femme !

Duclos, sur un sujet aussi grave, ne peut se négliger ; il apporte une observation qui va au fond des choses : « Le père et la fille vivaient dans une telle intimité, que des bruits, qui n'avaient été que des murmures sourds, devinrent des propos publics, et allèrent jusqu'au duc de Berry. Sa religion ne lui permettait pas de les croire ;

mais, comme il aimait éperdument sa femme, il était importuné des assiduités de son beau-père ; et ce tiers incommode lui donnait une humeur qu'il ne contenait pas toujours. Il était d'ailleurs effrayé des discours impies que le père et la fille affectaient devant lui. C'était entre eux deux un assaut d'irréligion et de mépris des mœurs. Leur impiété était autant une manie qu'un vice. »

La Cour et le public dirent leur pensée sur ces imprudences de conduite, où les apparences les condamnaient ; le Régent s'en indigna d'horreur ; sa fille ne fut blessée que dans son orgueil ; le père et la fille ne se contraignirent nullement, — et les ennemies décochèrent ces flèches que La Grange devait ramasser plus tard.

Les preuves, palpables, évidentes ; les documents authentiques, avérés ; les dépositions où parle la conscience d'un honnête homme et les témoignages si imposants de l'histoire, nous manquent ; — or, en l'absence de ces instruments d'analyse, nous pensons, avec le chirurgien Maréchal, que c'est vouloir sonder l'inconnu que de prononcer un jugement formel. Où sont les considérants ? sont-ils établis ? sont-ils concluants ? Non ; et les plus graves historiens de notre siècle, à quelque opinion qu'ils appartiennent, n'ont osé ramasser les calomnies de la Cour. L'Annotateur de La Grange Chancel se range à leur avis ; nous ne pouvions donner l'œuvre sans prendre une position déterminée.

Nous voilà arrivés au terme de cette portion d'Étude

consacrée au Régent. Louis XV grandit au milieu de ces saturnales; il respira cette atmosphère empoisonnée, où il puisa les germes de passions ardentes, qui revêtirent la forme de Mesdames de Mailly, duchesse de Châteauroux, de Pompadour et Du Barry, sans compter les femmes à *passades*, d'après le mot si pittoresquement vrai de Saint-Simon.

Le Régent, premier ministre après la majorité du Roy, travaillait tous les jours avec lui, à une heure fixe; un jour, il s'apprêtait à prendre ses ordres; son sac, rempli de manuscrits et de projets, se trouvait sur un meuble; il attendait le moment de s'engager dans le couloir particulier qui le menait chez son souverain, et une duchesse, femme peu farouche, comme l'étaient les favorites de Philippe, lui tenait compagnie, en lui disant les mille et une fadaises de la Cour et de la ville, les racontars de ruelles, et peut-être aussi les intrigues, à demi voilées, du sérail princier; — la Phalaris égayait son amant par ses vives reparties, par son esprit à l'emporte-pièce, par sa constante jovialité; — ils en étaient là, quand soudain, après une longue réflexion, la tête alourdie du Régent s'inclina sur l'épaule de sa compagne; la Phalaris s'étonna, souleva cette tête tout à l'heure encore rayonnante d'audace et de pensées, mais Philippe d'Orléans était mort, — mort dans un boudoir et sur les genoux de sa maîtresse. Telle fut la fin d'un homme qui semblait né pour recevoir la mort en pleine poitrine, le front tourné vers l'ennemi, comme ceux de sa race, pour son Roy et pour sa patrie! Le champ de bataille eût mieux valu pour sa gloire que cette mort incognito dans les bras d'une prêtresse de Vénus, — mais la justice, elle aussi, a ses heures, — elle aussi se plait à frapper lourdement ceux qui oublient le devoir, — elle aussi prend de terribles revanches et ne ménage ni les tyrans ni les peuples!

Les conclusions de cette première partie de l'Étude se posent naturellement dans l'esprit du lecteur. Le travail philosophique des seizième, dix-septième et dix-huitième siècles, précurseurs de la Révolution française, avait préparé la solution des problèmes sociaux; la Monarchie se trouvait ainsi battue en brèche par la science et par l'opinion, deux leviers avec lesquels on renverse les institutions qui ont un passé plusieurs fois séculaire; les personnalités ne peuvent opposer aucun rempart aux efforts de l'idée progressive, — au contraire, les ministères rétrogrades ne font qu'accentuer les revendications et précipitent les royautés en voulant les soutenir, vérité qui se passe de commentaires, et, néanmoins, rejetée à toutes les époques! Les concessions de la Monarchie furent plus illusoires que réelles, — en agissant de la sorte, elle devait périr; ne la plaignons pas, puisqu'elle eut des arrière-pensées, et donnons à la France les mœurs du gouvernement libre, la tolérance et l'intelligence des situations diplomatiques. — Ne récriminons pas surtout, il est trop tard!

Louis XIV fut injuste envers son neveu; il est responsable de ses erreurs.

Philippe d'Orléans continua le pouvoir personnel de son oncle; la forme seule changea. Mais ici encore, Louis XIV est coupable, son exemple était devenu fatal.

Dubois, homme dissolu, caractère sans relief et sans noblesse dans la vie privée, sut se montrer grand négociateur; la paix de l'Europe devint le fruit de ses travaux, — cette heureuse conséquence rachète bien des fautes et doit nous incliner à l'indulgence.

La Régence prépara le règne de Louis XV, les loisirs scandaleux de la Muette, le prestige des femmes, et le reste !

Après tout cela, une seule chose restait possible, la convocation des États-Généraux en 1789; — la politique contemporaine prit son essor; des flots de sang furent versés; nous ne pouvons que le regretter profondément, en souhaitant à la France la paix et la grandeur qu'elle mérite !

Fin de la première partie.

CHANCEL

DE

LA GRANGE

CHANCEL

DE LA GRANGE

I

Les Origines de la famille Chancel, en Périgord.

Le titre seul de ce chapitre indique assez que nous voulons reconstruire le passé familial de notre poëte, comme nous avons tâché de retrouver, avec plus de bonne volonté que de talent, la version originale d'une œuvre importante, les *Philippiques,* sa meilleure production, celle qui lui concède les lettres de noblesse littéraire, les plus enviables, à notre sens.

Néanmoins, la filiation patronymique ne doit pas nous demeurer absolument étrangère; toutes les marques de race ont leur valeur propre, que l'historien observateur ne doit jamais négliger, au risque de verser dans l'ornière de l'archaïsme.

Le blason est une science finie; nous ne faisons pas une concession à l'esprit de notre époque; cette observation essentielle paraîtra à plusieurs une avance indirecte faite à la démocratie, — mais il ne faudrait pas y attacher trop d'importance; nous saurions rappeler à d'autres sentiments ceux qui se permettraient une allusion blessante.

Nous le savons, Chancel de la Grange ne fut pas un de ces hommes dont s'honore une époque, une nation; il ne fut pas un de ces immenses fronts brûlants et rêveurs, qui portent fièrement l'éblouissante couronne de la poésie; il fut et demeura un satirique de verve, avec beaucoup de rancune et de fiel.

Les noms illustres du passé littéraire ne peuvent être cités à propos de Chancel; ces noms sont, d'ailleurs, en assez petit nombre : Homère, Virgile, Tacite, Juvénal, le Tasse, le Dante, Eschyle, Pétrarque, Shakespeare, Lord Byron, Corneille, Molière, Lamartine et Victor Hugo, voilà les grands immortels que les siècles à venir ne cesseront de consulter pieusement.

A vous d'abord M. d'Hozier, « *en Provence et à Paris, qui portez d'azur, à une Bande d'or, accompagnée de six Étoiles de même, posées en orle, — pour supports deux Lyons et pour cimier un vol d'Aigle, au milieu duquel paraît une Etoile d'or, avec ces mots pour devise : Et habet sua sidera tellus.* » (Par allusion aux étoiles qui font partie des armes de la famille.)

Nous devions ce souvenir au savant généalogiste. Et puisque nous sommes en plein archaïsme, souffrez que nous y restions.

Chancel de la Grange, en Périgord, porte : « *De Gueules à un chêne d'Or, arraché, soutenu d'un Croissant d'Argent, et un chef d'azur, chargé de trois Étoiles d'Argent.* »

Un mémoire domestique, dressé en 1748, porte que ces armes se voyent aussi peintes sur les vitres de la première chapelle, à main gauche en entrant, dans l'église des Cordeliers de la ville de Périgueux.

Registre troisième, page 329, de la superbe collection de l'Armorial général, due aux soins typographiques et scientifiques de l'excellente maison Firmin-Didot, qui continue au milieu de nous une noble tradition de travaux et de productions désormais hors de page, — on remarque les lignes suivantes :

« Cette famille maintenue dans sa noblesse par ordonnance de M. Pellat, intendant de Guyenne, en date du 5 mai 1668, a justifié sa filiation depuis Géraud Chancel qui suit. »

Le premier degré commence le 5 janvier 1542 et se termine avec François Chancel, écuyer, sieur de Boulazac, le 21 janvier 1632.

Au second degré, nous trouvons, au 27 décembre 1574, Pierre Chancel, écuyer, sieur de la Fouillouze, *gouverneur de Périgueux*, qui signa au Traité d'association fait le 30 mai 1589, pour la défense de la religion catholique, apostolique et romaine, entre l'évêque de cette ville, l'abbé de Chancelade, le maire et les consuls.

Ne fût-ce qu'au point de vue de la couleur locale, nous donnons ci-après l'acte du 30 mai 1589; les intérêts de la sainte Église étaient défendus alors par les nobles hommes de cape et d'épée, — circonstance que doivent regretter nosseigneurs les évêques ultramontains.

« *Au nom de Dieu, Nous Seigneur d'Aubeterre Seneschal et Gouverneur de Perigort, Seignieur Evesque, Maire et Consulz de Perigueux, promettons et jurons à Dieu sur notre foy et honneur demeurer inviolablement et à jamais fermes et constants en la foy de l'Eglize Catholicque, Apostolicque, Romaine, ne nous départir aucunement pour quelque occation que ce soit ou puisse estre du serement que nous avons presté sur le saint Edict d'Union faict pour l'extirpation des heresies, exaltation et manutention de ladite Eglize; ains l'entretenir et observer pour l'honneur et service de Dieu, de son Eglize, bien et repos public jusques au dernier souspir de nos vies; et à ses fins déclairons nous estre associés et unis les uns avec les autres. Promettons et jurons devant Dieu n'adherer jamais aux Heretiques ou leurs fauteurs, ne leur baillier ayde, faveur ny moyens et n'avoir aucune intelligence avec eux pour parentelle, amitié ou autre pretexte que ce soit : mais que d'un zèle ardent envers Dieu, nous emploierons nos vies, biens et moyens pour le soustien et manutention de notre Religion Catholicque, Apostolicque, Romaine, extirpation des heresies, bien et repos du public; que nous pourchasserons l'honneur de Dieu et soulagement* du peuple; Et cependant que nous ferons la guerre aux Herectiques, leurs fauteurs et adherens, sans respect ni exception de qualité, dignité ou autre consideration de personnes.

« Promettons et jurons nous maintenir, recepvoir et secourir les uns les autres, prester toute ayde et faveur d'une sincere affection sans nous en pouvoir excuser et descharger soubs quelques occations et dangiers qui puissent se présenter; qu'à Dieu ne plaise.

« Déclairons aussy Nous Seigneur Evesque, Maire et Consuls de ladite ville, que nous recongnoissons pour Seneschal et Gouverneur de Périgort ledit Seigneur d'Aubeterre; promettons de luy assister de tous nos biens et moyens pour le maniement et execution des choses susdites. En ce aussy que nous Seignieur d'Aubeterre, tant pour nous que pour toute la Noblesse du présent Pays promettons et jurons à Dieu sur la foy que nous luy debvons et de notre honeur de maintenir lesdits Maire, Consulz et Habitans de la présent Ville, Cité et Banlieue d'icelle en leurs estats, offices, franchises, privilèges, immunités et libertés; les exempter de toutes oppressions, ensemble de garnisons; Et en oultre promettons les défendre envers et contre tous, emploier nos vie, biens, moyens et authorité pour la défance et conservation de ladite Ville, pourchasser le bien, repos et avancement desdits Maire, Consulz et Habitans, et ne les abandonner jamais.

« Promettons et jurons à Dieu de garder inviolablement toutes les choses susdites; n'y contrevenir jamais, sur peyne d'estre déclairés et jugés deserteurs de ladite Religion Catholicque, infracteurs de l'Union, perfides, parjures, desloyaux ennemis de Dieu, de son Eglize et repos public.

« Et, néantmoins attestons devant Dieu qui sonde le plus profond de nos cœurs que nous n'avons faict ladite Union, arresté et juré les choses susdites pour ambition, envie, inimitiés, vengance, ou autre mauvaise impression : mais jurons et protestons avoir esté seulement poussés du sainct zele à l'honneur de Dieu, défance et exaltation de ladite Eglize Catholicque, salut de nos ames, bien et repos public. Fait à Perigueux le trantiesme jour de May mil cinq cens quatre-vingtz et neuf. (SIGNÉ) *Aubeterre. De Bourdeile.* (C'est à dire Evêque de Périgueux. E. D. P. CHANCEL GOUVERNEUR, *A. de Solminihac Abbé de Chancelade,*......... *aud Maire de ladite Ville; J. Arnault c : : : : : oysson premier Consul, Chatard Consul, de Boudin Consul : : : : : oche Consul, de Tortel, Consul, J. Pradeau Consul, et du Rieu Consul.)* »

Ce Traité d'association a été produit en original [1].

1589 ! La terre promise de la catholicité était alors visible à l'œil nu ; le bras séculier atteignait les mauvais pensants avec une rigueur qui ôtait au vulgaire jusqu'à la velléité d'une contravention spirituelle ; les Seigneurs se joignaient aux Abbés ; l'édifice gothique se consoli-

---

[1] Les points que l'on remarque vers la fin de cette curieuse pièce ecclésiastique sont des mots *illisibles* dans le manuscrit ; les vieux parchemins de noblesse et d'église, conservés pendant la Révolution et le premier Empire, dans les pièces basses des monastères et des châteaux, se sont détériorés au point d'être rongés en plusieurs endroits ; la reconstruction est souvent impossible.

dait par l'acceptation pure et simple des manants ; le silence était considéré comme une adhésion; les Évêques paissaient les brebis de Dieu dans le champ gaulois, avec une humilité feinte, qui devenait de la courtisannerie effrontée à la Cour du Roy; les redevances en charrois et en nature, gerbes, fruits et produits de basse-cour, ne connaissaient plus de bornes; on fit tant et si bien, que deux siècles après (1789) cet acte de 1589, les cahiers des États-Généraux devinrent les doléances impératives du Tiers et de la masse opprimés, et provoquèrent le mouvement d'opinion qui devait s'appeler la Révolution française !

Ce Pierre Chancel, écuyer, vivait encore avec Marguerite Faure sa femme, le 31 août 1604, date d'un acte où il est appelé *Noble Pierre Chancel, sieur de la Fouliouze.* Il eut deux enfants.

Au troisième degré, nous trouvons Jean Chancel, se mariant le 31 août 1604; il est fait mention de sa personne en l'Arrêt du Parlement de Bordeaux du 11 janvier 1625, sous le nom et la qualité de *Jean Chancel, écuyer, sieur de Barbedor.* Un acte du 14 octobre 1633, porte que le repaire noble de Barbedor est situé dans la Banlieue et Jurisdiction de Périgueux. Nous perdons la trace de l'auteur du IIIe degré le 23 février 1641. Il eut deux fils.

Au quatrième degré, nous trouvons Pierre-Jean Chancel, Écuyer, Sieur *de La Grange*, avocat au parlement de Bordeaux, demeurant à Périgueux, se mariant le 10 novembre 1640 avec Demoiselle Françoise de la

Brousse, faisant son Testament le 7 août 1652, par lequel il élut sa sépulture dans l'église de Saint Front de Périgueux. Il eut huit enfants.

Au cinquième degré, nous trouvons le père de l'auteur des *Philippiques*, Léonard Chancel, Écuyer, sieur de *La Grange*, institué héritier universel de son père par Testament du 7 août 1652, et de sa mère par autre Testament du 15 septembre 1678, maintenu dans la Noblesse par l'Ordonnance du 5 mai 1668, — ayant épousé par contrat du 9 mai 1666, Anne Bertin, Demoiselle d'Antoniac, Chateau situé dans la paroisse de Razat. Il fit son Testament le 10 janvier 1686. Anne Bertin, sa femme, vivait encore le 22 novembre 1710. Cinq enfants naquirent de cette union.

Au sixième degré, nous trouvons l'auteur des *Philippiques*, qui continue la descendance de Léonard Chancel, son père, souche du 5e degré.

Voici l'extrait textuel de l'*Armorial*, Registre troisième, page 334, page 6 du cahier consacré aux Chancel.

VIe *Degré*.

« François-Joseph Chancel, Écuyer, *Seigneur de La Grange*, d'Antoniac, etc., né à Périgueux le premier Janvier 1677, étoit le 9 Juillet 1695 page de Madame la Princesse de Conti Douairière, et le 8 mai 1702 maître d'Hôtel ordinaire de S. A. R. Madame, Duchesse Douairière d'Orléans. Il épousa, par contrat du 12 mars 1708, Demoiselle Jeanne-Marie du Cluzel, fille de M. Maitre François du Cluzel, Écuyer, Seigneur de la Chabrerie, Conseiller du Roy, Subdélégué de l'Intendance de Bordeaux, au Département de Périgord, Président en l'Élection de Périgueux, et de Dame Marie de Montozon, sa femme. De son mariage sont nés quatre enfants. »

Comme l'un de ces enfants se distingua dans le métier des armes, surtout à la bataille de Guastalla et au combat d'Ettinghen, nous pensons qu'il faut donner ce qui le touche au d'Hozier :

« Anne-François Chancel *de La Grange,* Écuyer, né le 6 juillet 1710, fut fait le 5 juin 1732, Lieutenant au Régiment d'Infanterie que commandait le Marquis de la Ferté-Imbaut, et fut blessé à la bataille de Guastalla, le 19 septembre 1734. Quelques années après, il monta à la Lieutenance des Grenadiers dans le même Régiment, qui avait repris le nom de Chartres, qu'il portoit auparavant; et il mourut le 1er juillet 1743, des blessures qu'il avait reçues au Combat d'Ettinghen, livré le 27 juin précédent, où il « — *donna toutes les preuves* « *de la plus fine valeur* — » aux termes d'un certificat du Lieutenant Colonel et des principaux Officiers de son Régiment. »

Voilà, en termes héraldiques, dont nous demandons humblement pardon au lecteur moderne, le passé familial de Chancel de La Grange, l'auteur des Odes contre Philippe d'Orléans, Régent de France ; cet homme était, lui aussi, de *race*, gentilhomme, et pouvant se servir de la plume comme de l'épée ; il préféra la plume, — trop d'amertumes s'accumulèrent autour de lui et empoisonnèrent son existence, pour que nous songions à incriminer son choix. Errant et persécuté, sa tête fut mise à prix, — un innocent paya pour lui, preuve irréfutable des *amertumes* signalées plus haut, et qui devaient s'asseoir sur sa tombe !

L'heure de la vérité sereine est venue ; nous pouvons juger à la fois l'homme et le poëte, le gentilhomme dévoyé et le satirique de talent.

II

*Quelques dates concernant La Grange. — Une vue
sur le plan de notre Étude.*

Notre titre désigne clairement notre intention. La biographie n'est pas notre fait et ne rentre pas dans notre cadre; ce n'est pas l'homme que nous étudions, c'est le *tempérament* de l'homme, c'est l'écrivain, l'observateur, et, disons-le, puisque la critique lui conserva ce titre, c'est le *poëte*.

M. Léon Lapeyre, bibliothécaire à Périgueux, a bien voulu communiquer à M. de Lescure les deux documents qui vont suivre, et qui offrent le plus vif intérêt.

ACTE DE NAISSANCE.

« Le premier jour de janvier 1677 a esté baptisé, dans l'église insigne de Saint-Étienne et de Saint-Front, François-Joseph Chancel, fils naturel et légitime de Léonard Chancel, escuyer; sieur de La Grange, et d'Anne Bertin, conjoints, et est né le mesme jour et an. A esté parrain Guillaume Peirou, et marraine Louise

Devaux, pauvres mendiants. » (*Registre de la paroisse de Saint-Front*, à l'hôtel-de-ville de Périgueux.)

« Montaigne et Montesquieu ont été, comme La Grange Chancel, tenus par des pauvres sur les fonts baptismaux.

ACTE DE DÉCÈS.

« Le 29 décembre 1758 est décédé, au château d'Antoniat, messire François-Joseph de Sancel (*sic*), âgé de 87 ans ou environ, et a été inhumé dans l'église de Razac. » (*Registre de la paroisse de Razac*, au greffe du tribunal civil de Périgueux.)

« Il serait possible que le 29 décembre fût le jour de l'inhumation de la Grange-Chancel, et que le 26 décembre, date donnée dans la Notice de 1797, fût le jour du décès.

« La Grange-Chancel est mort âgé de *quatre-vingt-un* ans moins quelques jours, et non pas, comme dit l'acte de décès, de *quatre-vingt-sept*.

« Razac est un village à 11 kilomètres de Périgueux.

« Antoniat est à 8 ou 9 kilomètres de Périgueux, dans la paroisse de Razac. Ce château appartenait à une des branches de la famille Bertin, et c'est par sa mère que la Grange-Chancel était devenu propriétaire de ce manoir.

« La Grange, située près de Périgueux, dans la commune de Champuvinel, était une grande propriété, maintenant fort divisée. »

(M. Léon Lapeyre à *l'Annotateur de 1858*, M. de Lescure.)

La science historique a fait de nos jours un si notable progrès, qu'il est urgent d'éclairer les moindres lacunes; nous voulons savoir où nous marchons.

Les Études historiques, remises en honneur par les travaux de Michelet, Guizot, Mignet, Cantu, Thiers, de Tocqueville, le docteur Robinet, Villemain, Sismondi, Avenel, ont ouvert aux générations issues de la Révolution française les sources vivifiantes des austères méditations et des expériences philosophiques; l'acquis scientifique pratique a vu reculer les limites de son domaine.

L'histoire, de plus en plus, est moralisatrice : elle étudie l'homme; elle le sépare des événements; elle lui met au cœur cette lampe aux éblouissantes clartés que Molière promenait impitoyablement de la cour à la ville et de la ville à la cour.

L'heure des mannequins historiques est passée, — et sans esprit de retour; ne nous en plaignons pas! On cherche *l'homme* aujourd'hui; quand le lecteur moderne ne le rencontre pas, il ferme le volume avec dépit; il lui faut la vie, l'inspiration, les mobiles de l'action; tout l'homme en un mot.

Cette excellente satire du siècle dernier s'impose aux romantiques de 1828 et de 1830, par son incontestable mérite littéraire, débarrassé des appréciations *haineuses* du Voltaire courtisan de la Pompadour, et par sa verve satirique, digne de l'antique.

Philippe d'Orléans est certainement une des figures les plus hautes, les plus attrayantes du commencement du dix-huitième siècle; — de 1715, le 1ᵉʳ septembre, mort de Louis XIV, à 1723, Philippe règne et gouverne seul. L'Europe a les yeux fixés sur cet homme de plaisir, administrateur et philosophe, artiste et diplomate, également fait pour les rudes labeurs spéculatifs du cabinet et pour les divertissants commérages du boudoir, — nature implexe, très-originale, — masque d'une puissance, d'une mobilité, d'une attraction presque irrésistibles pour l'observateur et l'écrivain moralistes.

Philippe d'Orléans, régent de France, assis dès 1715 sur les premières marches du trône, vit et respire, agit et parle, dans les six immortelles *Odes Philippiques* de La Grange Chancel, il est là tout entier; on l'y voit aller et venir, se mouvoir librement; le prince et l'homme ressortent avec vigueur.

Les entrepreneurs de littérature comprendront sans doute peu de chose à notre amour des belles productions du dix-huitième siècle; nous pouvons cependant les assurer que notre édition peut être regardée comme *définitive;* — elle est établie sur un précieux manuscrit, qui est notre propriété, et datant de 1725; elle est collationnée sur la *rarissime* édition des *Philippiques* de 1795, Paris, Didot jeune, an VI de la Liberté, tirée seulement à 200 exemplaires, introuvable déjà aux premiers jours de notre siècle, et manquant dans nos collections nationales. Notre livre répondra, nous l'espérons, aux légitimes exigences de la critique historique contemporaine.

Notre édition des *Philippiques* comble une lacune,

ouverte en librairie depuis 1795 et 1858; elle donne sur La Grange et sa vie romanesque des renseignements nouveaux; chacune des *six odes* est largement expliquée; toutes les autorités sont mises à contribution; l'Étude aborde les problèmes historiques qui se rattachent à la Régence.

La vie errante de La Grange trouve sa place naturelle aux annotations que nous faisons personnellement après chaque ode, quand l'auteur de notre manuscrit ne dira pas le tout; — suivre le poëte pas à pas serait trop fastidieux; ce n'est pas une vulgaire gravure d'Épinal que désire le lecteur contemporain, mais bien, — et surtout, — un coin de toile hollandaise mouvementée et ruisselante de lumière. Les notes auront le soin d'apprendre les relations de La Grange avec la princesse de Conti, sa protectrice si bienveillante. Quant à Philippe, nous lui avons appliqué le même procédé d'exposition; la biographie sèche n'est pas suivie; elle ne pouvait pas l'être, puisque nous devions nous appesantir sur trois points : les torts de Louis XIV envers son neveu le Régent, — l'inanité des accusations d'empoisonnement, — le vrai caractère des relations du père avec la duchesse de Berry, conduite plus légère que coupable; — voilà la division qui s'imposait à notre esprit, le seul plan rationnel. Philippe est présenté de telle façon, dans une telle lumière, qu'on peut facilement le mettre à nu pour lui infliger l'opération anatomique. Quel est donc le lecteur qui voudrait se priver du friand plaisir de manier le scalpel analytique ? Quel est l'homme de cœur au courant des calomnies du dix-huitième siècle, et connaissant les *Philippiques*, qui ne suivrait l'écrivain dans sa réfutation historique?

Si l'on nous questionnait sur notre théorie littéraire à l'endroit de la prose, nous ne pourrions mieux répondre qu'en citant la parole d'Eugène Delacroix, ravi trop tôt à l'art et à notre admiration : « *La franchise et l'abondance sont le plus sûr cachet de la supériorité dans tous les arts. Raphaël, Rubens, et les grands artistes de la Renaissance, ne cherchaient pas les idées ; les idées venaient à eux d'elles-mêmes, — et souvent en trop grand nombre. Le travail, chez de pareils hommes, ne s'applique guère à les faire naître, — mais à les rendre le mieux possible.* »

(Sur un album.)

Nous faisons à la prose l'application de cette théorie ; il faut rendre sa pensée avec toute l'ampleur de phrase qu'elle comporte, et s'attacher moins à l'abondance des idées qu'à leur arrangement ; la forme doit être, après l'idée, après le fond, l'objectif constant de l'écrivain.

III

Les Philippiques, envisagées au point de vue littéraire et rapprochées des productions de l'école Romantique-Hugonienne.

Notre expression Romantique-Hugonienne a sa raison d'être. Les lettrés n'ignorent pas l'apparition, — peu justifiée, — de la secte parnassienne, un mot nouveau, c'est déjà quelque chose !

L'idéal de ces rimeurs est une poésie toute vouée au culte de la forme; abstraction faite de la pensée, avec une métrique en complet désaccord avec les traditions lumineuses de notre seizième siècle, — éclosion poétique qui nous a légué des œuvres inimitables. La réglementation du vers et de la strophe est aussi bizarre que nouvelle; on voudrait, une fois encore, révolutionner l'art; — mais les modernes Titans rencontreront de sérieux obstacles dans cette escalade des cieux! Nos mètres français sont excellents, — ne les modifions pas; ils sont assez nombreux, — n'y ajoutons rien.

Ces audacieux virtuoses ont eu un succès de curiosité assez marqué; nul homme de goût n'a ressenti une vive admiration. Les sectaires sont plus entreprenants qu'intelligents.

Un beau vers romantique doit être foncièrement musical, très-bien rhythmé, avec les coupures facultatives, qui savent imprimer à son allure une si grande, une si originale souplesse, n'excluant ni la force, ni la richesse des images, ni les retours accentués de la rime riche, à laquelle, — et avec raison, — on est enfin revenu. Le chant, néanmoins, reste inséparable de l'idée.

Les parnassiens n'ont pas fait école ; — ils sont restés à l'état de secte, parce que leur lyrisme est plus conventionnel que raisonné. Les fréquentes hachures du vers parnassien lui donnent souvent la marche lourde, indécise, d'une prose mal équilibrée; il paraîtrait que l'on vise plutôt une métrique fantasque, échevelée, qu'une forme vraiment poétique, ouvrant de larges ailes, sans cesser d'être admirablement pondérée, vêtement souple de l'idée, caressant à la fois l'oreille et la raison; la rime ne doit jamais être sacrifiée à d'autres convenances, nous le savons, puisque nous avons écrit:

Prête aux strophes d'airain l'aile des rimes d'or.

Il est temps de s'arrêter dans une voie qui mènerait la poésie aux abîmes. Le vers ample et sonore des *Orientales*, du *Roi s'amuse*, des *Feuilles d'automne*, et surtout la *Légende des siècles*, ce bréviaire du romantisme, ce diamant enchâssé dans l'or d'Ophir par un ciseleur de génie, — ce vers, nous le croyons fermement, répond à toutes les exigences de la forme ; et, à moins de sentir palpiter en soi l'âme éloquente des vieux maîtres du seizième siècle, comme l'éminent Théodore de Banville, qui se fait un jeu des travaux les plus difficiles, en ressuscitant les tours de phrase de Ronsard et de son école, on risque de confier à l'écho littéraire un nom qu'il ne transmettra pas à l'avenir.

Une poésie parfaite doit charmer le sens euphonique de l'oreille; sa prosodie doit être une merveille de science et de goût ; elle reste au-dessous de sa mission, quand elle n'émeut pas les plus hautes facultés de l'homme : le cœur, l'âme, l'intelligence, ayant à leur sommet une suprême sanction, — la conscience !

Au fond, — et il importe de lever tous les voiles, — cette brusque tentative ne manquait pas d'une certaine hardiesse ; on voulait inaugurer une réforme qui pût faire oublier Victor Hugo, et son œuvre, cependant si merveilleux, si vaste, si colorié, si profond, si divers,— œuvre étincelant de forme exquise comme un Benvenuto Cellini, — éblouissant de poésie comme une vierge de Raphaël, comme un groupe d'anges de Murillo, — rempli de sentiments et de méditations comme une lecture de Virgile ou de Pétrarque, — offrant à l'oreille et à l'esprit les satisfactions lyriques les plus délicates, les plus étendues, comme un concert des vagues sur une plage orientale, — œuvre qui donne aux peuples et aux rois les leçons d'une philosophie aussi humaine que celle du Christ !

Que les parnassiens se consolent ; on reste de glorieux vaincus, quand le vainqueur se nomme Victor Hugo. Jacob luttait contre l'ange, — il fut terrassé. Les parnassiens ont eu le même orgueil et le même sort !

Cette déclaration, faite avec loyauté, sans le moindre sous-entendu, sans réquisitoire d'aucune sorte, sans personnalité, revenons à notre poëte satirique.

Nous nous trouvons en face d'un phénomène littéraire, ou plutôt d'une criante injustice; nous voulons parler du peu de notoriété acquis au nom de La Grange Chancel, malgré le travail opiniâtre d'une vie certainement orageuse, également remplie d'œuvres qui resteront, l'une du moins, les *Odes Philippiques*.

A première réflexion, cette injustice laisse une pénible impression dans les cœurs généreux. Tant de célébrités véreuses, infâmes quelquefois, — le marquis de Sades et son école, — ont survécu à leur époque, qu'il y a lieu de s'étonner de la conspiration du silence ourdie contre notre auteur; les presses françaises; les presses étrangères surtout, belges et britanniques, ont accueilli ces productions délétères avec un empressement significatif; et le pamphlet du dix-huitième siècle, chef-d'œuvre d'audace, coup de pied de génie adroitement porté aux gouvernants corrompus de la Régence, n'a eu que de rares éditions.

La conspiration du silence, que nous signalions plus haut, semble s'être acclimatée dans notre siècle, au point de ne plus rencontrer, en librairie courante, un seul volume des *Philippiques*, à moins de pouvoir consacrer à son achat une somme relativement élevée.

Une semblable anomalie nous confond ; car, en admettant que toutes les allégations de La Grange soient fausses, — et rien n'est moins vrai, — il resterait encore le tour littéraire, l'encadrement linguistique de ces satires véhémentes, mérites incontestables de forme, qui ne peuvent se prêter à la proscription du fond. Combien de chefs-d'œuvre ne faudrait-il pas rayer de la circulation, si le fond pouvait ainsi primer la forme ? Les *Châtiments* de Victor Hugo, les *Iambes* de Barbier, presque tout Beaumarchais, les pointes d'esprit si redoutables de Courier, ne seraient plus qu'un souvenir pour les nouvelles générations ; la première édition, introuvable par conséquent, tiendrait lieu de postérité à ces auteurs illustres.

Certes, nous connaissons trop notre époque libre-penseuse, et, partant, remplie de tolérance, pour l'accuser d'avoir adopté une théorie si négative des droits imprescriptibles du talent ; non, mille fois non, nous n'avons pas fait plusieurs révolutions, et la première notamment, qui a changé la face du monde moral et social, pour édicter aujourd'hui une pénalité, nous ramenant, en droite ligne, au système inquisitorial de ce bon moyen-âge, regretté peut-être par les confréries de Jésus et leurs adhérents civils, mais repoussé par l'esprit moderne, qui proclame le libre examen et la libre discussion. — C'est donc ailleurs, dans un autre ordre d'idées de passions malsaines, qu'il faut chercher le verdict d'interdiction qui pèse sur La Grange Chancel. Expliquons-nous franchement.

Les mauvais gouvernements appellent les satires, comme les bons reçoivent une première et large récompense, la confiance nationale, l'amour des peuples, toujours si doux au cœur d'un souverain honnête homme; ces deux conséquences, la satire et l'approbation universelle, se tiennent, se confondent; vouloir les désunir, serait méconnaître à la fois les lois élémentaires de la moralité politique, et les droits, non moins primordiaux, non moins sacrés, de la conscience humaine. Les corruptions de Rome à son déclin, les règnes si monstrueux de Néron, Tibère, et autres personnalités contre nature, ont eu des historiens satiriques, des poëtes vengeurs, consécration éclatante de ces droits de la conscience, qui parlent si haut, qui ont un tel retentissement, que l'atmosphère la plus chargée de despotisme leur ouvre passage, afin qu'ils aillent protester dans les siècles futurs contre les aberrations, les crimes, les erreurs épouvantables du pouvoir personnel. Juvénal, Perse, Suétone, Tacite, ces grands vengeurs de la morale dans l'antiquité, ont traversé les âges; ils ont ranimé la vertu, le courage, le patriotisme des défaillants, des persécutés, et, même, sur l'échafaud, ces leçons austères ont su adoucir les derniers moments des victimes augustes. Tant qu'une conscience droite palpitera au souffle généreux de la vérité, Tacite sera lu, commenté, admiré, et non-seulement Tacite, mais tous les satiriques inspirés de

Rome, d'Athènes, de Florence, qui vit naître Dante, le gibelin inspiré destiné au malheur, à l'exil, aux châtiments immérités; de pareils cris ne peuvent pas être étouffés; cette tentative insensée rappelle l'action dérisoire du potentat oriental faisant fouetter la mer, qui s'opposait, sans doute avec raison, au passage de ses cohortes; Xercès était logique avec lui-même; les flots l'étaient beaucoup plus que lui, obéissant aux lois mystérieusement puissantes de la nature, alors que le tyran cédait à la mauvaise humeur démoniaque. Ces colères ardentes, sourdes, inavouées, se traduisent par les exils, la confiscation des biens, quand la mort n'est pas la première conséquence d'une satire courageuse; — néanmoins, disons-le à l'honneur de Philippe d'Orléans, sa conduite envers La Grange Chancel fut celle d'un monarque civilisé, plus apte à gérer sa vie personnelle que les ensembles politiques d'une grande nation; il amnistia pour ainsi dire le censeur de ses vices, et ce ne fut qu'excité par des sollicitations malignes, que nous dirons plus tard, qu'il envoya La Grange aux îles Sainte-Marguerite.

Quel était, en définitive, le laisser-passer moral du Régent?

Écoutons là-dessus un homme austère, qui sut être vertueux à une époque où cette vertu était presque considérée comme un travers; nous voulons parler de Duclos. Une anecdote peint l'écrivain des Mémoires.

« Quand une commission, choisie non pour juger,

mais bien pour condamner l'éloquent La Chalotais[1], violait, pour le perdre, les formes de la justice, Duclos, son compatriote, en réclamait hautement les droits. M. de Calonne, un des commissaires, fit paraître contre l'accusé un insidieux rapport. On le vendait publiquement aux Tuileries, un dimanche. Duclos s'y promenait ce jour-là. Un de ses amis, indigné, vint lui dire : « Le croiriez-vous? ici, aux Tuileries, en plein jour, « voilà cet infâme rapport qui se vend!... — *Comme* « *le juge!...* » répondit Duclos. Le mot courut à l'instant tout Paris. »

Cette réponse mémorable, que nous empruntons à l'excellente introduction de M. Barrière, nous dispense de plaider en faveur de Duclos.

Or, voici ce que je lis dans les Mémoires, édition Didot, 1865, tome II, page 272, premier alinéa : « Jamais gouvernement plus capricieux, jamais despotisme plus frénétique ne se virent sous un régent moins ferme. Le plus inconcevable des prodiges pour ceux

---

[1] Louis-René Caradeuc de la Chalotais, procureur général au Parlement de Bretagne, refusa courageusement de conspirer à la ruine de sa province; il déclara une haine motivée au despotisme, à la superstition; ce fut lui qui porta éloquemment la parole contre le duc d'Aiguillon; il rédigea également un rapport contre la Compagnie de Jésus; son crime était là tout entier. Les Jésuites intriguèrent; ils le firent enlever et renfermer dans la citadelle de Saint-Malo. Il ne quitta cette prison que pour entrer à la Bastille. On connaît le reste.

Voilà un spécimen de ce passé monarchique vanté par le mystique M. de Belcastel!

qui ont été témoins de ce temps-là, et qui le regardent aujourd'hui comme un rêve, c'est qu'il n'en ait pas résulté une révolution subite, que le Régent et Law n'aient pas péri tragiquement. Ils étaient en horreur, mais on se bornait à des murmures : un désespoir sombre et timide, une consternation stupide avaient saisi tous les esprits; les cœurs étaient trop avilis pour être capables de crimes courageux.

« On n'entendait parler à la fois que d'honnêtes familles ruinées, de misères secrètes, de fortunes odieuses, de nouveaux riches étonnés et indignes de l'être, de grands méprisables, de plaisirs insensés, de luxe scandaleux. »

Que pensez-vous de ce crayon? n'est-ce pas, au contraire, un tableau flamand d'une puissance extraordinaire? La ligne est fortement accentuée; l'ensemble se présente à l'esprit avec une lumière qui porte la conviction la plus inébranlable.

Un trait précise d'une façon catégorique : « Une consternation stupide avait saisi tous les esprits ; les cœurs étaient trop avilis pour être capables de crimes courageux. »

Quelle époque de décadence! quel évanouissement du sens moral s'était emparé de la société française!

Connaître, analyser et supporter la tyrannie, est un crime irrémissible pour une génération; il n'y a qu'une seule excuse, et cette excuse constitue encore une circonstance aggravante, c'est la situation des « *cœurs trop avilis pour être capables de crimes courageux* ».

Il y a, d'ailleurs, d'autres issues que le crime; c'est là une solution contre laquelle nous nous inscrivons en faux; le crime politique, fût-il absous par les plus honnêtes gens, n'en reste pas moins *le crime;* le sang n'a jamais produit d'excellentes métamorphoses sociales. Le temps a marché depuis le moment où Duclos écrivait cette phrase, digne de Machiavel, ou de quelque ministre comme Alberoni, ou notre Richelieu ; les mœurs se sont singulièrement adoucies; nous entrons dans une période où tous les conflits seront du ressort de la représentation nationale; les expédients sauvages, les crimes, les *restrictions mentales* appliquées aux assassinats politiques, ne sont plus de notre goût. L'harmonie des pouvoirs se rencontre dans le droit, ayant comme expression finale la justice pour tous.

Les citations de Duclos ne prouvent qu'une chose, une chose souverainement vraie, c'est que le Régent Philippe d'Orléans appelait la strophe satirique comme la plaque en acier d'un tir appelle une balle de calibre. Il y a une logique que l'on ne froisse pas impunément, et les mœurs de la Régence se trouvaient un peu trop au-dessous de ce niveau appelé maintenant *demi-monde*, un continent dont nous devons la découverte littéraire à M.·Alexandre Dumas fils; ces mœurs resteront l'éternelle condamnation de l'interrègne qui sépare la mort de Louis XIV de la majorité de Louis XV ; nous savons bien que, loin de s'épurer, elles se gâtèrent, fruit de la Régence; le Parc-aux-Cerfs fut la conséquence des roués et des petits soupers du Palais-Royal. Le déni de justice ouvertement pratiqué à l'endroit de La Grange Chancel nous fait de la peine; non que l'homme privé n'eût, lui aussi, des vices et des passions; mais nous maintenons qu'au point de vue littéraire il n'est pas à sa place; il a des droits légitimes à franchir plusieurs échelons.

Le style des *Philippiques* a vieilli, nous le savons; il n'en conserve pas moins une grande saveur pour les chercheurs de belles choses et les dilettante; l'historien n'a rien, ou presque rien à relever dans ces strophes de vol et de jet, où la haine frappe à son coin les meilleurs vers; et, pourtant, après avoir lu et relu, on y rencontre un signe qui manque aux éphémères productions de certains contemporains : l'ongle du lion ! L'envergure de la phrase est vaste ; la palpitation du vers dans la sphère poétique produit un son, qui va du piano au crescendo, en suivant harmonieusement toutes les gammes, tantôt légères, tantôt grondantes comme le choc de deux tonnerres.

L'accent hugonien n'y manque pas. Écoutez plutôt :

> Nocher des ondes infernales,
> Prépare-toi sans t'effrayer,
> A passer les ombres royales
> Que Philippe va t'envoyer.
> O pertes toujours renaissantes !
> Coup sur coup, que de morts fréquentes,
> Sujets de pleurs et de sanglots !
> Tels dessus la plaine liquide,
> D'un cours éternel et rapide,
> Les flots sont suivis par les flots.

Il nous semblait, en lisant cette strophe, entendre *le Dieu vivant de la poésie,* comme l'a si bien qualifié Théodore de Banville sur la tombe de Théophile Gautier, dire aux proxénètes de son siècle :

> Loin de moi ces jeunes infâmes
> Dont les jours, comptés par la nuit,
> Se passent à flétrir des femmes
> Que la faim aux antres conduit ;
> Lâches à qui dans leur délire
> Une voix secrète doit dire :
> Cette femme que l'or salit,
> Que souille l'orgie où tu tombes,
> N'eut à choisir qu'entre deux tombes :
> La morgue hideuse — ou ton lit !

Victor Hugo, — tête par Dieu touchée, — le mot est de lui — nous avons le droit de lui en faire l'application, procède avec plus de chaleur que La Grange ; c'est un génie plus mâle. Eschyle, Dante et Shakespeare peuvent seuls soutenir la comparaison avec le père du romantisme.

La strophe citée contient la plus grave accusation lancée contre le Régent, l'empoisonnement des Enfants de France, dans l'intention de se frayer une voie au trône ; nous n'avons, cela va de soi, voulu admirer là qu'une forme littéraire aussi vigoureuse qu'achevée ; quant au fond, nous l'avons, on s'en souvient, élucidé avec la plus complète bonne foi. La Grange aime les raccourcis ; il rappelle les magnifiques plans des écoles de Venise et de Rome, où le raccourci était si fort en honneur; les passages composés d'après cette inspiration, sont les meilleurs de son œuvre. Parfois, les mots perdent leur élégance; ils se ressentent de la nudité, de la crudité de certaines mœurs exposées par le satirique au grand jour de l'observation; cette recherche de mots vulgaires est un procédé puissant, Barbier s'en est souvenu dans ses *Iambes* :

> Certe, on ne voyait pas, comme au jour où nous sommes,
>   Tant d'uniformes à la fois.
> C'était sous des haillons que battaient les cœurs d'hommes;
>   C'était alors de sales doigts
> Qui chargeaient les mousquets et renvoyaient la foudre;
>   C'était la bouche aux vils jurons
> Qui mâchait la cartouche, et qui, noire de poudre,
>   Criait aux citoyens : Mourons!

L'éloquence mâle ressort ici, non de la forme, quoique excessivement belle de raccourci, mais du déshabillé des expressions. Barbier a imité La Grange, preuve indéniable que le satirique du dix-huitième siècle peut être, à bon droit, considéré comme un artiste littéraire de pure race. Deux exemples vont appuyer nos préférences :

> Royal enfant, jeune Monarque,
> Ce coup a réglé ton destin;
> Par lui, l'inévitable Parque
> Pénétrera jusqu'à ton sein;
> Tant qu'on te verra sans défense,
> Dans une assez paisible enfance
> On laissera couler tes jours;
> Mais quand, par le secours de l'âge,
> Tes yeux s'ouvriront davantage.
> On les fermera pour toujours!

Cette accusation est une de celles qui eurent l'avantage précieux de faire jaillir les larmes des yeux du Régent; nous l'avons réduite à sa valeur; le tour ne le cède en rien aux plus vigoureuses peintures des latins illustres. L'affirmation hautaine est une des pratiques favorites des *Philippiques;* de nos jours, Alfred de Musset, mort jeune, quoiqu'il se survécût déjà, n'a-t-il pas écrit :

> Je ne crois pas, ô Christ, à ta parole sainte !
> Je suis venu trop tard dans un monde trop vieux.

C'est exactement la tradition de notre auteur; frapper un grand coup, c'est l'important, dût la galerie se trouver déroutée dans ses appréciations; l'école de 1830 n'abuse pas de la formule du dix-huitième siècle; nous estimons qu'elle est dans la vraie voie. — Quels mouvements plus beaux, quels vers plus heureux que ceux de la septième strophe de l'Ode deuxième :

> Déjà, quels bataillons accourent
> Sur nos rivages pleins d'effroi !
> D'où vient que tant d'armes entourent
> Le sacré séjour de mon Roi?
> L'étranger est-il à nos portes?
> Par de fanatiques cohortes
> Nos temples sont-il menacés?
> Et l'État, voisin de sa chute,
> Craint-il de se revoir en butte
> Aux horreurs des siècles passés?

Si l'art de bien écrire consiste — et nous sommes de

ceux qui le pensent, — à grouper un petit nombre de mots pour rendre un grand nombre de pensées, d'images ou de sentiments, La Grange posséda son instrument d'une façon parfaite. L'idée n'est point entortillée dans le maillot des périphrases; elle se dégage nette et harmonieuse :

> L'étranger est-il à nos portes ?
> Nos temples sont-ils menacés ?

Idée simple, simplement exprimée, c'est la théorie ; on y arrive quelquefois tard ; mais l'écrivain de race, celui qui possède vraiment le flair des mots, qui pressent le jeu des membrures de la phrase, ne tarde pas à jeter son inspiration dans ce moule où Blaise Pascal écrivit un jour les immortelles *Provinciales*, et, plus tard, son ouvrage capital, un monument sans colonnes et sans fronton, puisqu'il reste inachevé, et le plus complet répertoire néanmoins des ressources, des infinies variétés d'une langue universelle comme la nôtre ; nous indiquons les *Pensées*, chef-d'œuvre posthume du philosophe inquiété par le doute.

Afin d'échapper aux mutilations intéressées que font subir à leurs adversaires les grands partis politiques, deux voies se présentent : ou se taire sur leurs agissements, ou les aider dans leur œuvre anti-populaire, et, par conséquent, anti-nationale ; entre ces deux conduites, le terme moyen n'existe pas.

L'observateur n'est jamais dérouté en face d'une injustice flagrante venant d'une pareille source ; ce fut le sort réservé à La Grange. L'entente s'établit ; le silence se fit autour de son nom ; restait son mérite littéraire ; quelques Basiles de bas étage, prosateurs, ou plutôt aboyeurs de la presse vendue, déchirèrent à belles dents son mérite d'écrivain ; et le temps passa insoucieux, et, maintenant encore, sauf pour les vrais lettrés, La Grange est un inconnu. Que dites-vous de ce procédé savant : « *Calomniez, calomniez, il en restera toujours quelque chose.* »

L'analyse des *Philippiques*, pénétrante comme un scalpel, mordante comme l'acide sur le cuivre d'une eau-forte, a fait des ravages qu'on ne lui pardonne pas ; nous avons discuté, un à un, les griefs touchant la vie privée, la vie politique ; la justice seule nous a servi de guide dans ce travail réparateur ; aussi avons-nous l'intention d'en appeler du verdict littéraire rendu en première instance contre La Grange, auprès des critiques qui font autorité dans la haute presse ; notre appel sera entendu ; il s'agit d'extirper une injustice ; nul ne voudrait, nul ne pourrait s'abstenir.

Si La Grange Chancel, esprit bilieux, mais indépendant, eût consenti à servir les compressions de la Régence sur les classes inférieures, et les compromissions de ce gouvernement dans les affaires financières, les portes de l'Académie se fussent ouvertes devant lui ; la docte assemblée nous a prouvé, depuis ce moment, qu'elle n'est pas inhumaine avec les amis du pouvoir, nous pourrions dire les flatteurs ; le crime du pamphlétaire reste donc entier, et ce crime fut d'avoir déchiré les voiles, plus que transparents, qui cachaient au public les débauches du Palais-Royal.

La pensée commande aux poëtes ; ils aiment leur inspiration, tous ces rêveurs ; et il s'en rencontre — c'est l'exception glorieuse — qui préfèrent les âpres luttes de la vie publique aux promenades dans les sentiers inondés de rayons et de senteurs ; tous ne consentiraient pas à dire avec Musset :

> Pour être d'un parti j'aime trop la paresse,
> Et dans aucun haras je ne suis étalon.
> Ma muse, vierge encor, n'a rien d'écrit au front.
> Je n'ai servi que Dieu, ma mère et ma maîtresse,
> Et par quelque sentier qu'ait passé ma jeunesse,
> Aucun gravier fangeux ne lui traîne au talon.

La Grange était de ceux que le combat attire ; véritable nature de lutte, on peut dire de lui :

> Il nommait par leur nom les choses et les hommes.
> Ni le bien, ni le mal, pour lui n'était voilé.....

Il ne fut pas l'amant des servitudes ; dans quelque vêtement doré qu'on les présentât, elles lui inspiraient la plus profonde horreur ; un tel caractère ne pouvait s'accommoder des capitulations de conscience qui déshonorèrent la Régence.

Les sociétés qui s'éteignent sont marquées au coin des voluptés ardentes, des frivoles occupations de la pensée, des plus fougueux rêves de l'imagination.

Rome mourante connut ces abominations ; elle vida jusqu'à la lie la coupe des farouches grandeurs.

Les vers passionnés de ses poëtes, — les scènes scandaleuses de son Forum, — l'abêtissement des foules devant les idoles césariennes, qu'elles s'appelassent Néron ou Tibère, — ses femmes trainant leurs vices avec leurs splendeurs, leurs vêtements de gaze chargés de folles arabesques, leurs lourds anneaux d'or aux poignets et aux chevilles, — l'immonde troupeau *des clients*, à toute heure du jour en quête d'argent ou de faveurs ; — ces signes précurseurs de la décadence ne manquèrent pas à la bruyante capitale du Paganisme.

Et l'on chantait Catulle, Ovide, Properce et Tibulle sur le mode lyrique, un souffle ionien faisait frémir les instruments, — et les courtisanes essayaient leurs plus gracieux sourires, leurs poses les plus lascives, leurs mouvements les plus provocants, — et les jeunes patriciens prenaient les bains orientaux dans les bassins de porphyre, — et le cercle ondoyant des belles impures ornait de fleurs leurs fronts pâlis, et leurs yeux, bistrés par la débauche, n'avaient plus de rayons et leur teint plus de velours, — et les longues épingles d'or étaient plongées dans le sein palpitant de l'esclave éthiopienne par la main galante d'une Délia, — et les grands lions Nubiens aiguisaient leurs formidables crocs sur la chair humaine, — et le parfum des roses et celui des baisers se mêlaient au parfum des vins de Chypre, — et l'odeur enivrante du sang se répandait dans le cirque, comme un nuage poussé par une invincible électricité !

Et la matrone austère tirait le verrou de son gynécée, — et la débauche sardanapalesque allumait ses flambeaux sur les sept collines, — et les couleurs éblouissantes du diamant éclairaient les épaules infâmes, — et la perle des mers brillait sur les gorges sans palpitations, sur les cœurs sans amour, — et l'on jetait les chrétiens aux murènes, — et les fauves lueurs des bijoux ruisselaient dans les chevelures, — et Lucullus, ayant épuisé les délices de la table, se préparait à mourir, — et les jardins impériaux étaient illuminés par des martyrs enduits de résine, candélabres d'un genre nouveau ! — et le Sénat délibérait sur la sauce du turbot, — et de l'ivresse, et des chants, et des soupirs, et des pleurs, et des imprécations, et des cris de joie, et des murmures, célébraient cette horrible fin d'un monde ; — et les barbares, eux, se massaient dans le lointain, — et Rome, la voluptueuse, l'impériale maîtresse du monde, tomba de si haut qu'elle eut les reins fracassés !

Ne retrouvez-vous pas ces signes menaçants à l'époque régentée par Philippe d'Orléans ? N'est-ce pas le même dédain du devoir ? n'est-ce pas le même élan vers les plaisirs ? n'est-ce pas l'oubli complet du qu'en dira l'opinion publique ? n'est-ce pas surtout la même langueur dans les liaisons éphémères ?

Oui ! D'autres temps sont venus, qui nous ont rappelé ces sombres tableaux d'une société à son déclin ; c'est inévitable, c'est fatal !

Et La Grange-Chancel se devait à lui-même, il devait à l'histoire, de protester dans la forme la plus haute et la plus accomplie que puisse revêtir la pensée humaine, la poésie !

La vie de La Grange fut aventureuse; il eut des torts envers sa famille, envers le Régent; ses allégations sont ou hasardées, ou fausses; les *Odes Philippiques* sont un pamphlet, — et nous n'en poursuivons pas moins sa réhabilitation littéraire.

Les écrivains qui se targuent d'une conduite rectiligne auraient mauvaise grâce à lui refuser sa place de littérateur et de poëte éminents; nous comprendrions peu une froideur aussi persistante qu'inutile; la vérité n'a qu'un langage, sachons le faire entendre aux générations nouvelles.

La question se trouve posée par notre Edition; en ce moment de grande culture intellectuelle et de profonde critique, elle se résoudra; la formation des légendes est devenue impossible; les procédés lumineux du libre-examen ne le permettent plus.

Plus de légendes, plus d'opinions toutes faites, que l'on accepte comme une succession d'un siècle éteint au siècle qui s'ouvre; — la justice pour tous, fût-il le Régent avec ses vices, fût-il La Grange avec sa vie romanesque et ses exagérations de plume, fût-il Dubois, le prêtre dissolu, l'homme des transactions de conscience; justice sévère, mais justice, nous ne cesserons de la demander; nous ne craignons pas la discussion, nous l'appelons de tous nos vœux.

L'Académie déféra aux secrètes espérances des puissants en tenant rigueur au satirique; cette conduite est traditionnelle.

Le public, lui, qui n'a pas de gouvernants à se concilier, qui ne connaît ni la haine, ni les brigues, repousserait cette persécution ; il couvrirait la victime d'une généreuse sympathie.

C'est alors que l'on pourrait appliquer à notre temps le mot acerbe du cardinal de Retz : « *Comœdia in comœdia!* » Quel est celui qui voudrait endosser cette injure gratuite ?

En lice, Messieurs les critiques ; taillez votre bonne plume ; le champ est ouvert ; soyez éloquents ; vous serez toujours persuasifs, si vous êtes sincères !

Depuis le concert d'imprécations soulevé par l'apparition des *Philippiques,* qui eut lieu le 3 septembre 1720 (voir à la Bibliothèque nationale le *Journal manuscrit de la Régence,* n° 1886, tome III, page 1506), jusqu'au commencement de notre siècle, un seul témoignage décisif s'est montré favorable à La Grange ; nous voulons parler de l'avertissement inséré en 1795 (an VI de la Liberté) dans l'Édition livrée au commerce par Didot jeune ; cette Édition, aujourd'hui introuvable, puisqu'elle fut tirée seulement à 200 exemplaires, contient certaines annotations, dont le style est si croustillant, parfois si décolleté, ordurier même, qu'il nous est impossible d'y faire le moindre emprunt ; ce qui distingue ces notes, c'est le soin et l'attention scrupuleux avec lesquels les dates y sont ramenées à propos de chaque événement et de chaque personnage historique.

L'annotateur de 1795, tout en rendant justice aux brillantes qualités personnelles qui semblaient accumulées chez le Régent, comme pour faire mieux ressortir ses vices, ne craint pas d'affirmer la liaison incestueuse du père avec sa fille; on a vu, aux chapitres précédents, ce qu'il faut penser de cette allégation; notre critique historique nous paraît établie sur ce point et sur les cas d'empoisonnement; nous la maintenons jusqu'à preuves nettes, évidentes, irréfragables du contraire; et nul ne peut les produire; les Mémoires du dix-huitième siècle, fouillés avec patience et talent depuis 1830, n'ont laissé passer aucune pièce authentique sur laquelle on puisse baser de si terribles accusations.

Ainsi, page 105 des *Notes*, note 39ᵉ et dernière sur la deuxième *Ode*, voici ce que nous lisons : « Disons, par amour pour la vérité, que c'est à tort que le Régent est appelé prince sans courage; il en avait montré beaucoup aux combats de Neerwinde et de Steinkerque, au siége de Turin, où il fut blessé, à la prise de Lérida, et dans toutes les occasions où il avait commandé ou combattu. »

Est-ce clair? La valeureuse conduite de Philippe sous le canon de Steinkerque et de Neerwinde, commandait l'admiration de ses ennemis eux-mêmes; son oncle seul, comme nous l'avons vu, l'égoïste et stérile Louis XIV, ne souffrait pas ce langage autour de lui. L'affirmation de cette bravoure dans la branche cadette Bourbon-Orléans, lui paraissait être une critique de son impéritie, de sa mollesse.

A Pavie, François Iᵉʳ, au moment suprême, présentait sa poitrine à l'ennemi; il entraînait sa maison militaire avec la pétulance d'un jeune général, et il pouvait écrire cette phrase célèbre à juste titre : « Tout est perdu, Madame, fors l'honneur! »

Le Régent était de grande race militaire ; l'annotateur de 1795, si crédule aux calomnies, en convient avec une rondeur qui l'honore.

L'Avertissement de l'Édition examine la valeur littéraire de l'œuvre :

« Les *Philippiques* de La Grange Chancel méritent d'être conservées et comme production littéraire, et comme monument historique. Sous ce dernier rapport, elles présentent un tableau sans doute exagéré quelquefois, mais aussi trop souvent fidèle des excès et des vices du duc d'Orléans, régent du royaume pendant la minorité de Louis XV. »

Ici, l'auteur anti-orléaniste fait une allusion très-vive à Philippe-Égalité ; puis il donne les quatre vers gravés au bas du portrait de La Grange, en 1723, gravure hollandaise :

> Ma plume, à combattre les crimes,
> A témoigné si peu d'effroi,
> Que peut-être mon jeune Roi
> Ne doit-il le jour qu'à mes rimes.

Après cette citation, l'auteur blâme énergiquement ce qu'il appelle *les intrigues et la scélératesse de Louis-Philippe-Joseph Égalité;* il lui reproche son vote, et rapproche la mort de Louis XVI (21 janvier 1793) de la mort du duc d'Orléans (9 novembre 1793). Son alinéa se termine ainsi :

« Les Romains expulsèrent Tarquin et sa famille, mais ils ne dressèrent point d'échafaud devant l'autel qu'ils élevaient à la Liberté. »

Cette phrase, en apparence jetée dans un Avertissement, nous fournit la clef des opinions politiques de l'annotateur de 1795; il était libéral-modéré, les insinuations de ses Remarques l'établissent d'une manière irrécusable; peut-être était-il de cette nuance multicolore que nous traduisons maintenant par conservatiste-libérale. Si le mot conservateur n'existait point alors dans la langue des gazettes, les partis politiques connaissaient déjà la chose; elle est de tous les temps.

Revenant sur l'œuvre, l'auteur ajoute :

« Un mot sur le mérite littéraire des *Philippiques*.

« Ces odes sont la meilleure des productions de La Grange Chancel; c'est celle où l'on trouve le plus de verve, de chaleur, et de cet enthousiasme qui, seul, fait vivre les ouvrages de ce genre. Tout en convenant de cette vérité, un littérateur moderne s'est écrié : « Malheur à l'écrivain qui ne montre de la supériorité « que lorsque la bile fermente dans son estomac! » Nous disons, au contraire : Heureux le poëte, même médiocre, que le crime tout-puissant ne fait point pâlir, et à qui l'indignation tient lieu de génie pour peindre les excès du vice dans toute leur laideur, et en montrer les traits difformes jusques dans la postérité la plus reculée! »

L'auteur affirme avoir eu en sa possession un exemplaire des trois premières odes, imprimées en Hollande en 1723, format in-12; c'est le texte de cet exemplaire qu'il dit avoir suivi dans l'édition de 1795, parce qu'il lui « *a paru bien préférable à celui des nombreux manuscrits qu'on trouve dans les cabinets de tous les amateurs.* » Cette autorité nous suffit.

Parlant des notes, l'auteur termine ainsi son Avertissement :

« Les notes étant la partie la plus essentielle de notre travail, nous nous garderons d'en porter aucun jugement; c'est aux gens de goût et de lettres à décider si nous avons réussi à les rendre plus piquantes et plus exactes que celles qu'on trouve dans les divers manuscrits et les imprimés que nous venons de citer. »

Ainsi, ce fut soixante-quinze ans après la divulgation des *Philippiques* qu'on commença l'œuvre de justice; les expressions de production littéraire excellente et de monument historique sont les seules qui conviennent; à la fin du siècle dernier, on le comprenait déjà; le mouvement de réhabilitation, entravé depuis 1795, va prendre un nouvel essor. L'œuvre poétique sera étudiée; de son étude à la justice qui lui est due, il n'y a qu'un pas; ce pas, la critique contemporaine le franchira.

IV

La strophe de Mirabeau. — Une tactique éventée.

Voulez-vous une nouvelle et décisive preuve de l'excellence littéraire de l'ouvrage que nous réimprimons pour combler une lacune existant en librairie depuis 1858, et pour fournir aux lettrés un aliment d'études?

Une strophe, la onzième de l'Ode III, va nous fournir cette preuve; la langue française, maniée depuis par de puissants artistes, par des poëtes qui font époque dans l'histoire des peuples, n'a pas su rendre mieux l'indignation du patriotisme; l'accent n'est pas cornélien, il emprunte du relief à la méthode de concentration shakespearienne, et, si l'on tient à l'assimilation vraie, on doit le rapprocher du vers brûlant des *Châtiments*, ces *Philippiques* du dix-neuvième siècle, comme les *Philippiques* furent les *Châtiments* du siècle précédent.

Donnons la parole à la poésie, en faisant toutefois quelques réserves que nous développerons ensuite :

> La patrie en vain vous implore !
> Vils Français ! tremblez que sur vous
> Le ciel n'appesantisse encore
> Les fers dont vous semblez jaloux.
> Qui vit esclave, est né pour l'être.
> Armez-vous ; dans le sang du traître
> Effacez votre déshonneur.
> Dieu suspend souvent son tonnerre ;
> Mais il mit le fer dans la terre
> Pour en frapper l'usurpateur.

On le voit, nos réserves avaient leur raison d'être ; les deux derniers vers contiennent la théorie sanglante du régicide ; nous la repoussons ; nous l'avons fait déjà à propos d'une citation de Duclos ; nous ne saurions trop prémunir les jeunes intelligences contre ces insinuations détestables, qui empruntent à la poésie un dangereux laissez-passer ; quand on a l'honneur de tenir une plume, on doit à la conscience publique de faire entendre un langage sévère ; nous ne faillirons jamais à cette mission.

L'*Annotateur de 1795* (l'an VI de la liberté) s'exprime ainsi :

« Cette strophe, qui est sans contredit une des plus véhémentes de l'ouvrage, ne se voit ni dans les *Philippiques* imprimées, ni dans les nombreuses copies qu'en conservent les amateurs. Nous l'avons trouvée dans le beau Manuscrit du comte de Mirabeau (Catalogue

n° 319) où elle est écrite en entier de la main de ce célèbre député, ainsi que la courte note que voici :
« *Un homme de lettres très-estimable sous tous les rapports*
« (c'est Mirabeau qui parle) *m'a dit tenir de la tradition,*
« *que la strophe suivante avait été soustraite des* Philip-
« piques. *C'est assurément la meilleure.* »

C'est aussi notre avis; nous avons présenté nos raisons, et, à notre sens, elles sont péremptoires.

La strophe, dite de Mirabeau, ne se trouve ni dans le manuscrit de la bibliothèque de Vesoul, ni dans une édition de 1797, ni dans l'édition hollandaise de 1723, in-12, contenant les trois premières Odes, ni dans les nombreuses copies qui ont eu cours à l'époque, et que les amateurs collectionnent précieusement.

La strophe est-elle de Mirabeau ou de La Grange-Chancel? L'édition de 1858, réunie par M. de Lescure, qui s'est servi de travaux remarquables et complets sur le dix-huitième siècle, ne croit pas que le grand tribun ait composé de tels vers. Nous partageons cet avis.

Pourtant, nous nous séparons de M. de Lescure sur un point; il prétend que les vers de cette strophe « respirent un accent plus moderne que l'archaïque colère d'un poëte qui, dans ses satires, s'est souvent souvenu de Juvénal. »

Nous ne croyons pas qu'il faille remonter jusqu'à la Révolution pour trouver une haine des gouvernants si chaudement rendue; — les auteurs contemporains du Régent — et des plus honnêtes — ont conclu comme La Grange; Duclos dit la même chose.

Certes « *la sinistre apothéose du poignard* » nous répugne autant qu'à M. de Lescure ; mais nous connaissons la manie d'une certaine école politique, qui consiste à charger la Révolution de toutes les audaces, de tous les crimes, de toutes les impiétés ; assez de monstruosités restent à son avoir ; nous n'en récusons aucune ; les complaisances de parti-pris ou de parti politique ne nous feront jamais fausser la ligne historique ; à quoi bon torturer sa propre conscience? La Grange, inquiété par le succès scandaleux de ses vers, averti peut-être par un ami sincère, aura jugé opportun de retrancher la strophe ; il eût même dû la brûler ; car, de cette façon, les sottisiers, toujours à l'affût des obscénités et des outrages, ne l'eussent pas ramassée dans les fanges de la Régence.

Mirabeau, très-fin connaisseur en littérature, amoureux du trait, de la couleur, du jet de la pensée, devait être frappé, et il le fut, puisque son exemplaire était enrichi de la strophe condamnée par le poëte ; le tribun ne la fit pas ; et la paternité revient de droit à La Grange. A chacun son œuvre, à chacun sa responsabilité devant l'histoire.

Une dernière réflexion : M. de Lescure, qui taille dans le domaine du dix-huitième siècle avec le sans-gêne d'un héritier légitime, avoue qu'en 1720 des billets burinés étaient jetés dans les carrosses avec cette inscription : « *Sauvez le roi, tuez le tyran, et ne vous embarrassez pas du trouble.* » Les mêmes appels, les mêmes défis, c'est encore M. de Lescure qui le dit, se renouvelaient souvent. Un jour on trouve à la porte du Palais-Royal cette inscription :

DEVOIR DES FRANÇAIS :

> Roi à couronner,
> Banque à redouter,
> Régent à brûler (*sic*),
> Law à rouer.

Un peu de bonne foi, de grâce, messieurs les annotateurs, et vous reconnaîtrez que la Révolution n'a pas inventé le Régicide ; elle l'a pratiqué, et ce crime nous paraît suffisant ; votre verbiage ne déplacera pas la question.

Les mœurs de la Régence confinaient à deux sentiments que l'on ne déracinera jamais dans l'âme humaine : la volupté, la cruauté ; une affinité redoutable existe entre ces deux opérations psychologiques ; Rome, la Grèce, le Bas-Empire, nous l'ont démontré ; la Régence *et une époque contemporaine que nous ne qualifions pas*, sont encore venues établir cette vérité expérimentale.

Les argumentations sur des faits littéraires de ce genre ne vont pas sans une certaine amertume ; on conviendra néanmoins que nous sommes guidés seulement par l'amour de la justice ; nous flétrirons La Grange hautement, quand l'occasion s'en présentera ; nous ne céderons jamais à l'instinct de parti, le plus funeste qui puisse guider l'écrivain !

Pour nous — et nous concluons — la strophe conservée par Mirabeau et propagée par les sottisiers, est bien du style de La Grange ; la responsabilité retombe sur lui — et sur lui seul.

Une goutte de sang ne peut être versée en Europe sans qu'aussitôt les partis, avec une entente digne de meilleurs succès, ne rappellent *la mise en coupe réglée* de la société française par les Conventionnels ; à les en croire, le monstre révolutionnaire dévora la génération contemporaine de ces événements. La Terreur revient à chaque ligne, comme un personnage de comédie dont la présence est nécessaire au mouvement d'esprit de la salle ; toute la rhétorique y passe ; les anathèmes de Joseph de Maistre, le docteur ultramontain, sont rajeunis, ou plutôt estropiés par des écrivains remplis de bonnes intentions, mais absolument dépourvus de style. L'éloquence a cessé de fleurir par là ; les lèvres inspirées y sont rares.

Ces accusations furibondes contre les crimes commis par la Révolution française sous le règne de la grande Convention, sont un des ressorts de la politique contemporaine, — et spécialement du parti qui a fait les criminels 18 Brumaire et 2 décembre 1851. Précipité du pouvoir dans un moment terrible et avec des circonstances qui ne laissent aucune prise à l'esprit de retour, ce parti, non satisfait d'avoir attiré sur la France l'invasion et le démembrement, vise encore à déshonorer les libéraux, en offrant sans cesse la Terreur comme un hideux épouvantail, capable, — il le pense, — d'éloigner des nouvelles institutions les hommes du centre droit et la masse bourgeoise, faciles à duper.

Faut-il laisser écrire et dire sans protester, au nom de la raison, au nom de la vérité ? Faut-il laisser employer ces vieux clichés qui traînent leurs oripeaux dans les premiers-Paris de la presse réactionnaire ? Non; un mot nous a paru nécessaire.

Il est fâcheux que la méthode de controverse soit percée à jour à propos d'une strophe ; nous sortons visiblement de notre sujet, — mais l'occasion est bonne, et nous la saisissons avec empressement, c'est un malheur des temps que toutes les questions, celles même qui semblent s'en éloigner le plus par leur nature littéraire, confinent à la politique ; c'est la situation déplorable d'un pays où le gouvernement est contesté par les partis, où nul ne veut désarmer, heureux encore quand la stricte légalité est toujours et pleinement garantie ! La politique va aujourd'hui du salon à l'échoppe de l'artisan, du château au village, du ministère aux réunions, du haut de la société jusque dans ses bas-fonds; c'est une fièvre qui nous rappelle un beau vers, — et l'un des derniers, — d'Alfred de Musset :

La politique, hélas! voilà notre misère.

Ériger le crime en système, et faire de la Terreur un détestable principe de gouvernement, — tel est évidemment le but poursuivi par nos adversaires; l'expédient n'aboutira point; le piège est d'une grossièreté qui révoltera les plus crédules.

Les attaques ont revêtu depuis quelques années un tel caractère d'universalité et d'intensité, que M. Louis Blanc, l'historien de la *Révolution,* lassé d'entendre constamment les injures, les haines, les sophismes des anciens jours, a rompu le silence qu'il s'était imposé, et, dans un discours qui restera une de ses pages les plus magistrales, il s'est écrié :

« Inclinons-nous, Messieurs, avec respect, avec amour, devant la République de nos pères, et que le souvenir des maux qui assombrissent son histoire, *que la haine des crimes qui la souillèrent*, ne nous empêchent pas de glorifier ce qu'elle eut d'héroïque et de fécond. Répondons à ses ennemis, *quand ils nous parleront de la Terreur,* que, loin d'avoir été le résultat des idées de la Révolution et l'instrument de leur triomphe, la Terreur eut pour effet d'en obscurcir la signification et *d'en masquer aux intelligences myopes la souveraine grandeur;* que nous le savons, que nous le déplorons du fond de l'âme, et que nous voudrions, *au prix de tout le sang qui est dans nos veines,* que rien de tel n'eût été possible ; mais que la Terreur ne fut pas, comme on l'a prétendu, le délire de quelques hommes *réduit en système;* que, préparée par plusieurs siècles d'oppression, provoquée par des attaques furieuses, surexcitée par des périls sans exemple, elle sortit pour ainsi dire des entrailles mêmes de la situation, *et qu'elle est morte pour ne plus renaître,* morte avec les circonstances qui l'engendrèrent, circonstances effroyablement exceptionnelles auxquelles rien n'avait ressemblé *et auxquelles* rien ne ressemblera jamais ; qu'aussi bien des actes sans nombre prouvent combien elle était humaine, au fond, cette Révolution que la rage de ses ennemis rendit terrible : témoin l'organisation de l'Institut des aveugles et de l'Institut des sourds-muets, l'indemnité accordée aux victimes d'une accusation reconnue injuste, l'adoption des orphelins par la patrie, la protection étendue par l'État aux enfants abandonnés, aux vieillards, aux indigents, aux bannis !

« Ah ! ils ont beau faire, les calomniateurs de la Révolution française ne parviendront pas à effacer tout cela de la mémoire des hommes. Pour nous, messieurs, qu'elle a faits ce que nous sommes, et qui n'avons, grâce au ciel, à continuer son œuvre que dans les calmes régions de l'intelligence, bénissons-la d'avoir si fort élargi, au profit de ses calomniateurs eux-mêmes, les horizons de l'esprit humain, et montrons-lui notre reconnaissance, en servant d'un cœur indomptable la justice et la liberté ! »

(Discours prononcé à Saint-Mandé
le 26 septembre 1875.)

Quelle élévation de pensée ! quelles nobles sentiments ! quelle vibrante éloquence ! Il était réservé à M. Louis Blanc d'exposer combien fut progressiste et humanitaire cette Révolution tant décriée, présentée quotidiennement comme la cause première des perturbations européennes ; l'orateur, visiblement ému par le chaleureux accueil fait à sa loyale démonstration, a tracé de la Convention un tableau qui semble détaché de son livre célèbre; ces enseignements sont utiles, — ils seront profitables. La science du devoir ne peut qu'y gagner, et la moralité des masses s'accroître, deux bienfaits inappréciables!

Que les annotateurs de parti soient donc avertis; la mauvaise foi ne suffit pas quand il faut inoculer un mensonge, l'éloquence elle-même ne pourrait y atteindre, et cette qualité ne brille pas dans leurs élucubrations! Non, jamais la Terreur ne fut *un système de gouvernement, et nous voudrions, au prix de tout le sang qui est dans nos veines, que rien de tel n'eût été possible.* Est-ce clair? Est-ce concluant? Est-ce un faux-fuyant, un argument de circonstance, un mouvement oratoire? Est-ce l'expression d'une vérité? — La vérité n'a pas deux accents; nul homme cultivé ne s'y méprendra. Il y a désaveu, regret, profonde affliction, tous sentiments qui peuvent aller avec les principes les plus sincèrement libéraux, avec les doctrines philosophiques et scientifiques les plus hasardées *en apparence*, — car nos adversaires ne se piquent guère de logique et de conséquence dans les idées; ils jugent un écrivain sur une donnée parfois très-vague, très-superficielle; — vous êtes positiviste, on ne vous lira pas : pourquoi? La réponse à cette question demanderait plus de place que nous ne pouvons lui en consacrer. Et nous ne parlons pas seulement des philosophes positivistes; nous avons cité cette école au courant de la plume, sans esprit de préférence. Les concepts politiques manquent de fondement; de semblables exclusions condamnent un parti, une doctrine, et les frappent sans retour devant l'opinion, si redoutable aujourd'hui quand il faut juger les conflits, les reculs, les soubresauts, les désordres, les périls et les misères qui résultent d'une compétition acharnée de vues personnelles;—l'énergie nationale se trouve en dehors et au-dessus de ces agrégations ambitieuses, et l'opinion renverse ces arrangements factices, où ne se rencontrent pas les éléments d'expansion de l'âme humaine, l'exercice des libertés publiques et le respect des lois. — Mais les réactions sont accommodantes sur le choix des moyens!

La Terreur est un moyen d'intimidation tombé en désuétude; les bourgeois libéraux, les hommes du peuple qui ont reçu quelque instruction, les premières notions de l'histoire; le paysan familier avec le journal républicain de l'arrondissement, en un mot, pour ceux qui ont gardé le respect de leur intelligence et le culte des principes, les insinuations de nos adversaires perdent chaque jour leur prestige, nous allions dire leur danger. Et il y a toujours danger, lorsqu'on propage la haine au lieu de répandre à profusion la divine charité!

Laissez la Révolution nous doter de toutes les sublimes améliorations contenues dans son *Credo* philosophique et social; laissez-la s'implanter dans les mœurs politiques de l'Europe; ce travail merveilleux s'accomplit; les doctrines s'épurent à son contact; Dieu est plus visible dans les Codes; la peine de mort chancelle sous les coups de la pensée; le travail, mieux compris, aimé dans toutes ses applications, devient le trait d'union entre les citoyens; une large fraternité réunit dans son sein des millions de Français; le règne de la loi ne fut jamais plus calme, plus souverain; laissez-la donc passer cette Révolution, fille de la philosophie, qui vous donnera la liberté sans bouleversements, la charité vraie, la République de l'ordre et de la paix!

Et à quelle époque, nous le demanderons aux détracteurs les plus acharnés de 1789, eut-on plus besoin de calme et d'union? Une catastrophe épouvantable vient de s'abattre sur la France, la guerre et sa triple conséquence : perte de nos vieilles frontières du Rhin, indemnité colossale à payer au vainqueur, recul de la patrie sur l'échiquier européen ; — à ces malheurs ne faut-il pas joindre les troubles civils, qui sont, eux aussi, une conséquence de juillet 1870? Quoi! ce serait après tant de bouleversements et d'agonies que l'on viendrait ressusciter la Terreur et raviver les mauvais souvenirs; — nous ne voulons pas le croire. La grande famille française, soucieuse de sa gloire, de ses plus nobles intérêts, de sa légitime prépondérance dans le monde, ne vise qu'à effacer les moindres vestiges de ses désastres, — que les écrivains imitent cet exemple venu de si haut, et qu'ils aient constamment au bout de la plume les augustes mots de travail, concorde, amour du devoir!

V

La Grange et sa production littéraire. — Théâtres et pièces diverses. — Voltaire et ses inconséquences.

L'auteur des *Philippiques* ne connut pas cette heureuse pondération d'esprit qui sait éviter le scandale, qui rencontre la vérité sans exagération, qui sait, au besoin, infliger un blâme sans encourir la réprobation de l'opinion publique, et qui traite les questions de l'ordre spéculatif avec autant de conscience que les affaires privées les plus importantes. La Grange était né satirique; il eût sacrifié le meilleur de ses amis au besoin de satire qui le tourmentait; pour amener une malicieuse chute de strophe, il n'est sorte de ménagements qu'il n'eût été disposé à fouler aux pieds; bref, le pamphlétaire primait les autres qualités dans son organisation intellectuelle; cette habitude, devenue une manie coupable, dégénéra en passion, et, comme tous les sentiments violents, cette disposition le tortura jusqu'au dernier jour;—le père plaida contre son fils; les secrets du foyer furent livrés aux indiscrétions des folliculaires, tant le besoin de controverse se fait sentir impérieusement aux satiriques qui suivent plutôt le tempérament que la conscience ! La Grange porta la peine de ses fautes, de ses erreurs ; — la satire devint son supplice quotidien.

Il existe peu d'ouvrages sur lesquels l'histoire ait porté des jugements aussi différents et aussi entachés de partialité ; c'est pourquoi nous invitons notre époque à lire l'œuvre et à formuler définitivement un arrêt littéraire ;—quant au fond des choses, tout le monde sera d'accord ; à quelque parti qu'il soit inféodé, malgré les attaches du camp romantique ou les prédominances opposées, l'écrivain qui a souci de sa dignité flétrira aussi énergiquement que nous le poëte vendu à la faction du Maine ; ce n'est donc pas là-dessus que se produiront les divergences d'appréciations, mais sur la forme, sur la phrase poétique des *Philippiques;* telle école le rejettera comme vieux classique ; — telle autre, et voyez la contradiction, comme introduisant déjà dans la langue les éléments nerveux et solides, précis et malléables tout ensemble, qui passeront, vers la fin du siècle, dans les iambes amers et terrifiants d'André Chénier.

Allier ces doctrines est un travail critique que nous pourrions faire, si nous ne préférions le laisser tout entier aux écrivains qui, par la voie des grandes feuilles quotidiennes, par les discours et par les revues spéciales, sont admirablement outillés pour la vulgarisation de l'idée. Le cerveau français est encyclopédique ; la tournure même de notre esprit national se prête au

mode propagandiste; on le vit au dix-huitième siècle;
d'éloquents exemples sont venus confirmer cette démonstration. Nommer Alexandre Dumas fils, qui porte
avec tant d'aisance la lourde réputation paternelle, et
qui s'est fait une si large, une si belle place au théâtre,
dans le roman de mœurs et dans la controverse philosophique, — nommer Francisque Sarcey, le courageux
et sympathique conférencier, l'homme de combat toujours sur la brèche pour signaler les empiètements de
l'esprit clérical, — nommer Paul de Saint-Victor, dont
le talent élevé, souple, investigateur, possède si bien
cette *sorte d'émotion électrique dans le langage,* que Villemain applique à Diderot, — nommer Arsène Houssaye, l'intelligent directeur de l'*Artiste*, et M. François Coppée, poëte et critique, dont le dernier Salon,
au *Moniteur universel*, a révélé une somme de connaissances peu ordinaire; — nommer des intelligences
de premier ordre comme Challemel-Lacour, Spuller,
Antonin Proust, Georges Avenel, Isambert, Edmond
About, Eugène Asse, Jules Clarétie, Paul Meurice,
Auguste Vacquerie, Édouard Lockroy, Émile de Girardin, Odysse Barrot, Maxime Gaucher, Henri de Lapommeraye et la brillante pléiade de critiques qui s'inspirent
de la grande tradition laissée par Sainte-Beuve et Gautier, c'est montrer les ressources si variées du journalisme parisien, dont les jugements font autorité en Europe; — c'est aussi prouver jusqu'à l'évidence que les
Philippiques et La Grange peuvent être et seront pris
vigoureusement à partie; c'est notre vœu le plus cher;

et, dût-on égratigner un peu le commentateur, nous ne songerions pas à nous plaindre, tellement nous avons à cœur la justice historique ; les opinions littéraires qui nous sont venues de la Régence, de Saint-Simon, de Duclos, de Voltaire lui-même, ont besoin 'd'être révisées soigneusement. L'œuvre, et son texte désormais irréprochable, —les annotations abondantes qui suivent chaque ode, — les témoignages d'auteurs célèbres, — permettront aux publicistes de se faire une sérieuse base d'appréciation, et la libre discussion fera jaillir la vérité ; l'accusateur de Philippe d'Orléans et le poëte des *Philippiques* seront jugés en dernier ressort.

Les écrivains ont formulé sur la satire du dix-huitième siècle les opinions les plus diverses, les plus contradictoires; Michelet, sans rechercher la valeur de forme, est allé au fond de la question : « Le vrai chant des Furies, les vers atroces de La Grange Chancel, qui invitent à l'assassinat. » Ce caractère sera général à tous ceux qui seront appelés à se prononcer sur les conséquences de l'œuvre ; notre précédent chapitre est entré là-dessus dans une série de considérations sur lesquelles nous ne reviendrons pas ; nous avons voulu établir solidement que ces mœurs violentes ne furent pas l'apanage exclusif de la Révolution, puisque d'odieuses et de semblables suggestions trouvèrent place sous la Régence. La Révolution, elle, ne généralisa point le système, comme l'a prétendu Joseph de Maistre ; elle subit une fatale nécessité, que nous déplorons sincèrement ; —mais, en dépit de la bonne foi, les partis n'abandonneront pas de sitôt une vieille arme de guerre, et, s'il fallait dire toute notre pensée, nous serions amenés à avouer que rien n'est plus indestructible qu'un cliché politique; les générations passent, les mœurs se font plus humaines, l'éducation se propage, l'entente se fait entre les citoyens, et le cliché persiste, c'est une puissance contre laquelle le progrès ne peut rien. Laissons dire et passons!

Une publication qui jouit d'un crédit illimité auprès de ceux qui regrettent la monarchie, la *Biographie universelle*, de Michaud, s'exprime ainsi sur les *Philippiques* au tome XXII, page 522 de la seconde édition : « Quelques personnes ont trouvé beaucoup de force dans le style; il se pourrait que l'atrocité des imputations leur eût fait illusion à cet égard; du reste, il est certain que cette satire coupable contient plusieurs strophes vraiment poétiques et bien tournées. Ce libelle, longtemps manuscrit, ne circula que sur des copies infidèles, pleines de fautes, d'omissions et de contre-sens. »

La biographie catholique Michaud croit écrire quelque chose de méchant, elle se trompe; ces lignes contiennent plus d'exactitude, d'impartialité même, qu'il ne semble au premier abord; la force du style des *Philippiques* ne fera pas question pour la critique contemporaine; assurément l'atrocité des imputations a pu tromper certains esprits superficiels ou prévenus contre l'auteur; cette illusion a dû se produire, elle n'infirme en rien la beauté du style; l'aveu du rédacteur est précieux à noter, puisque c'est un adversaire; il dit que cette satire coupable contient plusieurs strophes vraiment poétiques et bien tournées, — nous sommes d'accord sur la forme, et nulle division n'existe entre nous sur la qualification de satire coupable, assurément elle le fut, elle dépassa en insinuations perfides les récits hollandais du temps, qui avaient le pouvoir d'irriter Louis XIV au milieu de son Versailles; quant aux copies manuscrites infidèles, il est de notoriété que ce libelle eut quantité d'éditions à la main, toutes plus fautives les unes que les autres et surchargées d'annotations qui sont loin de reproduire la physionomie de l'époque; les bonnes versions sont rares et encore faut-il les éplucher soigneusement, au risque d'écrire l'histoire à la Loriquet!

On le voit, la discussion sérieuse n'est pas commencée; — effleurer une œuvre semblable n'est pas la juger, et ce sera le sentiment de nos critiques éminents.

Dans un autre passage, la biographie Michaud apprécie le théâtre de La Grange : « Il a pourtant excellé réellement dans une partie essentielle de l'art, qui est l'entente de la scène ; ses intrigues sont à la fois compliquées et claires; les situations frappantes y sont prodiguées, mais un amour fade et ridicule défigure tous ses sujets, dont plusieurs sont terribles; et sa versification dure, prosaïque et incorrecte, efface, en quelque sorte, tout ce qu'il pourrait y avoir d'énergie, de noblesse et de grâce dans les pensées et dans les sentiments. »

Le théâtre de La Grange ne nous préoccupe nullement; nous passons condamnation sur les scènes et les intrigues de *Jugurtha, Amasis, Alceste, Ino et Mélicerte, Érigone, Médus, Cassius et Victorinus,* etc., etc.; — les lundistes de la presse prendront parti pour ou contre; nous voulons rester en dehors de cette question, qui ne se rattache qu'indirectement aux *Philippiques*.

Les cantates de La Grange n'ont pas de vol; il y a un fâcheux abus de naïvetés, avec un rhythme peu soigné et une mise à contribution de tous les mythologues connus et inconnus; ce n'est que Vénus, Pluton, Icare, Bellone, Dryades, Ménades, Apollon, Cypris, Syrènes, Flore, Adonis, Bacchus, Iris, Pallas, Silvandre, Orphée, Vulcain, et les remplissures obligatoires; cette poésie écœurante ne supporte plus la lecture.

L'édition de 1758, chez les libraires associés, nous donne un fort bon texte de l'Ode à la princesse de Conti; cette ode se trouvait imprimée, quand nous avons pu nous procurer les 5 volumes de 1758, assez recherchés par les bibliophiles, parce que l'auteur dirigea les travaux d'impression; nous prenons acte de la version, tome V, page 116, pour corriger la strophe V de notre édition, ode sixième, page 459; au lieu de :

> Parmi les pièges des méchants,
> Au milieu des glaives tranchants,
> Il ne tremble que pour sa vie,

il faut lire le dernier vers ainsi modifié, et répondant exactement au sens logique de la phrase :

> Il ne tremble point pour sa vie.

De même, page 461 de notre édition, strophe IX, au lieu de :

> Vous qui vers lui, par tant de grâces,

le lecteur lira le vers avec une modification essentielle; le voici :

> Vous que vers lui, par tant de grâces.

Et, puisque nous sommes sur le chapitre, toujours si intéressant, quelquefois très-absorbant, des corrections, il en est une autre que nous voulons faire. Page 480, vers la fin du chapitre, au lieu de lire, à propos des chiffres qui indiquent les notes, « ils sont rigoureusement nécessaires, » le lecteur traduira ainsi : « ils sont rigoureusement indispensables; nul éditeur ne les évitera, c'est un mal nécessaire ! »

Que l'on veuille bien nous pardonner cette préoccupation, qui semblera puérile à beaucoup, mais une édition définitive, qui entre dans une foule de considérations sur les époques, les hommes, les dates, les choses de l'art et de l'esprit, doit être, autant que possible, meilleure que ses devancières; nous ne pouvons fournir que cette excuse à la critique, généralement bienveillante à l'égard des bonnes intentions.

C'est dans les pièces diverses que La Grange s'est montré poëte de jet; la fibre est délicate, le vers chante sans effort et l'envergure de la strophe possède une puissance véritable. — L'Ode à son imprimeur sur la nouvelle édition de ses ouvrages et sur l'utilité de l'imprimerie est un morceau digne d'attention; même après les meilleures odes Philippiques, on lira les strophes suivantes avec satisfaction.

> Ami, dont les soins et la peine
> Immortalisent nos écrits,
> Et dont l'art, plus sûr que la scène,
> Laisse mieux juger de leur prix;
> Sans toi les plus doctes merveilles,
> Fruits tardifs de nos longues veilles,
> Ne dureraient que peu de jours;
> Et comme des fleurs passagères,
> Le temps, sur ses ailes légères,
> Les emporterait pour toujours.
>
> Lorsque, par les soins d'un faux prêtre
> Qu'animait l'enfer en courroux,
> L'art si meurtrier du salpêtre
> Se fut répandu parmi nous,
> Le Ciel, par un présent plus rare,
> Voulut qu'un guerrier moins barbare
> Fît autant de bien aux mortels
> Que l'affreux démon de la guerre
> Fit sentir de maux à la terre
> Par un ministre des autels.
>
> Par cette heureuse découverte,
> Chefs-d'œuvre de l'antiquité
> Dont les savants pleuraient la perte,
> Votre éclat fut ressuscité.

Un livre unique dans le monde
Reçut de la presse féconde
Des essaims de frères jumeaux,
Et pour les lettres fortunées,
L'ouvrage de peu de journées
Valut des siècles de travaux.

Que d'auteurs, que d'écrits célèbres
Dont les noms seuls nous sont connus,
Auraient surmonté les ténèbres
Où le temps les a retenus!
Le fameux chantre de la Thrace,
Par le récit de sa disgrâce,
Charmerait encor l'univers.
Tendres cœurs que l'amour inspire,
Sapho vous prêterait sa lyre
Pour le modèle de vos vers.

Pour moi, dont le dieu du Permesse,
De quelques regards caressants
Daigna dans ma tendre jeunesse
Honorer les travaux naissants,
Plus de ces esprits vénérables
Je vois les restes préférables
A tout ce qui les a suivis,
Moins je puis retenir mes larmes,
Quand je compare à tant de charmes
Ceux que le temps nous a ravis.

Que j'admire le sort d'Athènes,
Qui, pour vaincre en tout ses voisins,
Choisissait ses grands capitaines
Parmi ses doctes écrivains!
Toujours cher aux rives attiques,
Tantôt par leurs chants dramatiques,

Tantôt par leurs travaux guerriers,
Pallas, doublement occupée,
Pour leur lyre et pour leur épée,
N'avait point assez de lauriers !

C'est toi, divine Melpomène,
Qui par d'utiles fictions
Sais purger la nature humaine
De ses injustes passions ;
C'est dans ton école sublime
Qu'un Roi, du sentier légitime,
Apprend à ne point s'égarer,
Et qu'il voit sans voile et sans feinte
Ce que le respect et la crainte
Empêchent de lui déclarer.

Confonds ces auteurs fanatiques,
Qui, n'admirant que les Anglois,
Préfèrent leurs règles gothiques
À la sagesse de tes lois ;
Qui, fuyant les beautés connues
Pour courir embrasser les nues
De l'irrégulière Albion,
Veulent que Paris les encense
Pour des monstres dont la naissance
Fit le supplice d'Ixion.

Ami, si les fruits de ma veine,
Plus convenables à nos mœurs,
Sans les ornements de la scène,
Méritent d'attendrir les cœurs ;
Si, dans le Temple de mémoire,
Je puis espérer quelque gloire
Dont tu veuilles prendre ta part,
Prends soin que l'œil le plus sévère
Trouve de quoi se satisfaire
Dans ce qui dépend de ton art.

> Il ne faut qu'un mot pour un autre
> Pour défigurer un auteur;
> Dans un sens différent du nôtre
> Il jette l'esprit du lecteur.
> Si je n'ai pas l'art de lui plaire,
> Fais que sa critique ordinaire
> Ne s'étende point jusqu'à toi;
> Et ne souffre pas que la presse
> Joigne aux fautes de ma paresse
> Celles qui ne sont pas de moi!

Cette métrique, familière à La Grange, est celle qu'il comprenait et maniait le mieux ; cette strophe, d'ailleurs, est d'une structure admirable ; il n'y a qu'une coupe de quatre vers, deux féminines bien placées après l'exposition, et avant les deux secondes féminines, se trouve la masculine appelant et désignant la chute; nos grands lyriques ont employé ce mode, qui se prête aux images, à l'ampleur, aux chutes retentissantes, et dans lequel le vers déploie toute sa grâce, sa force, allant et venant dans un cadre bien disposé ; nos romantiques n'ont eu garde d'oublier ce dispositif poétique ; — à coup sûr, les mètres français sont nombreux et riches ; leur étude vaudrait mieux que certaines tentatives modernes, plus belliqueuses que rationnelles. — On finira bien par le comprendre.

L'âme du vieux Corneille semble avoir passé dans le monologue de Jugurtha; la poésie est pleine, vibrante; la pensée se meut avec aisance dans la phrase ; et l'on peut dire de ces quelques strophes qu'elles valent toute la tragédie d'où nous les extrayons.

Sceptres, qui rivaux du tonnerre
N'avez à craindre que les dieux,
Et vous qui donnez sur la terre
Le pouvoir qu'ils ont dans les cieux,
Rayons des majestés suprêmes,
Cessez-vous, sacrés diadèmes,
De relever des immortels?
Et si les Rois sont leurs images,
Sont-ils nés pour d'autres hommages
Que ceux qu'ils doivent aux autels?

Allons brûler ce Capitole,
Lieu terrible aux fronts couronnés.
Où l'on n'immole à ton idole
Que des monarques enchaînés;
Où l'on voit tant de noms augustes
Consacrés par tes lois injustes
A des opprobres éternels,
Et tant de nations entières
Servir de pompeuses matières
A tes triomphes criminels.

Abattons les superbes têtes
De ces titans ambitieux,
Qui, de conquêtes en conquêtes,
Veulent s'élever jusqu'aux cieux.
Augmentons les chutes célèbres,
Que leurs jours couverts de ténèbres
Rendent nos jours sereins et clairs,
Et que par un coup de tonnerre
Du feu qui menaçait la terre
Il ne sorte que des éclairs.

Rome, dont l'audace guerrière
Remplit tout de sang et d'horreurs,
N'est-il ni digue, ni barrière,
Qui mette un frein à tes fureurs?

Sitôt que le front d'un monarque
Est digne d'en porter la marque,
Son abaissement est certain,
Et tu cours moins à la victoire
Par l'espoir d'augmenter ta gloire
Que par l'amorce du butin.

J'ai vu tout ce que tes entrailles
Ont produit de chefs renommés,
Vaincu jusque dans tes murailles
Par les trésors que j'ai semés.
Voyons si, prenant d'autres règles,
Pour le choix bruyant de tes aigles
Je n'aurai point un autre écueil,
Et si le fer de notre Afrique
Brisera le joug tyrannique
Que lui destine ton orgueil.

Par l'amour et par la nature
Mon cœur trop longtemps combattu
N'ose, effrayé de leur murmure,
Donner l'essor à sa vertu.
Mais si d'un rival qui m'outrage
Je ne puis fléchir le courage,
Que son sang rougisse mes mains,
Et commence par ces prémices
Les innombrables sacrifices
Que je veux faire des Romains!

Loin de nous la pensée, à coup sûr ridicule, de comparer La Grange à l'auteur du *Cid;* il n'y a pas d'analogie, quelque lointaine qu'on la suppose; et cependant, ce fier langage de Jugurtha, un peu noyé dans l'accessoire, conserve du charme; les imprécations, cette lave brûlante qui circule dans le vers et le rend sublime, ne sont pas dans le tempérament de La Grange; le poëte lyrique ne put jamais atteindre le sommet de l'art tragique; sa forme se brisait au premier obstacle, et ses efforts pour ressaisir le ton élevé, aboutissaient presque toujours à l'énervement, à l'effacement du caractère qu'il étudiait; il ne parvenait pas à renouer le fil brisé d'une action interrompue par un accident littéraire; — en un mot, l'ouvrier manquait des vastes et multiples connaissances qu'exige le style dramatique; outre le don supérieur de poésie, le coup d'ailes altier se renouvelant sans fatigue, le tragique et le dramaturge ont besoin d'être artistes et linguistes; une profonde étude de notre langue, de son génie, de ses ressources, s'impose à ceux-là mêmes que la Muse a baisés au front, — et La Grange manqua de ces qualités de l'ouvrier, que rien ne remplace.

La Grange eut-il conscience du crime de calomnie colporté par ses *Philippiques* contre le Régent? Nous serions porté à le croire, puisque dans l'ode sur les arts, il dit :

> De là sont en foule venues
> Ces coupables productions,
> Que courent former dans les nues
> Nos sacriléges Ixions.
> En vain Thémis et son tonnerre
> S'efforcent d'en purger la terre;
> Rien n'en peut arrêter le cours;
> Et toujours du sein des Harpies
> S'échappent des plumes impies
> Qui font la honte de nos jours!

En vérité, voilà qui s'appelle tirer sur ses propres troupes, ou n'est-ce qu'un changement de front plus habile que sincère? Le poëte a-t-il voulu se dégager adroitement? Peines perdues, M. Chancel de La Grange, car les *Philippiques* resteront accolées à votre nom, en dépit de votre strophe, et votre plume impie n'est pas une des hontes les moins repoussantes d'une époque trop féconde en tableaux de ce genre!

Et cet homme, si violent quand il parlait au nom d'une faction de cour, avait de magnifiques lueurs de raison, et l'instinct du progrès artistique et moral; c'est ainsi que dans l'ode sur les arts, déjà citée, nous trouvons quelques strophes également belles au point de vue de la pensée et de la forme.

> Cependant des esprits célèbres
> Qu'éclairait la divinité,
> Aperçurent dans ces ténèbres
> La source de la vérité.
> C'est de l'école de ces Sages
> Qu'on vit sortir ces grands courages
> Dont les exploits sont inouïs,
> Et qui, prodigues de leur vie,
> Attiraient l'estime et l'envie
> Sur la gloire de leur pays.

> C'est ainsi qu'à chaque victoire
> Qu'ils remportaient dans les hasards,
> Ils joignaient la paisible gloire
> De faire triompher les Arts.
> Le temps eût détruit leurs trophées,
> Si la lyre de leurs Orphées

N'eût vaincu sa légèreté.
Celui dont Thémis fut la mère
Serait, sans la gloire d'Homère,
Comme s'il n'eût jamais été.

Que de talents incomparables
Voit-on briller de toutes parts !
Que de chef-d'œuvres innombrables
Viennent s'offrir à nos regards !
C'est là qu'un Xeuxis, un Apelle,
Un Phidias, un Praxitèle,
Animent le marbre et le bois,
Et qu'un orateur intrépide,
Par son éloquence rapide,
Fit trembler le plus fier des rois.

Peuple, que la paix ni la guerre
Ne cessent point de signaler,
En est-il quelqu'un sur la terre
Qui soit digne de t'égaler ?
Avec quelle magnificence
Marques-tu ta reconnaissance
A tant d'illustres concurrents.
Que le même désir inspire
De réunir, pour ton empire,
Tous leurs mérites différents.

L'un, pour l'attaque d'une ville,
Donne naissance à des travaux,
Qui sont une source fertile
De prodiges toujours nouveaux ;
L'autre, assiégé dans sa patrie,
S'élevant par son industrie
Sur tout le reste des humains,
Détache du flambeau du monde
Des feux qui vont brûler dans l'onde
Toute la flotte des Romains.

Quelle Reine superbe et tendre,
Fille de leurs nobles loisirs,
Aux larmes qu'elle fait répandre
Attache de si doux plaisirs!
Plus dans la pompe de ses fêtes
On voit les fameuses tempêtes
Sous qui le crime est abattu,
Et plus on est forcé de croire
Qu'on n'entre au temple de la gloire
Que par celui de la vertu.

Sagesse immense, mer profonde,
Dont tout reçoit l'être et la loi,
Tu fais bien voir que dans le monde
Rien n'est immuable que toi !
La Grèce, en cessant d'être libre,
Vit porter sur les bords du Tibre,
Par les arts qu'elle avait nourris,
La pompe de ces grands spectacles,
Et de tous les autres miracles
Qui sortirent de ses débris.

C'est là que les beautés d'Athènes,
Ne perdant rien de leur renom,
Ce qui charmait en Démosthènes
Fut admiré dans Cicéron;
C'est là qu'au sommet du Parnasse,
On vit Pindare avec Horace
S'acheminer d'un pas égal;
Et de siècle en siècle on avoue
Qu'Homère eut besoin de Mantoue
Pour trouver un digne rival.

Chantres divins, dont l'harmonie
Dispense l'immortalité,
N'occupez plus votre génie
Des fables de l'antiquité ;

> Célébrez la gloire d'Auguste,
> Jusqu'à rendre un règne si juste
> L'exemple des siècles suivants ;
> On ne voit point de jours sinistres
> Sous un prince dont les ministres
> Sont les Mécènes des savants.
>
> Après la mort de ce grand homme,
> Par quelle étrange nouveauté
> Ne voit-on plus régner dans Rome
> Que des monstres de cruauté ?
> C'est assez d'abhorrer les crimes
> Pour être les promptes victimes
> De ces infâmes souverains.
> Quelles sanglantes catastrophes
> Pourtant de graves philosophes,
> Et de sublimes écrivains !
>
> Ainsi le ciel, dont la colère
> Est toujours lente à s'exercer,
> Prépare la chute exemplaire
> Des trônes qu'il veut renverser.
> Il fait enfin tomber la foudre.
> Du Capitole mis en poudre,
> Tous les honneurs sont effacés ;
> Et tout cède aux forces rustiques
> Des peuples dont les flots Baltiques
> Baignent les rivages glacés.

Il y a dans cette poésie plus que de l'élévation,—elle plane, elle éclaire les horizons de l'histoire. L'école parnassienne ne possède pas cette envergure, moins encore cet acquis philosophique. Une belle strophe ne se compose pas seulement de mots agencés selon une règle mécanique, elle a surtout besoin d'une âme, et l'âme du vers, c'est la pensée !

Quel homme singulier, ce satirique, ce courtisan des factieux qui voulaient ruiner les espérances légitimes du premier prince du sang, Philippe d'Orléans; quel mélange incroyable de platitude et de généreux élans vers le beau, vers la justice! Quelle mystérieuse nature est celle de l'homme! Que de fanges et de lumières dans le limon avec lequel nous sommes pétris!

La Grange fut poëte; il en eut l'ébranlement cérébral et l'ardente passion; son tour de phrase est naturellement poétique, trop souvent guindé, avec ce cortége mythologique qui dépare les œuvres du dix-huitième siècle, et la miévrerie, l'affectation des sentiments amoureux, — rien de hardi, de mâle, peu d'idées sublimes jetées dans une forme achevée, — le terre-à-terre de la littérature bourgeoise, les scènes à effet, qui n'en produisent aucun, la boursouflure du style croyant pallier le vide du discours, et l'éternelle convention théâtrale si terne, si momifiée, sorte de coupe pneumatique où les plus heureux talents ne tardaient pas à mourir. — Voilà notre critique sur l'ensemble.

Où le poëte reparaît avec une sorte d'ampleur incontestable, c'est dans ce passage de l'ode :

> Plus dans la pompe de ses fêtes
> On voit les fameuses tempêtes
> Sous qui le crime est abattu,
> Et plus on est forcé de croire
> Qu'on n'entre au temple de la gloire
> Que par celui de la vertu.

Coupables et responsables, ces écrivains qui, sentant

la vérité avec cette énergie, comprenant ainsi le jeu des événements, osent prostituer leurs plumes aux ambitieux, qui les désavoueront plus tard! Ils y laisseront tout : la réputation d'honneur, la dignité de la vie, la perte des vieilles relations; leur nom sera traîné de siècle en siècle dans les journaux et dans les livres ; il ne restera d'eux qu'un squelette dans un sépulcre blanchi; n'importe, ils vont l'injure à la bouche et le fiel au bout de la plume, ils se jouent des convenances, des engagements les plus sacrés, — la famille elle-même ne les arrête pas, ils violent ce sanctuaire, où nous avons tous une mère, un père, des souvenirs pieux, — ils font bon marché des croyances devant lesquelles l'humanité s'incline avec un respect religieux, — et les puissants meneurs se gorgent dans la coulisse, où les jeunes femmes les enivrent de caresses et de baisers, — et l'homme de peine littéraire, le poëte à gages compromettent leur honneur et leur tête pour servir ces ambitions ! Honte à ceux qui chantent l'amertume des autres, qui salissent les mémoires sur un ordre reçu, et qui font de la calomnie un piédestal à leur réputation!.

La Grange, auteur dramatique, est jugé par Victor Hugo, lettre huitième sur le Rhin :

« En sortant du palais par la grande porte, j'en ai pu contempler la façade actuelle, œuvre glaciale et déclamatoire du désastreux architecte de 1734. On croirait voir une tragédie de La Grange Chancel en marbre et en pierre. »

(*Le Rhin*, Bruxelles. 1842, page 106.)

Les lundistes seront aussi sévères que leur illustre chef de file. Le satirique ne composait pas avec la patience, la méthode pratiquées par Honoré de Balzac, et si bien décrite par Théophile Gautier :

« Sa méthode de procéder était celle-ci : Quand il avait longtemps porté et vécu un sujet, d'une écriture rapide, heurtée, pochée, presque hiéroglyphique, il traçait une espèce de scenario en quelques pages, qu'il envoyait à l'imprimerie, d'où elles revenaient en placards, c'est-à-dire en colonnes isolées au milieu de larges feuilles. Il lisait attentivement ces placards, qui donnaient déjà à son embryon d'œuvre ce caractère impersonnel que n'a pas le manuscrit, et il appliquait à cette ébauche la haute faculté critique qu'il possédait, comme s'il se fût agi d'un autre. Il opérait sur quelque chose; s'approuvant ou se désapprouvant, il maintenait ou se corrigeait, mais surtout ajoutait. Des lignes partant du commencement, du milieu ou de la fin des phrases, se dirigeaient vers les marges, à droite, à gauche, en haut, en bas, conduisant à des développements, à des intercalations, à des incises, à des éphitètes, à des adverbes. Au bout de quelques heures de travail, on eût dit le bouquet d'un feu d'artifice dessiné par un enfant. Du texte primitif partaient des fusées de style qui éclataient de toutes parts. Puis c'étaient des croix simples, des croix recroisetées comme celles du blason, des étoiles, des soleils, des chiffres arabes ou romains, des lettres grecques ou françaises, tous les signes imaginables de renvois qui venaient se mêler aux rayures. Des bandes de papier, collées avec des pains à cacheter, piquées avec des épingles, s'ajoutaient aux marges insuffisantes, zébrées de lignes en fins caractères pour ménager la place, et pleines elles-mêmes de ratures, car la correction à peine faite était déjà corrigée. Le placard imprimé disparaissait presque au milieu de ce grimoire d'apparence cabalistique, que les typographes se passaient de main en main, ne voulant pas faire chacun plus d'une heure de Balzac. »

(Théophile Gautier. Paris, 1861.

Les typographes, aujourd'hui patrons ou hommes de lettres, souriront en relisant cette page, souvenir du travail herculéen que nécessitait cette copie indéchiffrable. La Grange n'appliquait pas cette méthode; il croyait, avec Gautier, que l'improvisation est un signe de force, et, volontiers, il eût dit comme lui : « Un écrivain qu'une idée quelconque, tombant du ciel comme un aérolithe, trouve à court de termes pour l'exprimer, n'est pas un écrivain véritable. » Ce paradoxe littéraire, qui contient une vérité banale, à savoir l'instantanéité de l'expression, sa propriété et sa couleur locales, a fait des ravages dans les rangs des jeunes littérateurs; — ils ont cru, et rien n'est moins démontré, que l'inspiration, la rédaction de jet, sans retouches, sans variantes, constituent le caractère propre de la supériorité; — partant de là, on s'abandonne aux fugues de la plume, on fait peut-être beaucoup de copie, procédé lucratif, mais anti-littéraire par excellence ; — rien ne peut remplacer le travail de lime, le poli du contour, la ciselure des incidentes, et l'attention constante accordée à ces rappels de couleur, comme les désigne si heureusement Théodore de Banville dans son traité prosodique; — les puissants artistes eux-mêmes ont besoin de la réflexion et n'arrivent au sublime que par l'application des règles; nul ne peut s'en abstraire complétement.

Notre langue, à ce moment, n'avait pas encore reçu l'empreinte du romantisme, un siècle devait s'écouler; André Chénier, Lamartine, Sainte-Beuve, de Vigny, Méry, de Musset, Barbier, et le premier de tous, Victor Hugo, n'étaient pas venus; — et ce mouvement, qualifié maintenant de *vieux romantique*, comme si le génie pouvait vieillir, étant immortel de sa nature, a renouvelé les formes poétiques, les mots ont été admis à l'honneur de figurer indistinctement dans la strophe; — les lettres françaises ont reçu leur anoblissement par l'admission de tout le vocabulaire au droit de rendre la pensée, — et, quand nous voyons les bénéficiaires de cette magnifique révolution se retrancher derrière les nécessités actuelles, que nous ne comprenons pas, nous ne pouvons que glorifier et suivre la rénovation littéraire d'*Hernani* et des *Orientales*.

Les poésies diverses de La Grange, les seules bonnes, sont loin de la forme, pure autant qu'élevée, revêtue de nos jours par nos grands poëtes romantiques. Écoutez une musique, où l'idée se trouve à l'aise, et se meut comme un flot, murmurant sur une plage inondée de soleil; — cette citation chante dans notre mémoire; et nous ne pouvons résister à la tentation de l'éloquence :

> Je te salue au seuil sévère du tombeau.
> Va chercher le vrai, toi qui sus trouver le beau.
> Monte l'âpre escalier. Du haut des sombres marches,
> Du noir pont de l'abîme on entrevoit les arches;
> Va! meurs! la dernière heure est le dernier degré.
> Pars, aigle, tu vas voir des gouffres à ton gré :
> Tu vas voir l'absolu, le réel, le sublime.
> Tu vas sentir le vent sinistre de la cime,
> Et l'éblouissement du prodige éternel.
> Ton olympe, tu vas le voir du haut du ciel;
> Tu vas, du haut du vrai, voir l'humaine chimère.
> Même celle de Job, même celle d'Homère,
> Ame, et du haut de Dieu tu vas voir Jéhovah.
> Monte, esprit! Grandis, plane, ouvre tes ailes, va!

(VICTOR HUGO, *sur le tombeau de Th. Gautier.*)

Ces quatorze vers contiennent la poétique nouvelle; — quand une littérature possède un tel morceau, elle peut marcher à la conquête des âges, l'éternité lui est ouverte; et la Gloire, qui s'assied avec plaisir sur les monuments funéraires, secoue ses fleurs sur l'œuvre des vivants; — et l'auréole est dès maintenant visible sur le front de Victor Hugo. La victoire nous reste : l'école classique est vaincue; l'esprit géant a fait trois pas, et il a rempli l'immensité!

Théodore de Banville, écrivant avec un stylet d'or sur une table d'airain, pourrait adresser à notre Maître

Victor Hugo les rhythmes ailés qu'il consacrait à Gautier :

> Et toi, monstre qui passes
> A travers les espaces,
> Usant ton sabot sur
>   Les cieux d'azur.
>
> Cheval aux ailes blanches
> Comme les avalanches !
> Tu prenais ton vol, l'œil
>   Ivre d'orgueil,
>
> Quand sa main blanche et nue
> T'empoignait sous la nue,
> Ainsi que tu le veux,
>   Par les cheveux.
>
> Mais, ô déesses pures,
> Ornez vos chevelures
> De couronnes de fleurs ;
>   Séchez vos pleurs !
>
> Car le divin poëte
> Que votre voix regrette
> Va sortir du tombeau,
>   Joyeux et beau.
>
> Les Odes qu'il fit naître
> Lui redonneront l'être
> A leur tour, et feront
>   Croitre à son front
>
> Victorieux de l'ombre
> L'illustre laurier sombre
> Que rien ne peut faner,
>   Ni profaner.

Toujours parmi les hommes,
Sur la terre où nous sommes,
Il restera vivant,
   Maître savant

De l'Ode cadencée,
Et sa noble pensée
Que notre âge adora,
   Joyeuse, aura

Pour voler sur les lèvres
Que brûleront les fièvres
De notre humanité,
   L'éternité !

       (Théodore de Banville, jeudi
       7 novembre 1872.)

Nous n'avons aucune indulgence à réclamer auprès du lecteur pour cette double citation ; on a compris que nous voulions présenter la poésie romantique sous son aspect multiple, forme et fond, lyrisme et pensée, vol d'aigle et roucoulement de colombes, lys majestueux et simple bouton d'or des vallées, grondement du tonnerre et symphonie des mondes aériens, plainte de l'âme et recherches de la conscience, aspiration et souvenir, enthousiasme et rêverie, vibrations du cœur et plaintes inarticulées, toute la gamme des sentiments, toute la filiation des idées, tout l'homme pris dans son action, son désir de connaître, son désespoir et sa révolte contre la réalité ! Le romantisme nous a guidés vers les nouveaux rivages ; son génie est celui de l'humanité, avec ses élancements vers l'infini, avec ses colères contre la vie quotidienne, avec sa transfiguration sur les cimes de l'idéal, avec sa prière vers l'inconnu, — la contemplation de la nature : le brin d'herbe, l'étoile, la fleur, le météore flamboyant, cette autre fleur des cieux, le golfe azuré, l'Océan en courroux, la nuit sombre, le matin vermeil, le sentier des bois, les voix de la solitude, extases et bonheurs, espérances et consolations, harmonies et mystères, — l'épanouissement de l'amour dans le cœur de la femme, le recueillement de l'esprit dans les sanctuaires de la science, sa marche vers le progrès, le beau, la justice, la fraternité, Dieu!

Est-ce que l'ancienne poésie éclairait un pareil développement de nos facultés ? Quel est le poëte qui nous a parlé autrefois cette langue si abondante en philosophie, si riche en préceptes moraux, religion des intelligences supérieures, parce qu'elle embrasse les domaines les plus étendus de l'art et qu'elle ouvre les plus vastes perspectives, les méditations les plus hautes ? La langue romantique seule a fait ce miracle. La Grange et les classiques ne la connurent pas; — notre siècle lui doit son éducation!

Hugo, avec l'éternelle prescience du genie, explique, dans une page peu connue, écrite en 1830, au plus fort de la lutte, le caractère intime du romantisme : « Ce mouvement n'est qu'une conséquence naturelle, qu'un corollaire immédiat de notre grand mouvement social de 1789. C'est le principe de liberté qui, après s'être établi dans l'État et y avoir changé la face de toute chose, poursuit sa marche, passe du monde matériel au monde intellectuel, et vient renouveler l'art comme il a renouvelé la société, cette régénération, comme l'autre, est générale, universelle, irrésistible. Elle s'adresse à tout, réédifie tout, refait à la fois l'ensemble et le détail, rayonne en tous sens et chemine en toutes voies. Or, — pour n'envisager ici que cette particularité, — par cela même qu'elle est complète, la révolution de l'art a eu ses cauchemars, comme la révolution politique a eu ses échafauds. Cela est fatal. Il faut les uns après les madrigaux de Dorat, comme il fallait les autres après les petits soupers de Louis XV. Les esprits, affadis par la comédie en paniers et l'élégie en pleureuses, avaient besoin de secousses, et de secousses fortes. Cette soif d'émotions violentes, de beaux et sombres génies sont venus de nos jours la satisfaire. Et il ne faut pas leur en vouloir d'avoir jeté dans vos âmes tant de sinistres imaginations, tant de rêves horribles, tant de visions sanglantes. Qu'y pouvaient-ils faire ? Ces hommes qui vous paraissent si fantasques et si désordonnés, ont obéi à une loi de leur nature et de leur siècle. Leur littérature, si capricieuse qu'elle semble et qu'elle soit, n'est pas un des résultats les moins nécessaires du principe de liberté, qui désormais gouverne et régit tout d'en haut, même le génie. C'est de la fantaisie, soit ; mais il y a une logique dans cette fantaisie. »

(HUGO, 1830, *Lettre aux éditeurs de Doralle.*)

Et cette fantaisie est devenue la loi de l'art, et la

liberté littéraire s'est implantée dans nos mœurs, avec la liberté politique, que nous poursuivons encore dans ses applications, mais qui viendra couronner l'œuvre issue de la Révolution : l'Art libre dans l'État libre !

Dès notre première ligne, nous avons tenu à déployer notre drapeau, et nous l'avons fait en rendant hommage à celui qui n'a cessé de combattre pour le progrès des lettres et la dignité de l'écrivain.

> Je suis fils d'Hernani, mon vers est romantique
> Et je mets ta statue au seuil du grand portique
> Où, depuis cinquante ans, ton œuvre souverain
> Abreuve les esprits ! O penseur, que d'insultes
> Rejaillirent sur toi, — que de rages occultes !
> Et ton nom cependant s'incrustait dans l'airain !
>
> Ton écrin contient l'or, la perle, la topaze.
> Le saphir, l'émeraude, et le voile de gaze
> Dont se revêt l'aurore aux portes d'Orient ;
> Tantôt c'est Juvénal, puis la flûte argentine.
> Quelque charmant tableau d'école florentine.
> Ta malédiction près d'un vers souriant [1] !

Parfois le voyageur qui explore le désert se trouve face à face avec un royal et formidable passant, qui re-

---

[1] *La Sémiramis ailée*, poésie, avec une lettre de Victor Hugo appréciant la voluptueuse Babylonienne sous le double aspect du tyran et de la femme, — eau-forte d'Émile Hébert, sculpteur, auteur du buste si remarqué au foyer de l'Odéon, nous rendant un Balzac plein de vie et de pensées, — traduisant avec toute l'élégance d'une pointe exercée la fascinante Reine nourrie par des colombes !

Tiré à petit nombre, papier teinté, 2 francs ; — papier Hollande,

vient de la source voisine, ou qui arpente majestueusement la solitude ; — une double supériorité rehausse encore ce fauve : le calme et la puissance, — de cette conscience résultent l'empire sur soi-même, le dédain motivé, — et le lion fixe l'homme sans ostentation, sans courroux, et ces deux étincelles se croisent, se heurtent, sans amener une catastrophe. Le lion et l'homme se regardent et continuent leur chemin, peut-être aussi émus l'un que l'autre, — le lion de l'audace de l'homme, et celui-ci de la fière clémence avec laquelle on accueille sa témérité !

C'est ainsi que notre critique, occupée à disséquer l'œuvre d'un auteur de second ordre, est subitement placée devant la personnalité sardonique et persifleuse la plus haute du dix-huitième siècle, Voltaire. Nous ne déclinons pas la tâche qui nous incombe ; il y va d'un avantage supérieur aux craintes puériles ou trop fondées, la vérité en tout ordre de choses, la justice appliquée au grand seigneur de lettres du siècle philosophique.

Pourquoi ces deux hommes qui eurent un talent satirique si prononcé, restèrent-ils des ennemis ! La Grange, relevons-le dès ce moment, avait salué le suc-

---

couverture parchemin, 10 francs ; — ce livre, véritable bijou typographique, carte de visite déposée chez les bibliophiles et les amateurs, est en vente depuis novembre 1875. — Il reste quelques tirages de luxe sur Hollande, numérotés et paraphés. — Adolphe Mouveau et G. Levesque, libraires-éditeurs, 20, avenue du Maine.
(*Note des éditeurs.*)

cès d'*Œdipe* en 1718; cet esprit, si peu fait pour la louange, sec et dur même quand il croyait se montrer agréable, ne put réfréner son indépendance, — son indomptable manie de critique perça sous les fleurs de l'épître. Voltaire, jeune alors, étroitement circonvenu par les femmes et les courtisans, se renferma dans un dédaigneux silence. Établissons la situation et donnons quelques dates; — une date est un jalon souvent précieux.

Voltaire, né le 20 février 1694, avait vingt-quatre ans en 1718, lors de la première représentation d'*Œdipe*; La Grange, né le 1ᵉʳ janvier 1677, avait quarante-et-un ans à cette même époque. — Voltaire mourut le 30 mai 1778, à l'âge de quatre-vingt-quatre ans, et La Grange le 29 décembre 1758, à quatre-vingt-un ans; — voilà les deux existences les plus longues et les plus accidentées que nous connaissions; les lettres françaises, avant la Révolution, n'offrent pas d'autres exemples de cette nature.

Voltaire vécut vingt ans après La Grange; sa gloire remplissait l'Europe; Catherine de Russie et Frédéric de Prusse consultaient cet homme universel dont la facilité de plume et l'abondance de parole n'avaient d'égales que l'orgueil du caractère, mal déguisé sous une feinte bonhomie et un abord souriant; — la griffe, de temps à autre, se montrait sous la patte de velours; le rictus diabolique faisait grimacer la figure, car il y eut toujours chez Voltaire quelque chose de fauve et de méphistophélique.

Allons à la source et disons quel fut le seul, le véritable grief de Voltaire contre La Grange. La plupart de ceux qui déchirent encore l'auteur des *Philippiques* avec les phrases venimeuses de Voltaire ne savent pas qu'à l'origine de la brouille une question de rimes vint aigrir ces deux esprits si pointilleux, et si enclins à verser dans l'ornière des passions violentes.

Voltaire et Boileau, pour ne citer que ces deux classiques, n'eurent pas la fibre musicale de la rime fort exercée; M. Théodore de Banville est sans doute le premier qui ait osé le dire, et nous le répétons avec bonheur, non par amour de la singularité, mais pour rompre une bonne fois avec les opinions imposées par la tradition.

Oser prendre à partie une rime et faire allusion à ce goût des relations mélangées qui le distingua toujours, c'était commettre un crime que Voltaire ne pardonnait pas très-facilement; en perçant le côté faible de l'homme, on se faisait un ennemi de l'écrivain; La Grange le comprit trop tard, ou céda à la tentation maladive de la taquinerie, circonstance qui étonnera peu les observateurs. S'il se fût placé au-dessus de la rancune, tout en marquant sa contrariété par une pointe, — elles lui étaient si familières! — Voltaire eût prouvé sa grande supériorité sur le pamphlétaire; — mais, d'où qu'elles vinssent, les flèches avaient la faculté d'irriter profondément l'ami des monarques et le flatteur des favorites; nous le verrons surabondamment.

Le ton du poëte s'adressant à l'heureux auteur d'Œ-

dipe est empreint de cette morgue et de cette raideur de style qui rendent si pénible la lecture du théâtre de cette époque, et nous n'en exceptons pas un nombre considérable de pièces appartenant à d'illustres auteurs, Voltaire lui-même, car dans les cinquante ouvrages écrits pour la scène, il en est au moins quarante que personne ne voudrait relire aujourd'hui ; les tragédies, comédies, opéra-buffa, opéra-comique, constituent un fonds que les hommes du métier ont cessé de consulter. Toutes ces conventions, ces fougueuses passions rendues en lourds alexandrins, froidement alignés dans la tirade comme les ifs de Le Nôtre dans les solennelles avenues du parc de Versailles, — cette rhétorique, ce parti pris ne rentreront plus dans le cadre de l'art théâtral.

Voltaire avait plus de lettres que La Grange, — son instinct du style était plus vivace, — il répandait plus de vie, d'images, de mouvements, de mots caractéristiques dans le dialogue; il éclairait davantage les caractères; les passions se développaient sur un plan moins banal, et l'on sentait l'homme, le roi ou la reine, le ministre ou le serviteur dans le langage rhythmé. La Grange jetait dans un moule les sentiments que le premier venu pouvait ressentir. Voltaire étudiait les sujets; son analyse philosophique, jointe à une langue plus sonore, travaillée par un habile artiste, son agencement des scènes, le rendirent prédominant au théâtre, comme il le fut plus tard dans le roman, dans l'histoire; dans le conte, dans la poésie légère ; nous ne parlons pas de la poésie épique, — ces drames fabuleux charment l'imagination exubérante des peuples enfants; ils bercent les douleurs inhérentes à l'enfantement social; ils ont souvent le glorieux avantage de transmettre l'idiome national à la postérité la plus reculée, — mais les récits épiques sont devenus impossibles avec nos méthodes critiques, avec le libre-examen, les progrès de la science, et cette désillusion curieuse et observatrice qui est la marque des intelligences contemporaines. La *Henriade* de Voltaire n'est pas une action épique; le siècle encyclopédiste ne pouvait pas enfanter une œuvre de ce genre, et le nôtre moins encore. L'art épique a vécu. Personne ne ressuscitera les âges de foi; et nous sommes de ceux qui, tout en les appréciant, en leur rendant justice, en leur tenant compte des progrès réalisés, ne les regrettent pas. La science vaut bien le dogme; l'analyse personnelle vaut bien la version inquisitoriale de la caste!

Voltaire, qui fut le plus acharné, le plus intrépide discuteur de son temps, ne répondit pas à l'épître de La Grange; la clef de ce mystère se trouve dans les vers suivants :

> C'est une gloire due à la fleur de tes ans;
> C'est à toi de monter alors que je descends.
> Mais souffre au zèle ardent qui pour toi m'intéresse,
> Que du peu que je sais j'instruise ta jeunesse;
> Et que, par ces leçons, ton esprit avisé
> Évite les écueils où je me suis brisé!

Ce début n'était pas fait pour amadouer un écrivain

ambitieux, tourmenté d'une soif de gloire qui ne s'éteignit jamais; la domination est le propre de l'homme qui a une confiance illimitée en son talent, — et Voltaire ne brillait pas précisément par la modestie, cet aveu tacite d'impuissance, selon les uns, cette pierre de touche du vrai mérite, selon les autres; — ces premiers vers ne pouvaient que blesser l'auteur acclamé qui posait sur la scène un pied déjà si victorieux.

Mais l'emportement ne dut pas connaître de bornes aux vers suivants :

> Il ne t'appartient pas, pour tes premières veilles,
> De vouloir réformer nos yeux et nos oreilles.
> Jamais un écrivain, habile dans son art,
> Ne fit rimer les mots de *char* et de *rempart*,
> Et de *frein* avec *rien*. Tu n'as point d'éloquence
> Qui fasse tolérer l'horrible dissonnance ;
> Ne crois pas, Arouet, que ce soit sans dessein
> Qu'à la raison trop vague on crut devoir un frein :
> Puisqu'on voit tous les jours, à l'abri de la rime,
> Briller des sentiments qui n'ont rien de sublime,
> Lorsque d'autres plus beaux, quoique bien exprimés,
> Ne frapperont pas tant, s'ils sont plus mal rimés.
> La rime dans les vers, dans l'homme la jeunesse,
> Sont deux charmants défauts qu'on aimera sans cesse.

. . . .
. . . .

Afin de fournir une leçon prosodique complète, — et le cas était puéril, avouons-le, — La Grange pousse la méchanceté jusqu'à faire rimer ce mot *frein* dont il vient de critiquer l'emploi ; — et lui-même n'a pas une rime pleine, puisqu'elle manque de la consonne d'appui exigée par l'école romantique.

Il faudrait connaître bien peu Voltaire pour ne pas admettre son ressentiment contre l'audacieux précepteur; il est vrai, le ton change après cette mercuriale, mais le coup est porté. Voltaire était de ceux qui infligent des leçons et n'en reçoivent jamais, aussi les palliatifs ne sont ici que pour la forme :

> Tout censeur qui s'arrête à ces légers défauts,
> Te fait connaître assez qu'il sent ce que tu vaux ;
> Et loin qu'à l'amitié ce reproche déroge,
> Te censurer ainsi, c'est faire ton éloge.
> Car enfin, nos destins ont un rapport si grand,
> Que je ne puis te voir d'un œil indifférent.
> Nous avons l'un et l'autre attiré sur nos têtes
> Tout ce que peut l'envie assembler de tempêtes :
> De nos crimes pareils les récits odieux,
> Dans leur vivante image ont irrité les Dieux ;
> Et je serais fâché qu'aucun sujet de plainte
> Rallumât contre toi leur foudre mal éteinte.

Ces exhortations partent d'un bon naturel, M. La Grange, et vous le croyez si bien que vous allez critiquer ensuite la dignité de conduite et la vie privée de votre jeune rival. Poëte imprudent que vous êtes ! Vous tenez un langage austère, vous blâmez, et les lauriers du succès ceignent le front de l'auteur d'*Œdipe !*

> Trop lâche adulateur ou censeur trop farouche,
> Ne va point chez les grands prodiguer tes écrits :
> L'un excite leur haine et l'autre leur mépris.

> Tu sais que dans tout temps les sages leur reprochent
> D'être des feux brûlants pour ceux qui les approchent.
> A les voir d'un peu loin, on en est éclairé;
> A les voir de trop près, on en est dévoré.
> Surtout, pour ton repos, ne va point t'introduire
> Chez tout grand possédé de la fureur d'écrire,
> Qui, pour être applaudi, novice dans ton art,
> De ses minces travaux viendrait te faire part;
> Tyrans de Syracuse, il faut sur ces matières
> Vous élever au ciel, ou descendre aux carrières!

Non content de se faire un mortel ennemi de Voltaire, La Grange trouve ici le moyen de blesser le duc de La Force, poëte par procuration, plagiaire sans vergogne, homme sans honneur que le Parlement dut admonester d'une façon exemplaire, conscience vendue au Régent, le dernier et le plus vil des courtisans, et d'autant plus à craindre que sa nature était un composé d'infamies et de bassesses!

Les vers que l'on vient de lire, véritable fer rouge appliqué sur l'ignorante sottise du duc de La Force, furent le point de départ des persécutions; le grand seigneur, quoique chassé du conseil de la Régence, conservait assez de crédit pour faire tuer un innocent soupçonné d'avoir écrit les *Philippiques*. — La Grange ne sut rien ménager, ni la haine des autres, ni la sienne!

La fin de l'épître est sifflante, sous le couvert hypocrite d'un conseil désintéressé; on ne pouvait pas dire méchamment de cruelles vérités avec plus d'art et plus d'heureuses transitions; — le sang-froid implacable du

satirique perce à chaque hémistiche, aveugle qui ne
saurait le distinguer :

> Pour tout le reste, ami, moins facile et moins rare,
> Tu dois de ton commerce être un peu plus avare.
> Qui se donne à notre art, s'y doit donner entier;
> Qui tourne ailleurs ses pas, quitte le vrai sentier.
> Dans le champ des horreurs d'Œdipe et de Jocaste.
> En vain ton premier vol n'a rien vu de trop vaste,
> Plus par leurs longs malheurs, heureusement tracés,
> L'un et l'autre Sophocle ont été surpassés,
> Plus tu couvres ton nom d'une tache éternelle,
> Si, pour de vains plaisirs, à ta gloire infidèle,
> Tu souffres qu'aujourd'hui leur souffle empoisonné
> Éteigne le beau feu qu'Apollon t'a donné.
>
> (1758, tome V, p. 215 à 220.)

Deux puissants, Voltaire dans le monde des lettres, le théâtre, les ministères, les coulisses de Ruelles, — La Force dans les sphères officielles, au Palais-Royal, à Saint-Cloud, auprès de la duchesse de Berry, ou par les amis que son immense et scandaleuse fortune avait rattachés auprès de lui, — voilà ce que La Grange rencontra sans cesse de 1718 à 1758, c'est-à-dire pendant quarante années d'exils, de souffrances, sans compter les calomnies posthumes qui se donnèrent libre carrière. Voilà ce qui fit écrire à Voltaire, dans son épître à d'Alembert :

> Mais ne pardonnons pas à ces folliculaires,
> De libelles affreux, écrivains téméraires,
> Aux stances de La Grange, aux couplets de Rousseau,
> Que Mégère en courroux tira de son cerveau.

Et, comme si le trait ne faisait pas une assez profonde blessure, Voltaire ajoute en note ces mots martelés par le souvenir persistant des critiques de 1718 : « Les *Philippiques* de La Grange et les couplets de Rousseau passèrent assez longtemps pour être écrits avec force et enthousiasme ; mais les esprits bien faits et les gens de bon goût ne s'y sont jamais laissé tromper. En effet, ôtez les injures, il ne reste rien. Le succès ne fut dû qu'à la malignité humaine. Mais quel succès qui conduisit La Grange en prison, et le portrait de Rousseau à la Grève ! La Grange était le plus coupable des deux, sans contredit ; mais le duc d'Orléans, Régent, eut encore plus de clémence que La Grange n'avait eu de folie. »

(Paris, Jules Didot aîné, 1828, p. 1075.)

On ne nous accusera pas de taire les appréciations sévères qui ont atteint l'œuvre que nous rééditons ; — c'est le devoir du commentateur de préparer les jalons et de réunir les matériaux ; la critique viendra plus tard ; rien n'échappe à son contrôle ; la presse exerce sur les productions de l'esprit une salutaire influence. La discussion ouvre le champ libre à tous les progrès.

Avait-il bien le droit, Voltaire, de se montrer irrité des conseils de La Grange touchant les relations du poëte avec les grands ? Nous croyons que son emportement fut irréfléchi ; et, quoique l'auteur des strophes contre le Régent de France n'eût pas l'autorité morale nécessaire, puisqu'il avait prostitué son talent à Sceaux, où régnait la faction du Maine, Voltaire dépassa en violences, en calomnies, en brigues peu dignes de son caractère, les torts qu'avait endossés La Grange en faisant une allusion aux visites qu'il pouvait rendre et recevoir. Une telle vengeance est indigne d'un homme de génie, fût-il l'ami d'un philosophe couronné, le décrasseur ordinaire de ses hémistiches royaux ! Il faut le dire, Voltaire flagorna tout le monde, Philippe d'Orléans et ses maîtresses, le cardinal Dubois, les ministres en situation de lui être agréables, Louis XV, les créatures qui aspiraient aux faveurs royales, et surtout la Pompadour.

Une lettre à Damilaville reste dans la correspondance de Voltaire comme preuve de cet attachement; il va jusqu'à dire : « Comptez que les vrais gens de lettres, les vrais philosophes, doivent regretter Madame de Pompadour. Elle pensait comme il faut; personne ne le sait mieux que moi. On a fait, en vérité, une grande perte. » — Un membre de phrase est accablant dans cette lettre; la pudeur, à défaut d'autre sentiment plus noble, eût dû retenir la plume du libre-penseur; l'histoire sait qu'effectivement personne ne connaissait mieux que lui la Pompadour, — mais il y a trop de cynisme à l'avouer aussi crûment. Cette femme put se croire le tutélaire génie de la Monarchie en se voyant adulée par les hommes que l'Europe tenait en estime au point de vue de leur science, — et la Monarchie, entrait précisément dans la période critique qui devait l'abattre comme forme gouvernementale ! — Cette favorite si mielleuse et si arrogante, selon les circonstances et selon les personnages, n'avait-elle pas reçu une communication officielle de l'autoritaire Marie-Thérèse, et ce billet ne parlait-il pas de *chère cousine?* Un compliment impérial à la Pompadour, une génuflexion de Voltaire devant la maîtresse du Roy, — voilà toute la femme et les germes de son orgueil, de cette puissance de fer qui brisait les ministres et se faufilait même dans les chancelleries européennes. — Mais un billet de Marie-Thérèse à l'impudique servante du palais, voilà le comble! Comme on reconnaît bien là la célèbre théorie des accommodements!

L'œuvre de Voltaire a gardé les traces de ces condamnables promiscuités; d'ailleurs, le courtisan qui pliait son échine au point de porter une clef de chambellan dans le dos, à la cour du roi de Prusse, était capable d'encenser une impure haut placée; — en 1750, chargé par elle de présenter ses respects à Frédéric, il rendait ainsi compte de sa mission :

> Dans ces lieux jadis peu connus,
> Beaux lieux aujourd'hui devenus
> Dignes d'éternelle mémoire,
> Vos compliments sont parvenus;
> Vos myrtes sont dans cet asile
> Avec les lauriers confondus;
> J'ai l'honneur, de la part d'Achille,
> De rendre grâces à Vénus.

Nous détestons cordialement la mythologie et l'abus que les poëtes en ont fait, mais notre répulsion serait plus grande encore, si les dieux de l'Olympe descendaient parmi nous sous des figures aussi peu recommandables que la Vénus de Voltaire!

Le poëte de la décadence, — car Voltaire ne fut pas autre chose, — s'oublia complétement; — la voyant un jour dessiner une tête, il écrivit :

> Pompadour, ton crayon divin
> Devait dessiner ton visage;
> Jamais une plus belle main
> N'aurait fait un plus bel ouvrage.

Et ailleurs, avec un arrière-goût qui fait songer aux divertissements de Paphos :

> Ne pourrai-je me consoler,
> Et voir Vénus à sa toilette?

Quelle Vénus, M. de Voltaire? Il est vraiment dommage que votre siècle ne connût pas la sémillante Vénus Hottentote; cette rare beauté eût été digne d'occuper le royal ennuyé du Parc-aux-Cerfs!

Encore une citation, et l'on nous accordera que Voltaire poussa la flatterie à ses limites extrêmes; à moins de rester des heures et des jours dans une attitude prosternée, à l'exemple de quelques orientaux, on ne peut pas aller plus loin. — En 1747, à cinquante-trois ans, alors que nous aurions pu le croire très-absorbé par sa controverse avec les jésuites, ayant été reçu à Étioles, le poëte courtisan remercia la propriétaire du château :

> Sincère et tendre Pompadour,
> Car je peux vous donner d'avance
> Ce nom qui rime avec l'Amour,
> Et qui sera bientôt le plus beau nom de France ;
> Ce Tokai dont votre Excellence
> Dans Étiole me régala,
> N'a-t-il pas quelque ressemblance
> Avec le roi qui le donna ?
> Il est, comme lui, sans mélange :
> Il unit, comme lui, la force et la douceur,
> Plaît aux yeux, enchante le cœur,
> Fait du bien et jamais ne change.

L'homme philosophique fut supérieur à l'homme proprement dit ; — nous en tirons vanité, car le Voltaire personnel avec ses abandons et ses flatteries, avec ses conspirations du silence contre ses ennemis, ou ceux qu'il croyait tels, — cet homme ne nous inspire aucune sympathie.

Ce que nous préférons, c'est Voltaire à Ferney, d'après la peinture de M. Desnoiresterres ; le vaillant défenseur des infortunes, l'apôtre des revendications, la voix éloquente toujours prête à tonner contre l'abus et le crime. Pourquoi citer Calas, les époux Montbailly, le chevalier de La Barre, décapité avant d'être brûlé, et d'Etalonde, qui avait quitté la France dès la dénonciation, le comte de Lally, le comte de Morangiés, et autres !

Ce Voltaire, ami de l'humanité, valait mieux que l'homme de lettres froissé, ne pardonnant pas à La Grange ; — le travail anti-ultramontain de Voltaire a immortalisé son nom; le philosophe restera, le poëte ne supporte plus la lecture.

Les responsabilités, distribuées par l'histoire, doivent aller à Voltaire comme le rayon d'aurore traverse les infinis; ce sceptique, grand seigneur, pessimiste par genre, oublia le devoir, et, historien par nature, connaissant l'inflexibilité des jugements ratifiés par les siècles, il jeta de la boue au front d'une jeune fille, héroïne et martyre, courageuse et inspirée, sortant du village et entraînant la noblesse française. Ce poëme, que le patriotisme réprouve, que l'esprit rejette, que l'âme désavoue, est une des monstruosités de ce siècle, qui devait guillotiner ses rois après s'être incliné devant leurs turpitudes et leurs abus de pouvoir.

Ce roman, auquel la Muse prêta sa complicité, est apprécié par Victor Hugo, *les Rayons et les Ombres* :

> Plein de ces chants honteux, dégoût de la mémoire,
> Un vieux livre est là-haut sur une vieille armoire,
> Par quelque vil passant dans cette ombre oublié,
> Roman du dernier siècle! œuvre d'ignominie!
> Voltaire alors régnait, ce singe de génie,
> Chez l'homme en mission par le diable envoyé.
>
> Hélas! si ta main chaste ouvrait ce livre infâme,
> Tu sentirais soudain Dieu mourir dans ton âme,
> Ce soir tu pencherais ton front triste et boudeur
> Pour voir passer au loin dans quelque verte allée
> Les chars étincelants à la roue étoilée,
> Et demain tu rirais à la sainte pudeur!
>
> Sois pure sous les cieux! Comme l'onde et l'aurore,
> Comme le joyeux nid, comme la tour sonore,

Comme la gerbe blonde, amour du moissonneur ;
Comme l'astre incliné, comme la fleur penchante,
Comme tout ce qui rit, comme tout ce qui chante,
Comme tout ce qui dort dans la paix du Seigneur !

La Grange calomnia un prince ; — Voltaire commit le même crime envers la France, envers une courageuse enfant, sans relations et sans lettres, n'ayant pour toute inspiration que ses *voix*, n'écoutant que son âme, ses résolutions viriles, son éloquence simple et sa confiance en Dieu !

La gloire philosophique ne peut absoudre ce crime ; Voltaire fut coupable et le comprit, circonstance aggravante ! La *Pucelle* chassa l'étranger, fit sacrer son Roy à Rheims, rendit le courage aux capitaines et aux soldats, et accomplit l'œuvre devant lequel ont reculé depuis des généraux et des armées régulières !

Aussi, tant que notre langue sera parlée, tant qu'on lira les romans versifiés du dix-huitième siècle, une protestation générale atteindra Voltaire, ce poëte qui osa flétrir l'ange de la Patrie, le combattant inspiré, la douce et charmante paysanne, — portant la cotte de mailles, le casque, la lance et le gantelet, vestue d'estoc et de taille, brassardée et cuissardée, pour courir bravement sus aux mescréants estrangiers, qui respandoient moult opprobres, malversations, dangiers et ruines dans le royaulme, — la figure la plus haute, la plus pure, la plus rayonnante de notre histoire, la vierge-héros, Jehanne d'Arc !

La Grange fut moins cynique, moins railleur que

Voltaire ; — il vaut mieux attaquer une personne qu'une nation ; — le Régent pouvait se défendre, la libératrice du territoire, Jehanne la chaste et la vaillante, avait péri sur le bûcher de Rouen !

> *Lo duca ed io per quel cammino ascoso*
> *Entrammo per tornar nel chiaro mondo.*
>
> (*Dante*, chant XXXIV, v. 133 et 134.)

Mon guide et moi entrâmes dans ce sentier caché pour retourner au monde lumineux.

Enfin, nous sommes parvenus aux derniers mots sur La Grange, les conclusions finales.

Caractère aigri de bonne heure, ambitieux par calcul plutôt que par tempérament, l'auteur des *Philippiques* s'attacha aux factions de Sceaux et de Versailles, — il perdit l'usage de son libre arbitre, il calomnia Philippe d'Orléans comme il l'eût absous et glorifié, sans conviction, sans générosité, sans intentions personnelles, endossant une responsabilité effrayante, qu'il est urgent de partager avec les inspirateurs aristocratiques de sa conduite et de sa plume.

Coupable néanmoins, puisqu'il se prêtait à de semblables mutilations de la renommée princière, et, comme tel, justiciable de l'opinion d'alors et d'aujourd'hui.

La Grange, ainsi ballotté entre sa conscience et ses commettants, ne fut qu'un poëte de second ordre ; son théâtre ne vaut rien, ses cantates n'ont aucune abondance, aucun lyrisme, ses pièces légères seules, — et encore en petit nombre, — conservent un reflet du génie poétique ; et La Grange qui, avec l'étude, de la persévérance, de la dignité, la fierté excusable chez un écrivain de talent, eût dominé un siècle, partagé entre les femmes et les idées spéculatives, n'a rien laissé que ses *Philippiques*, des strophes où manque l'énergie personnelle et la conviction d'une conscience !

Ni empoisonneur, ni incestueux, tel est le Régent de la critique historique ; — et, nous le demandons, pour atteindre un pareil but, était-il nécessaire d'émotionner l'opinion de l'Europe et de faire couler un torrent de larmes ? — La forme persiste, mais le fond est un objet de risée, même pour les légitimistes, ces ennemis de 1793 et de 1830, Philippe-Égalité et Louis-Philippe Ier.

L'exil seigneurial de Ferney mit Voltaire en relations avec tous les personnages de l'Europe ; l'orgueil l'y retint plus que les rigueurs de Versailles ; le poëte rentra à Paris pour mourir, mécontent de lui-même, du public, de ses amis, ne sachant guère quelle fin léguer à l'histoire. En attaquant le Régent, La Grange risqua sa tête ; en salissant l'héroïne d'Orléans, Voltaire n'eut en face de lui qu'une mémoire, qu'il ne sut ni respecter, ni glorifier !

La Grange, — et c'est notre dernier mot, — chanta l'amertume des factions ; là fut son crime, et rien ne peut l'excuser !

VI

Bibliographie des Philippiques.

Avant d'énumérer les éditions imprimées, il est nécessaire, urgent à notre sens, de s'étendre sur les innombrables manuscrits qui eurent cours au siècle dernier dans les ruelles et qui se fixèrent dans les bibliothèques nobiliaires, où beaucoup sont restés, perdus ainsi pour l'œuvre générale de La Grange et le travail critique moderne;—le bon vouloir de quelques hommes consciencieux pourrait éclairer l'histoire bibliographique sur ce point;— nous le souhaitons plus que nous ne l'espérons; les passions, les haines de parti ont aveuglé les détenteurs de ces copies manuscrites; ils devraient comprendre cependant que ces soustractions intellectuelles sont un anachronisme à l'époque où nous vivons; le verdict sera rendu sévèrement, et leur abstention ne produira qu'une chose : le retrait des circonstances atténuantes en faveur des personnages illustres qu'ils croient soustraire à l'opinion publique! La lumière doit se faire; elle se fera pleine, entière, éblouissante, et les détenteurs nobiliaires en seront pour leurs frais de rancunes; la presse passe là-dessus; sa grande voix retentit dans les deux mondes, d'autant plus impérative et concluante qu'on a voulu mettre une barrière à ses investigations. Philippe d'Orléans et la Régence, — Dubois et son milieu de corruption, — La Grange et ses calomnies, avec ses patrons titrés, — Voltaire et ses fautes courtisanesques, seront jugés, et nous connaîtrons enfin ceux qui rappelleront d'une sentence ayant son point d'appui dans les progrès de la raison et des mœurs!

Copies manuscrites résultant des ventes. — Les *Philippiques*, en 1720, avec notes, chez Filheul, 1799, adjugé au prix de 24 livres 6 sols. Ce manuscrit a figuré sous la Restauration dans une vente assez considérable de vieilles Bibles et d'ouvrages nobiliaires; il doit être en Russie.

L'édition manuscrite connue sous le nom de *Mirabeau*, avec l'addition d'une strophe très-violente, sur laquelle notre livre s'explique tout au long; ce cahier se vendit à l'époque (1792) 113 livres 10 sols.

Un bibliophile distingué nous a affirmé que ce manuscrit, vendu en 1792, figure dans l'une de nos collections nationales; sa mémoire le servant mal sur la désignation exacte, et nos recherches personnelles sans résultat, ne nous permettent pas d'éclairer les amateurs comme nous le voudrions;—c'est une erreur de catalogue, ou de classement dans les rayons; ces irrégularités sont assez fréquentes.

Un manuscrit contenant 6 odes, vendu chez Belin Junior (1797) 5 livres. Sans doute, l'Ode à la princesse de Conti figure à titre de sixième ode, comme nous l'avons fait dans notre Édition définitive;—le repentir sincère du poëte incline le lecteur à l'indulgence en faveur du pamphlétaire, ami non convaincu de la faction du Maine;—et, puisque nous revenons incidemment sur les responsabilités, avouons que La Grange flattait les du Maine parce qu'il connaissait les dispositions testamentaires de Louis XIV, et qu'il escomptait la faveur royale du boiteux, lâche et bâtard.

Le premier vers satirique répandu dans les salons coalisés, le mal devint irrémédiable; et, en 1715, quand les enfants des prostituées furent exclus du trône par le Parlement patriote et justicier, La Grange ne pouvait plus faire un virement de front; l'orgueil s'y opposait; et il faut compter avec ce sentiment, surtout avec le tempérament de notre poëte!

Il existe un remarquable manuscrit à la bibliothèque de Vesoul;—les armes de la famille d'Orléans, trois lys de France avec lambel, distinguent cette version calligraphique.

On peut toujours consulter avec curiosité le *Recueil Maurepas;* on y rencontre des variantes; la strophe indiquée par le manuscrit Schlesinger est également de son domaine, mais avec un tel fatras, de telles non-valeurs littéraires et historiques, qu'il n'y a pas lieu de s'y arrêter longtemps.

Nous possédons trois remarquables manuscrits du dix-huitième siècle; mais le lecteur n'augmenterait pas son acquis en apprenant la beauté de leur papier, le fini de leur reliure; nous ne suivrons pas l'annotateur de 1858 dans ces puérilités. La science historique n'a rien à y gagner.

Éditions imprimées. — 1723, Hollandaise, in-12, petit livret, 3 odes; introuvable, à moins que les collections flamandes et wallonnes, peu cataloguées, n'en possèdent un ou plusieurs exemplaires; c'est vraisemblable. Il y a peut-être une édition antérieure; nulle vente ne l'a montrée, — nul bibliophile ne l'a révélée; — attendons.

En 1783, à Londres, grand papier, avec gravures, chez John Peter Lyton, Mouffle d'Angerville donna 5 odes, suivies d'annotations au bas des pages. Le style ne vaut rien; les vers sont quelquefois prosodiquement faux; l'ordre des odes se trouve interverti; le savoir du compilateur est à l'état rudimentaire; — ces 4 volumes de 1783, très-précieux pour le déshabillé du scandaleux règne de Louis XV, sont nuls en ce qui touche les *Philippiques*.

Enfin, la ravissante édition Didot jeune, 1795 (an VI de la liberté). Rare au point de passer pour une merveille, cette édition est riche surtout en notes; le texte est bon, ponctué avec intelligence; ce livre est indispensable à tout éditeur de La Grange. Nous avons sous les yeux un magnifique exemplaire, conservation parfaite, sans notes marginales, superbement enchâssé dans une reliure en maroquin rouge signée Bozérian; — la découverte de ce trésor est due à une main amie, aussi discrète que généreuse; cette perle bibliographique fait beaucoup d'honneur à son Christophe-Colomb. (Avertissement 10 pages, les 5 odes 63, et les notes 69, petit in-12.)

En 1797, le fils de La Grange imprima à Bordeaux le libelle de son père, in-8, de 80 pages, avec d'autres pièces peu importantes;—assez rare.

Les œuvres dramatiques, mises au jour chez les libraires associés en 1758, l'année de sa mort, restent le meilleur ouvrage et le plus complet sur son théâtre; 5 volumes.

Une édition légitimiste de 1831 nous est signalée à la dernière heure; nous ne la connaissons pas; elle est justifiée par sa date politique. Avis aux bibliophiles!

Poulet-Malassis, 1858, annotations de M. de Lescure, un volume in-8 de 423 pages; cette édition est épuisée.

Cette bibliographie des *Philippiques* appelle notre attention sur une pratique littéraire contemporaine, que nous jugeons très-désastreuse.

Quoique le cas qui tombe sous notre plume à propos d'un satirique soit, nous l'avouons, épineux de sa nature et prêtant aux commentaires personnels, nous saurons rester dans les limites générales exigées par la courtoisie; l'opinion des lecteurs, bon juge en ces matières, saura faire le reste ; — qu'il nous suffise de signaler le sans-gêne avec lequel on tourne une difficulté historique. Il y a des courtiers en littérature comme il y a des courtiers en liqueurs et en bijouterie ; on commande un livre comme on commande un vêtement, avec cette différence capitale, que l'on ne donne pas une pointure exacte, une mesure précise, — ce qui permettrait aux manœuvres soi-disant lettrés de puiser à telle ou telle source, de remuer les in-folios de telle ou telle bibliothèque, de recourir à l'obligeance de tel écrivain, publiciste, romancier, auteur dramatique ou poëte.

Et que l'on ne croie pas que nous allions au-delà du vrai ; ce que nous écrivons, nous l'avons vu, de nos yeux vu, et bien vu, selon une tirade fameuse, et souvent citée ; — il y a des ouvriers qui ne font que le dix-huitième siècle, d'autres l'antiquité, ceux-ci la Révolution, ceux-là l'Empire avec le Waterloo retentissant, quelques-uns la seconde épopée impériale, pastiche de la première, moins la gloire, et l'ignominie de Sedan en plus ; il y a des distributions pour tous les caractères, selon la fierté individuelle, selon le savoir, le style, la position plus ou moins obérée du courtier littéraire.

Nous avons pu discerner le mal, tantôt à Madrid avec madame des Ursins, l'intrigante alliée d'Alberoni, ennemie de Philippe d'Orléans, — tantôt à Versailles, avec le Tellier, le confesseur du Roy, ou la Maintenon, reine et ministre, — tantôt à Sceaux, avec le bâtard et sa femme ; — dans ces différentes situations se trouvent invariablement un courtier en diffamation, un poëte sans génie prenant l'orgueil pour de l'inspiration et vomissant des injures comme on donne le bonjour, comme on remplit les plus simples actions de la vie quotidienne; ces esprits ne s'appartiennent pas; ils sont à la solde; la louange et le blâme leur importent peu, et l'or a facilement raison de leurs consciences!

C'est ainsi que les La Grange, les cyniques, se forment et se continuent, — c'est ainsi que les lettres perdent leur dignité, leur noblesse, leur sacerdoce, — c'est ainsi qu'une langue descend la pente rapide de la corruption et qu'elle perd son effigie, la finesse, la pureté de son métal, — c'est ainsi que les demi-talents encombrent les rédactions et les cabinets, semant à profusion les fausses nouvelles et la mauvaise littérature!

Ces lignes, courtes et courageuses, — c'est l'opinion des lettrés, — s'adressent aux producteurs intellectuels, à tous les hommes qui ont quelque souci de la France et de sa gloire, du passé, des difficultés actuelles et de l'avenir qu'il faut préparer; — passons-nous de courtiers-rédacteurs, ayons des hommes instruits, moraux, patriotes, et les bons ouvrages viendront d'eux-mêmes augmenter le trésor de notre bibliographie; poursuivons les fortes études, qui nous donneront à la fois des prosateurs, des poëtes, des journalistes et, ce qui vaut mieux, des citoyens français!

Fin de l'Étude sur les Philippiques.

Paris, décembre 1875.

LES PHILIPPIQUES

ODE PREMIÈRE

LES
PHILIPPIQUES

ODE PREMIÈRE

I

Vous dont l'éloquence rapide,   1
Contre deux tyrans inhumains
Eut jadis l'audace intrépide
D'armer les Grecs et les Romains,
Contre un monstre encor plus farouche   2
Mettez votre fiel en ma bouche :
Je brûle de suivre vos pas.
Je vais affronter le naufrage,
Plus charmé de votre courage
Qu'effrayé de votre trépas.

II

A peine il ouvrit les paupières,
Que tel qu'il se montre aujourd'hui,
Il fut indigné des barrières
Qu'il vit entre le Trône et lui.
Dans ces détestables idées,
De l'art des Circés, des Médées, 3
Il fit ses uniques plaisirs;
Il crut cette voie infernale
Digne de remplir l'intervalle
Qui s'opposait à ses désirs.

III

Contre ses Villes mutinées,
Un Roi l'appelle à son secours, 4
Et lui commet les destinées
De son Empire et de ses jours.
Mais Prince aveugle et sans alarmes,
Vois qu'il ne prend en main les armes
Que pour devenir ton Tyran, 5
Et pour imiter la furie 6
Par qui jadis ton Ibérie
Subit le joug de l'Alcoran.

IV

Que de divorces, que d'incestes 7
Seront le fruit de ses complots !
Verrons-nous les flambeaux célestes 8
Reculer encor sous les flots ?
Peuple, arme-toi, défends ton maitre ; 9
Apprends que la main de ce traitre,
Cherche à lui ravir ses États ;
Le lit même de ton Philippe
Doit voir de Thyeste et d'Œdipe 10
Renouveler les attentats.

V

Mais ses trames sont découvertes ; 11
Quels climats lui seront ouverts ?
Quelles iles assez désertes
Le cacheront à l'univers ?
Sa patrie, indulgente mère,
Ouvre son sein à la vipère
Avide de le déchirer.
S'il perd l'espoir d'une Couronne, 12-13
Ce malheur n'a rien qui l'étonne ;
Il a de quoi le réparer.

VI

Nocher des ondes infernales, 14
Prépare-toi sans t'effrayer,
A passer les ombres royales 15
Que Philippe va t'envoyer.
O pertes toujours renaissantes !
Coup sur coup, que de morts fréquentes,
Sujet de pleurs et de sanglots !
Tels dessus la plaine liquide, 16
D'un cours éternel et rapide,
Les flots sont suivis par les flots !

VII

Ainsi le fils pleurant le père, 17
Tombe frappé des mêmes coups ;
Le frère est suivi par le frère, 18
L'épouse devance l'époux. 19
Mais, ô coups toujours trop funestes !
Sur deux fils, nos uniques restes,
La faulx de la Parque s'étend ;
Le premier est joint à sa race, 20
L'autre, dont la couleur s'efface,
Penche vers son dernier instant. 21

VIII

O Roi depuis si longtemps ivre 22
D'encens et de prospérité,
Tu ne te verras plus revivre
Dans ta triple postérité. 23
Tu sais d'où part le coup sinistre ;
Tu tiens son infâme ministre,
Monstre, vomi par les enfers ; 24
Son déguisement sacrilége
N'usurpe point le privilége
De le garantir de tes fers.

IX

Venge ton Trône et ta famille,
Arme-toi d'un noble courroux ;
Prends moins garde aux pleurs de ta fille 25
Qu'aux attentats de son époux.
Ta pitié serait ta ruine ;
Sois sourd aux cris d'une héroïne, 26
Digne d'un fils moins détesté,
Qu'il expire avec son complice ; 27
Tu sauveras par son supplice,
Le peu de sang qui t'est resté. 28

X

Mais par le juge que tu nommes 29
Qu'espères-tu développer?
C'est le plus noir de tous les hommes,
Il ne cherche qu'à te tromper.
Sur le silence et l'imposture
Erigeant sa grandeur future, 30
Il se ménage un sûr appui;
Sur cet événement tragique,
Consulte la rumeur publique,
Elle est plus sincère que lui.

XI

Vois comme le rang du coupable,
N'imprime plus aucun respect?
Comme la cour inconsolable
Frémit d'horreur à son aspect? 31.
Son âme tremblante et confuse
Craint déjà qu'on ne lui refuse
L'usage des feux et des eaux, 32
Et que les fières Euménides
N'arment contre ces Parricides
Leurs couleuvres et leurs flambeaux.

XII

Enfin, le jour fatal arrive,
Tel qu'Albion l'avait prédit ; 33
Louis va sur la sombre rive ;
Son ennemi s'en applaudit,
Et prenant les mœurs de Byzance, 34
Comme s'il avait pris naissance
Des Sélims et des Bajazets, 35
Court avec l'effroi qui l'inspire,
Muni des rênes de l'empire, 36
Saisir le prix de ses forfaits.

XIII

Le tyran le plus sanguinaire 37
Montre d'abord quelques vertus.
Tels furent Néron et Tibère, 38
Tel fut le frère de Titus ; 39
Le bruit du passé se dissipe ;
Déjà l'on transporte à Philippe
Tous les noms donnés à Trajan ; 40
Il suit les antiques exemples
Des rois qui défendaient nos temples 41
Des attentats du Vatican. 42

XIV

Et toi, cabale insociable, 43
Sous le nom de société,
De ton pouvoir insatiable
Vois détruire l'impiété;
Vois sortir de tes mains profanes,
De l'exil où tu les condamnes, 44
Et des fers où tu les retiens,
Ces grands cœurs, ces esprits sublimes,
Qui n'ont jamais eu d'autres crimes
Que d'avoir combattu les tiens.

XV

La pourpre, à tous les traits en butte, 45
Trouve aujourd'hui sa sûreté;
La foi, qui penche vers sa chute,
Va reprendre sa pureté. 46
Du Caton que tu veux proscrire, 47
Soutien des lois de cet Empire,
Le sacré dépôt est remis;
Tremble! crains la main équitable,
Qui joint le glaive redoutable
A la balance de Thémis.

XVI

Achève d'être notre Maître, 48
Prince digne du nom de Roi ;
Les vertus que tu fais paraître,
Ramèneront les cœurs à toi.
Auguste, en suivant ces maximes, 49
Sur ce qu'il obtint par ses crimes,
S'acquit d'inviolables droits.
Les usurpateurs des Provinces
En deviennent les justes Princes,
Quand ils en observent les lois.

XVII

Ma voix le frappe, il persévère ;
Tous ses instants sont glorieux ;
Je vois purger le ministère
D'un triumvirat furieux ; 50
Nos armes, longtemps négligées,
Nos finances mal dirigées,
Passent en de plus dignes mains,
Et le Cyclope impitoyable, 51
N'a plus le pouvoir effroyable
Dont il accablait les humains.

XVIII

Vous, dont les palais magnifiques 52
Se sont formés de nos débris,
Auteurs des misères publiques,
Monstres de notre sang nourris;
Tels qu'on vit les fils de la Terre
Dans un champ semé par la guerre 53
Détruits aussitôt qu'enfantés,
Thémis s'apprête à vous poursuivre; 54
Rentrez, troupe indigne de vivre,
Dans le néant d'où vous sortez.

XIX

Et toi, leur agent détestable, 55
Et recéleur de leurs larcins,
Dont la police épouvantable
Viole les droits les plus saints,
Regarde les honteux supplices 56
Où Thémis livre tes complices;
Crains pour toi les mêmes horreurs; 57-58
Paris, devenu ta partie,
Attend cette dernière hostie,
Comme la fin de ses malheurs.

XX

Mais ta fureur a beau paraître,   59
Certain d'en braver les effets,
Tu fus trop utile à ton maitre
Dans l'examen de ses forfaits;   60
Il est à présent ton refuge;
Il fait plus, il te rend le Juge   61
De quiconque a cru te juger;
Ton bras, armé de son tonnerre,
Fait connaître à toute la terre
Qu'il n'est pas sûr de l'outrager.

XXI

Attaque d'abord le grand homme   62
Que Philippe craint encor plus
Que jadis le Tyran de Rome   63
Ne craignit Sénèque et Burrhus;   64
Hâte sa chute et sa disgrâce;   65
Le Tyran te garde sa place,
Et tu conviens mieux à ses mœurs;
Avec le prix de tes services,
Tu sauras mieux flatter ses vices,
Tu serviras mieux ses fureurs.

XXII

Royal enfant, jeune Monarque, 66
Ce coup a réglé ton destin;
Par lui, l'inévitable Parque
Pénétrera jusqu'à ton sein;
Tant qu'on te verra sans défense,
Dans une assez paisible enfance
On laissera couler tes jours;
Mais quand, par le secours de l'âge,
Tes yeux s'ouvriront davantage,
On les fermera pour toujours !

XXIII

Enfin, le Torrent en furie 67
Rompt la digue qui le soutient,
A sa première barbarie
Le Tigre apprivoisé revient,
Quel chaos ! quels affreux mélanges ! 68
A des maux encor plus étranges
Faut-il toujours nous préparer ?
Thémis s'envole avec Astrée; 69
Cette détestable Contrée 70
N'est plus digne de l'arrêter.

XXIV

Quel nouveau spectacle s'apprête,
Et nous remplit d'étonnement ?
Quelle hydre, esclave d'une tête, 71
S'empare du gouvernement ?
Tout commence, rien ne s'achève ; 72
Chaque sentiment qui s'élève
Trouve un sentiment opposé ;
Il n'est plus de fils secourables 73
Contre les détours innombrables
Dont ce Dédale est composé.

XXV

Où va ce monstre fanatique 74
De qui l'orgueil s'est emparé ?
Pourquoi, contre l'usage antique,
Vouloir faire un corps séparé ?
Fiers de titres imaginaires,
Ces grands cœurs, au rang de leurs pères,
Dédaignent de se voir réduits,
Et comme les fleuves superbes,
Ils méconnaissent sous les herbes
Les sources qui les ont produits.

XXVI

Ombres, dont par toute la Terre,
On connaît les illustres noms,
Polignac, Bauffremont, Tonnerre, 75
Et vous, mânes des Châtillons,
Je vous vois sur le noir rivage
Gémir du honteux esclavage
Où vos neveux sont retenus
Par des noms égaux à tant d'autres,
Des noms obscurcis par les vôtres,
Et qui ne vous sont pas connus. 76

XXVII

Contre vous, filles de Mémoire, 77
Le fier Tyran n'est point aigri ;
Des traits d'une fidèle histoire 78
Il voudrait se mettre à l'abri.
Surtout, ennemi de la Scène 79
Que par une rivale obscène
Il a cru pouvoir avilir,
Il craint que vos vers dramatiques
Ne content sous des noms antiques
Ce qu'il voudrait ensevelir.

XXVIII

De cette crainte imaginaire,
Arouet ressent les effets ;   80-81
On punit les vers qu'il peut faire,
Plutôt que les vers qu'il a faits.
C'est sur des alarmes pareilles
Que l'imitateur des Corneilles   82
Gémit au fond du Périgord ;
Et, quoique atteint de mille crimes,
Celui dont on craint peu les rimes   83
N'éprouve pas le même sort.

XXIX

Cependant l'État se renverse ;   84
Tous nos trésors sont engloutis ;
Ce mal interrompt le commerce,
Et rend les arts anéantis.
Des traités honteux s'exécutent ;   85
Un roi, que les siens persécutent,   86
Nous éprouve encor plus cruels ;
Mais dans un temps comme le nôtre,
Les Usurpateurs, l'un à l'autre,   87
Se doivent des soins mutuels.

XXX

Tandis qu'on brise les barrières 88
Que nous achevons d'élever,
Qu'on ouvre de vastes carrières
A ceux qui voudront nous braver,
On passe le temps en délices ;
Chacun se pare de ses vices,
Comme d'un Trophée éclatant,
Et les fers, l'exil et les chaines
Sont toujours les suites certaines
Des moindres plaintes qu'on entend.

XXXI

Infâmes Héliogabales, 89
Votre temps revit parmi nous !
Voluptueux Sardanapales, 90
Philippe vous surpasse tous !
Vos excès n'ont rien qui le tente ;
Son âme serait peu contente
De les avoir tous réunis,
S'il n'effaçait votre mémoire
En faisant revivre l'histoire
De la naissance d'Adonis. 91

XXXII

Toi qui joins au nœud qui te lie, 92
Des nœuds dont tu n'as pas d'effroi ;
Ni Messaline, ni Julie, 93
Ne sont plus rien auprès de toi.
De ton père, amante et rivale, 94
Avec une fureur égale,
Tu poursuis les mêmes plaisirs ;
Et toujours plus insatiable,
Quand le nombre même t'accable, 95
Il n'assouvit point tes désirs.

XXXIII

Fille du plus grand Roi du monde, 96
Qui, loin de marcher sur leurs pas,
Dans une retraite profonde,
Ensevelissez vos appas,
Seule exempte de leurs intrigues,
Parmi leurs plaisirs et leurs brigues,
Tous les vôtres sont limités ;
On ne vous voit que dans les Temples,
Où vous nous donnez des exemples
Qui ne seront point imités.

XXXIV

Vous, dont, par un arrêt injuste, 97
Le grand cœur n'est point abattu,
Prince, qui d'une race auguste 98
Emportez toute la vertu ;
Tout le reste la déshonore ;
La France aujourd'hui vous implore,
Par ses cris laissez vous gagner,
Et forcez sa reconnaissance
D'ajouter à votre naissance
Ce qu'il y manque pour régner.

Fin de la première Ode.

REMARQUES

HISTORIQUES ET BIOGRAPHIQUES

SUR

LES PHILIPPIQUES

ODE PREMIÈRE

REMARQUES

SUR LA PREMIÈRE ODE

1. — *Vous dont.....* Cicéron et Démosthènes. Le premier écrivait contre Marc-Antoine, un des Triumvirs, qui, après l'avoir fait assassiner, lui fit couper la langue et la main droite.

Démosthènes écrivit contre Philippe, Roi de Macédoine; il déclama quelque temps contre Antipater, un des successeurs d'Alexandre, et, pour éviter les supplices dont il était menacé, il s'enfuit dans l'île de Calvaria, où il s'empoisonna en suçant une plume remplie de poison, de peur de tomber entre les mains d'Archias, qui était venu le saisir par ordre d'Antipater.

2. — *Contre un monstre.....* Philippe de Bourbon, Duc d'Orléans, Régent de France pendant la minorité du Roi Louis XV.

3. — *De l'art des Circés, des Médées.....* Deux fameuses empoisonneuses. Circé empoisonna son mari, Médée son amant et sa fille.

Le Régent s'appliquait beaucoup à la chimie; il apprit cette science d'un fameux médecin nommé Humbert, qu'il fit son médecin, mais qui mourut quelque temps après.

4. — *Un Roi l'appelle.....* Philippe V, roi d'Espagne, petit-fils de Louis XIV, appela le Duc d'Orléans à son secours contre quelques-unes de ses provinces, qui s'étaient révoltées, mais celui-ci ne chercha qu'à le trahir.

5. — *Que pour devenir.....* Le Régent forma des brigues pour occuper la couronne d'Espagne.

6. — *Et pour imiter.....* La fille du comte Julien, après avoir été violée par Roderic, roi d'Espagne, s'enfuit à Soreta, avec son père; ce royaume portait quelquefois le nom d'Ibérie, à cause de la rivière l'Èbre. Le comte Julien VII attira les Maures et les Sarrasins; ils tuèrent leur roi Roderic, s'emparèrent de plusieurs villes et de plusieurs provinces; ils n'en furent entièrement chassés que sous Ferdinand et Isabelle.

7. — *Que de divorces.....* Les débauches du Régent. Il voulut faire casser son mariage avec la fille légitime de Louis XIV. Il déshonora la Reine d'Espagne, dont il avait tenté de se faire aimer, et voulut épouser la Reine douairière du même royaume.

8. — *Verrons-nous les flambeaux.....* Les poëtes feignent que le Soleil eut tant d'horreur du festin d'Astrée, qu'il se cacha.

9. — *Peuple, arme-toi.....* Pour défendre le roi d'Espagne contre les attentats du Régent.

10. — *De Thyeste et d'Œdipe.....* Thyeste, frère d'Astrée, avait eu deux enfants d'Erope, femme de son frère; celui-ci la fit égorger et la fit servir à leur père.

Œdipe, fils de Lagus, roi de Thèbes, tua son père, épousa sa mère Jocaste, eut d'elle deux fils jumeaux, et, ayant connu son erreur, il se creva les yeux.

11. — *Mais ses trames.....* Les trames du Régent étaient d'empoisonner le Roi, la reine d'Espagne et leur fils; il devait épouser la femme de Charles II. La Cour savait les projets pour lesquels Louis XIV l'avait exilé. Quand il fut rappelé, les principaux Seigneurs du Royaume étaient d'avis qu'on lui fît son procès, ce qui aurait été exécuté, si d'Argenson, chargé par Louis XIV de l'examen des pièces, n'eût fait à ce Monarque un rapport favorable au duc d'Orléans. Il prétendit avoir droit à la couronne de France, comme le plus prochain héritier, en vertu de la renonciation de Philippe V, roi d'Espagne; il parut à ce sujet un livre intitulé : *Philomoniste*, dont il fut distribué plusieurs exemplaires; on prétendait y prouver les droits du Régent sur la Couronne de France, mais il se trouva une réponse qui détruisit ses espérances.

12-13. — *S'il perd l'espoir*..... N'ayant plus de prétentions à faire valoir sur la couronne d'Espagne, il voulut usurper celle de France.

14. — *Nocher des ondes*..... La fable feint qu'il y a un fleuve à traverser après notre mort; ce fleuve s'appelle le Styx; Caron est chargé de passer les Ombres dans sa barque en payant un petit tribut.

15. — *Les ombres Royales*..... Les morts de Monseigneur le Dauphin et de Madame la Dauphine.

16. — *Tels dessus la plaine liquide*..... Allusion aux empoisonnements des princes du sang par le Régent, avec les flots de la mer.

17. — *Ainsi le fils pleurant*..... Mort de Monseigneur le Dauphin.

18. — *Le frère est suivi*..... Mort de Messieurs les Ducs de Bourgogne et de Berry.

19. — *L'épouse devance*.... Madame la duchess mourut avant son mari.

20. — *Le premier est joint*..... Monsieur le duc de Bretagne est mort âgé de quatre ans, en même temps que son père et sa mère.

21. — *Penche vers son dernier*..... Louis XV restait seul d'un si grand nombre d'héritiers; la pâleur de son visage faisait craindre qu'il ne survécût point à ses parents.

ODE PREMIÈRE. 267

22. — *O Roi depuis*..... Louis XIV avait la plus brillante cour qui fut jamais en France; il voyait les fils de ses petits-fils, et, malgré cela, il eut le malheur de les voir mourir tous avant lui et de n'en laisser qu'un dont on appréhendait la mort, à cause de la faiblesse de sa santé.

23. — *Dans ta triple postérité*..... Les ducs de Bourgogne, d'Anjou, de Berry et de Bretagne.

24. — *Monstre vomi*..... On arrêta d'abord un Cordelier, soupçonné d'avoir empoisonné les enfants du duc de Bourgogne; il fut conduit à la Bastille, interrogé par M. d'Argenson, renvoyé par conséquent. Humbert, médecin du duc d'Orléans, fut aussi violemment soupçonné de ce crime; il offrit, sur le bruit qui courait, de se rendre à la Bastille; Louis XIV ne le voulut point. D'autres attribuent ce crime à M. le duc de Noailles, favori du Régent, Philippe d'Orléans.

25. — *Prends moins garde*..... La duchesse d'Orléans, fille de Louis XIV.

26. — *Sois sourd aux cris*.... Madame, Douairière d'Orléans.

27. — *Qu'il expire*..... Humbert, chimiste et médecin de Philippe d'Orléans.

28. — *Le peu de sang*..... L'on fit ressouvenir le Roi de l'avis de Monseigneur, qui était de faire mourir cet empoisonneur, sinon que la vie du duc de Bretagne, à présent Louis XV, était en danger.

29. — *Mais par le juge*.... D'Argenson, lieutenant général de Police, fut nommé pour être présent à l'ouverture des corps des princes morts; mais, dans son rapport au Roi, il dit qu'on n'avait trouvé aucun indice de poison.

M. Boudin, médecin de Monseigneur, avait dit le contraire.

30. — *Érigeant sa grandeur*.... Le duc d'Orléans nomma d'Argenson Garde des Sceaux, pour le récompenser des services qu'il lui avait rendus en lui sauvant la vie et l'honneur. D'Argenson, on s'en souvient, avait fait au Roi un rapport disculpant Philippe d'Orléans. Ainsi ce même d'Argenson devint juge de ceux qui, le reconnaissant fauteur et complice des crimes du duc d'Orléans, voulaient le faire mourir.

31. — *Frémit d'horreur*.... Toute la cour, à cette époque, fuyait le duc d'Orléans comme le monstre le plus inhumain, et qui était capable d'immoler à sa fureur tout ce qui s'opposait à son ambition.

32. — *L'usage des feux*........ La privation du feu et de l'eau était la punition ordinaire des criminels un peu moins coupables que le duc d'Orléans. On avait formé le dessein de le saisir et de le jeter dans l'eau, après l'avoir mis dans un sac avec un singe et un chat; ce châtiment, au moins bizarre, était aussi réservé à ses complices.

33. — *Telle qu'Albion*.... La mort de Louis XIV,

qu'on avait gagée en Angleterre, devait arriver au mois de septembre; elle arriva précisément le premier de ce mois (1715).

On appelait anciennement l'Angleterre Albion, parce que les rochers qui l'environnent paraissent blancs à ceux qui en approchent; depuis cette époque, on a ajouté le qualificatif perfide à la dénomination que le manuscrit prend soin d'expliquer.

34. — *Et prenant les mœurs de Byzance*.... Ville capitale des Turcs, aujourd'hui Constantinople; elle prit ce nom quand les empereurs romains y transportèrent le siège de l'Empire. Les querelles de cette capitale sont devenues fameuses sous le nom de Byzantines.

35. — *Des Sélims*.... Sélim et Bajazet sont les plus cruels tyrans qui soient jamais montés sur le trône des Ottomans.

36. — *Muni des rênes*.... Dès le point du jour, il fit investir le Palais par toute la maison du Roi, qui venait de mourir; il s'y rendit à huit heures du matin et s'y fit déclarer Régent du Royaume, malgré le Testament de Louis XIV, qui l'en avait exclu. Philippe d'Orléans fit casser le Testament.

37. — *Le tyran le plus*.... Le Régent commença à faire le bon prince; il jeta, pour mieux parler, de la poudre aux yeux de ses sujets; il dit qu'il voulait gouverner par la pluralité des voix de son Conseil. Mais cette promesse était une parole de Prince!

38. — *Tels furent....* Néron et Tibère, qui furent les deux plus cruels empereurs Romains, montrèrent d'abord quelques vertus.

39. — *Tel fut le frère....* Domitien, Empereur romain, avait empoisonné son frère Titus, pour régner à sa place.

40. — *Tous les noms....* Le plus doux de tous les Empereurs fut Trajan; il n'était ni de Rome, ni d'Italie, mais Espagnol.

41. — *Des rois qui....* L'auteur veut parler de François Ier et de quelques autres.

42. — *Des attentats du Vatican....* Le Régent s'opposa à la publication de la Constitution. Il fit un Conseil de conscience, où présida M. le cardinal de Noailles, qui avait été disgracié pour n'avoir pas voulu signer la Constitution, que Louis XIV obligeait à signer aveuglément.

43. — *Et toi, cabale....* Les Jésuites, qui avaient tant cabalé sous le règne de Louis XIV contre les Jansénistes, et qui avaient fait exiler tant d'hommes respectables par leurs sciences et leurs vertus, virent enfin échouer leurs projets.

44. — *L'exil ou....* Le Régent fit sortir de prison tous ceux qui y étaient retenus à la sollicitation des Jésuites. Il rappela les exilés; ces malheureux étaient depuis longtemps persécutés par le Jansénisme; on fit

sortir, entre autres, le R. P. Dom Jérôme d'Albigni et l'abbé Petit-Pied, tous deux personnages infiniment respectables.

45. — *La pourpre à tous...* Mgr le Cardinal, rappelé à la Cour, renouvela son appel; il déclara qu'il n'avait consenti que par contrainte à la condamnation du R. P. Quesnel.

46. — *Va reprendre...* Au moyen de l'appel du Cardinal de Noailles, le parti des Jansénistes s'est trouvé triomphant.

47. — *Au Caton...* M. d'Aguesseau, Procureur général, fut fait chancelier de France à la mort de M. Voisin, au grand contentement de tout le monde. Les Jésuites le haïssaient tellement, qu'ils firent tous leurs efforts pour engager Louis XIV à l'exiler à Pierre-en-Cise et à lui ôter sa charge.

48. — *Achève d'être nôtre...* Le Régent se comporta si bien dans les commencements, que les Peuples le demandèrent pour Roi, si Louis XV venait à mourir.

49. — *Auguste en suivant...* L'empereur Auguste exerça des cruautés inouïes au commencement de son Empire. Il changea tout d'un coup et gouverna avec tant de douceur que ses sujets l'aimèrent autant qu'ils l'avaient haï; ils le regrettèrent tellement après sa mort qu'ils s'exprimaient ainsi : Ou il ne devait jamais naître, ou il n'aurait jamais dû mourir! Cette transformation

d'Auguste est proposée à tous les Princes comme un exemple à suivre, mais la justice leur semble si pénible à pratiquer!

50. — *D'un Triumvirat furieux*..... Le Triumvirat était composé de M. Voisin, chancelier et secrétaire d'État de la Guerre, de M. de Pontchartrain, secrétaire d'État de la Marine, et de M. Desmarais, contrôleur Général des finances. D'autres mettent M. de Berroy à la place de M. Voisin.

51. — *Et le Cyclope impitoyable*..... M. de Pontchartrain était borgne; il délivrait à M. d'Argenson les lettres de cachet pour les plus honnêtes gens.

52. — *Vous dont les palais*..... Les traitants, Bouvalais, Miotte et autres gens d'affaires.

53. — *Dans un champ semé*..... Les traitants sont comparés à ces soldats de Cadmus, qui vinrent au monde armés par le moyen des dents d'un dragon qu'il avait tué, et dont il avait semé les dents en terre.

54. — *Thémis s'apprête*..... La chambre de Justice établie pour faire rendre compte aux gens d'affaires.

55. — *O toi, leur agent*..... D'Argenson se rend protecteur du Commissaire Lailly, parce qu'il avait trempé dans toutes les friponneries.

56. — *Regarde les honteux*..... Le Normand, Grue, receveurs de la capitation; Pommereuil, inspecteur de

police, et autres, condamnés aux Galères après avoir fait amende honorable.

57-58. — *Crains pour toi*..... Ces paroles sont adressées à d'Argenson. La Chambre de Justice trouva quelque chose sur sa conduite; il aurait pu subir la même peine que ses complices Gruet et Le Normand; il fut assigné pour être ouï; il y eut même beaucoup de voix pour le décréter; mais, par le crédit du Régent, il échappa au danger; il reçut de nouvelles grâces, qui ne le rendirent que plus cruel et plus terrible contre ceux qui l'avaient offensé, ou qu'il haïssait.

59. — *Mais ta fureur*..... D'Argenson fit retirer, par le Régent, une cassette saisie chez Pommereuil, qui était à la Chambre de Justice.

60. — *Dans l'examen*..... D'Argenson fut chargé d'examiner les pièces qui concernaient le commissaire Lailly, son complice, aussi fripon que lui.

61. — *Il fait plus*..... D'Argenson, qui n'aurait pu échapper au Parlement, qui voulait lui faire son procès, fut fait, par le Régent, Garde des Sceaux, et, par là, hors de danger du côté de ses ennemis, qui voulaient le faire mourir sur un échafaud.

62. — *Attaque d'abord le*..... M. d'Aguesseau ressentit le premier la fureur de d'Argenson. Non-seulement il fut dépouillé de toutes ses places, mais encore relégué à Fresnes pour n'avoir pas voulu consentir qu'on portât

atteinte aux lois du Royaume ; sa charge fut donnée à d'Argenson, le fils.

63. — *Le Tyran de Rome*..... L'auteur entend parler de Néron, le plus cruel empereur qui fut jamais.

64. — *Sénèque et Burrhus*..... Le premier était précepteur et l'autre gouverneur de Néron ; il les fit mourir tous deux. Sénèque dit de ce monstre que c'était un morceau de terre pétrie de sang ; et, en effet, jamais personne n'en répandit autant que lui.

65. — *Hâter sa chute*..... M. d'Aguesseau fut relégué à Fresnes, et enfin rappelé le 14 août 1717.

66. — *Royal enfant*..... Tout le monde craignait pour la vie de Louis XV, et augurait mal de sa pâleur ; on avait tout lieu de craindre que le Régent n'ajoutât à tous ses autres crimes celui de l'empoisonner pour vaincre le seul obstacle qui l'empêchait de monter sur le Trône. Le prince fut peut-être redevable de sa vie à l'espérance qu'il donnait de sa mort prochaine ; mais le Régent voulut laisser agir en sa faveur la nature et le temps ; il fut frustré dans ses espérances.

67. — *Enfin le torrent*..... Le Régent, fatigué de dissimuler, se montra un autre Néron ; car, après l'avoir imité dans ses commencements, il l'imita mieux encore dans la suite, en bouleversant toute la France.

68.—*Quel chaos*.... Le Régent cassa et annula la déclaration du Roy touchant l'enregistrement des Édits du Parlement.

ODE PREMIÈRE.

69. — *Thémis s'envole...* Thémis est la Justice ; Astrée, la Religion ; celle-ci est fille du géant Astrée et de l'Aurore, et, selon d'autres, de Jupiter et de Thémis.

70. — *Cette détestable....* Toute la France, surtout Paris, où il se commet des brigandages affreux et impunis.

71. — *Quelle hydre....* Le Conseil du Régent était composé de toutes ses femmes.

72. — *Tout commence....* Création de plusieurs conseils de Régence, de Conscience, de Guerre, de Marine, de Finances du dedans du Royaume, et des Affaires étrangères, où rien ne se décidait.

73. — *Il n'est plus de fils....* Thésée, fils d'Égée et d'Étra, fille de Phitée. Ariane, fille de Minos, roi de Crète, donna à Thésée un fil pour lui servir de guide dans les détours du labyrinthe, construit par Dédale, pour enfermer le Minotaure.

74. — *Où va ce monstre....* Le corps de la noblesse se divisa. Les Ducs et Pairs prétendaient faire un corps séparé de la Noblesse.

75. — *Polignac....* Tous seigneurs qui furent maltraités par le Régent, les uns furent envoyés à la Bastille, les autres disgraciés.

76. — *Et qui ne vous....* La noblesse fit un Mémoire contre les prétentions des Ducs dans lequel on découvre la naissance de plusieurs. Les Ducs, voulant faire un

corps séparé de la Noblesse, se plaignirent au Régent du Mémoire qui avait été fait contre eux, prétendant être égaux; le Régent, fatigué de ces divisions, en envoya plusieurs à la Bastille.

77. — *Contre vous....* Les Muses ou la Poésie. Le Régent exila tous ceux qu'il croyait capables de faire des vers.

78. — *Des traits....* Le Régent redoutait tous les gens de lettres, de crainte qu'ils n'immortalisassent sa mémoire par quelques ouvrages d'esprit.

79. — *Sur tout ennemi...* Le Régent, craignant qu'on ne fît son personnage, défendit la Comédie-Française.

80-81. — *Arouet ressent....* Arouet de Voltaire, célèbre poëte qui fut exilé par le Régent, de peur qu'il n'écrivît contre lui. Il fut soupçonné d'avoir fait les couplets de *la Cour dévoilée*, et ceux intitulés : *les Accouchements de Madame la Duchesse de Berry;* Voltaire fut exilé à Tulle, puis ramené à la Bastille, où il composa un chef-d'œuvre, son *Œdipe.*

82. — *Que l'imitateur....* L'auteur de la parodie de la dernière scène de *Mithridate*, dont les deux derniers vers désignent très-clairement le Régent; d'autres pensent que c'est La Grange, frère de l'auteur des *Philippiques*.

83. — *Celui dont on craint peu...* L'abbé Nadal, ou La Motte.

84. — *Cependant l'État....* Le Régent fit transporter en Angleterre des sommes et des provisions considérables.

85. — *Les traités....* Le traité d'Angleterre et de Hollande, par l'Abbé Dubois, depuis prince-cardinal de l'Église; cet homme corrompu obtint la pourpre pour services rendus à l'État, — et ailleurs !
On acheta l'amitié des Anglais, et, pour leur plaire, on abattit le fort de Mardick et celui de Dunkerque; la crainte d'une lettre de cachet fit signer ce traité au maréchal d'Uxelles; il avait dit qu'on lui couperait plutôt le cou ! Il plia devant la menace.

86. — *Un Roi que les siens....* Le jeune Roi d'Angleterre, Jacques Stuart, connu sous le nom de Prétendant, que le Régent fit sortir de France, qui lui avait servi d'asile, en des temps où l'hospitalité était mieux comprise.

87. — *Les Usurpateurs....* Le Régent et Georges, duc d'Hanovre, aujourd'hui Roi d'Angleterre.

88. — *Tandis qu'on brise....* Les forts de Mardick, de Dunkerque et autres.

89. — *Infâmes Héliogabales....* Antonius, empereur romain, surnommé Héliogabale, parce que, avant son élection, il avait été prêtre du Soleil; il fut tué, à cause de ses débauches avec ses femmes, par ses gardes, en 222, à l'âge de 18 ans.

90. — *Voluptueux Sardanapales*.... — Sardanapale, le dernier Roi d'Assyrie, fut le plus débauché et le plus adonné aux plaisirs des sens qu'il y eût jamais. Il régnait en 3215; sa vie, molle et efféminée, corrompit les mœurs de ses peuples; il était continuellement avec ses femmes dans son sérail, habillé comme elles; il filait de la laine avec elles; il se plaisait à se faire traîner nu dans un chariot par ses plus belles femmes, également nues, qui le tiraient à reculons.

Les Seigneurs de son Royaume, outrés de sa mollesse, lui déclarèrent la guerre; Arbacès se mit à leur tête. Sardanapale au désespoir, pour ne point tomber entre les mains de ses ennemis, et pour n'être point séparé après sa mort de celles dont il n'avait jamais été séparé pendant sa vie, se renferma dans une des salles de son Palais, où il fit mettre le feu; il y fut consumé avec ses femmes, et d'immenses richesses.

91. — *La naissance d'Adonis*.... Adonis fut engendré par son grand-père Sinyra, qui abusa de Mirrha, sa propre fille. On compare Madame la Duchesse de Berry à la mère d'Adonis; le Régent, son père, en abusa plusieurs fois. Les fêtes de Sinyra, roi de Chypre, se célébraient la nuit; et, quand on avait éteint la lumière, chacun jouissait de la femme ou de la fille qui lui tombait sous la main.

92. — *Toi qui joins au*.... L'auteur veut faire entendre que le Régent avait eu des enfants de sa fille, Madame la duchesse de Berry.

93. — *Ni Messaline....* Messaline et Julie étaient d'infâmes prostituées. Julie était fille d'Auguste, empereur romain ; ses infamies la firent reléguer à Samos, où elle mourut misérablement.

Messaline était femme de l'empereur Claude. Juvénal l'a marquée au fer rouge de la Satire ; il s'exprime ainsi sur son compte, satire VI :

Nec satiata viris, sed lassata recessit.

Claude se lassa de ses déportements ; elle faisait ramasser les plus vigoureux porte-faix sur la place publique et se donnait au premier venu ; elle fut égorgée sur l'ordre de Claude.

94. — *Ton père....* Madame la Duchesse de Berry aimait le comte de Riom ; elle avait également commerce avec le Régent.

95. — *Quand le nombre....* Lahaye fut un des premiers qui eurent part à ses bonnes grâces ; il fut suivi de Riom, de Dex, la Rochefoucault, le comte d'Uxès et Bonnieux, qu'elle fit maître de sa garde-robe et enseigne des Mousquetaires, — et de bien d'autres !

96. — *Fille du plus....* Marie-Anne de Bourbon, princesse de Conti, douairière, *fille légitime* de Louis XIV et de Mademoiselle de la Vallière.

97. — *Vous dont pas un....* M. le comte de Toulouse et M. le duc du Maine, *tous deux fils naturels* de Louis XIV. Le dernier fut dépouillé par le Régent de la surinten-

dance de l'éducation de Louis XV; il l'obligea de quitter le jeune Monarque, qui l'appelait toujours son bon papa; on ne pouvait en consoler ce prince. Ils furent tous deux dégradés de leur droit de succéder à la Couronne et même des honneurs de Princes du sang, à la sollicitation de M. le Duc, par un Édit de 1717.

98. — *Prince qui....* L'auteur s'adresse au duc du Maine pour réprimer tous les maux que faisait le Régent; mais ce prince, n'ayant point été *légitimé*, n'avait aucun droit pour empêcher ces désordres [1].

---

[1] Comme la première ode contient les deux accusations capitales qui pèsent si lourdement sur la mémoire de Philippe d'Orléans, nous avons préféré les discuter tout au long dans l'Étude; nos lecteurs s'expliqueront ainsi le nombre, relativement restreint, des annotations afférentes au chant premier.

L'empoisonnement des Enfants de France et l'inceste, — tels sont les griefs terribles portés contre le Prince-Régent; même en réunissant les notes les plus concluantes, eussions-nous réussi à donner à notre pensée tout son développement ? Non ! Le cas nous a paru assez grave pour motiver une discussion séparée.

Quand on touche à l'honneur, chose délicate, — l'honneur des morts surtout, — on ne saurait trop prendre de précautions.

Au fond du style de l'écrivain véritable il y a toujours une lumière, une conscience !

Fin des Remarques sur la première Ode.

LES PHILIPPIQUES

ODE DEUXIÈME

ODE DEUXIÈME

I

Je vais entrer dans la carrière,
Silence! lyre d'Apollon;
C'est à toi, trompette guerrière,
D'effrayer le sacré vallon;
C'est à vous, belliqueuses fées,
D'inspirer à tous nos Orphées
Des chants mâles et pénétrants,
Dignes de verser dans nos âmes
L'esprit d'intrigues et de trames
Qui fait la chute des Tyrans.

II

Toi, qui, par la pourpre Romaine
Brille moins que par tes vertus,
Retz, dont l'audace plus qu'humaine,
Releva les cœurs abattus,
Sur ton troupeau, qui te réclame,
Sur un Sénat dont tu fus l'âme,
Daigne encore jeter les yeux ;
Tends-leur d'en haut un bras propice,
Qui les sauve du précipice
Dont tu garantis leurs aïeux.

III

Sacrilége faim des richesses,
Osez-vous inventer des lois
Pour donner trois fois aux espèces
Un prix au-dessus de leur poids !
Toi qui fus longtemps gémissante
Sous l'autorité renaissante
Des Vespasiens, des Galbas,
Vis-tu dans ces Princes avares
Ni des rapines si barbares,
Ni des artifices si bas.

IV

Mortels, qui tenez la balance
Entre le Prince et ses sujets,
Pouvez-vous garder un silence
Qui favorise ses projets !
Craignez-vous, par des voies permises,
Par des remontrances soumises,
D'armer les griffes d'un lion,
Et de voir la force et la fraude
Joindre les cruautés d'Hérode
Aux vices de Pygmalion.

V

Mais non, leur voix est entendue
De l'inflexible Léopard ;
De sa retraite défendue
Ils percent le dernier rempart.
Quelles réponses ! quels blasphèmes !
Des Mexences, des Polyphèmes
La bouche a vomi moins d'horreurs,
Jamais Ajax, bravant la foudre,
De celle qui le mit en poudre
N'a tant mérité les fureurs.

VI

Tremble, Paris, tu vas apprendre
A quel maître tu t'es donné,
De la vengeance qu'il va prendre
Tu seras sans doute étonné.
Réduit à souffrir sans te plaindre,
Rome n'eut jamais tant à craindre
Des fureurs de Caligula;
Jamais tant de têtes proscrites
Ne lassèrent les satellites
De Marius et de Sylla.

VII

Déjà, quels bataillons accourent
Sur nos rivages pleins d'effroi !
D'où vient que tant d'armes entourent
Le sacré séjour de mon Roi ?
L'étranger est-il à nos portes ?
Par de fanatiques cohortes
Nos Temples sont-ils menacés ?
Et l'État, voisin de sa chute,
Craint-il de se revoir en butte
Aux horreurs des siècles passés ?

VIII

Quel est cet appareil sinistre   19
Dont ce jour dévoile l'horreur ?
Sur qui Philippe et son Ministre
Vont-ils déployer leur fureur ?
Je vois un innocent Monarque
Conduit par les mains de la Parque,
Comme une victime à l'autel,
Par son regard et son silence
Autoriser la violence
Qui lui prépare un coup mortel.

IX

Pour entendre les Lois injustes
Que vont dicter ses ennemis,
Je vois deux colonnes augustes   20
Sortir du temple de Thémis ;
Dans leur marche majestueuse,
Une douleur respectueuse,
Règne sur leur front généreux ;
Et le zèle qui les inspire
Leur fait craindre pour cet Empire
Ce qu'ils ne craignent pas pour eux.

X

Tels s'avancèrent vers un homme 21
Que moins de fureurs emporta,
Les graves Pontifes de Rome
Et les Prêtresses de Vesta;
Tels, dans leurs murs réduits en cendre, 22
A ceux dont on nous fait descendre
S'offrirent jadis ces grands cœurs,
Ces vieux Confrères de Camille 23
Qui, par leur port noble et tranquille,
Épouvantèrent leurs vainqueurs.

XI

Digne chef de ce corps illustre, 24
Quel est l'état où je te vois ?
Ta gloire tire un nouveau lustre
Des outrages que tu reçois;
En vain, dans sa lâche colère,
Sous l'effort d'un bras sanguinaire,
Le Tyran te tient abattu;
Les blasphèmes dont il t'accable, 25
Dictés par sa haine implacable,
Font l'éloge de ta vertu.

XII

Mais toi, qu'un Arrêt plus indigne   26
Perce encor de traits plus aigus,
Prince, qui d'un trésor insigne
Était l'infatigable Argus,
C'est peu qu'une injuste puissance,
Malgré les droits de ta naissance,
Ait le front de te l'enlever,
Dans ce coup fatal qui t'opprime,
Nous voyons le genre de crime
Qu'elle est sur le point d'achever.

XIII

Ainsi, ta vigilance exacte,
Tes vertus, tes soins infinis,
Ont produit ce malheureux Pacte
Entre deux Cyclopes unis;   27
Ta tendresse, au gré du barbare,
Fut trop soigneuse et trop avare
Du sang dont il veut se rougir.
Bourbon, plus dur et moins austère,   28
Prêtera mieux son ministère
Au Maître qui le fait agir.

XIV

Monstres d'Argos et de Mycène,
Ne vantez plus vos attentats;
Celui des rives de la Seine
Passe tous ceux de l'Eurotas.
Toi, qui de ta famille entière
N'as fait qu'un vaste cimetière,
De tes neiges, de tes glaçons,
Ton fils, que ta fureur immole,
Nous fait reconnaître l'école
Où tu vins prendre des leçons.

XV

Si Louis, des sombres rivages,
Pouvait revenir dans sa Cour,
Que penserait-il des ravages
Qui la désolent chaque jour?
Mais de quelques monstres terribles,
De quelques changements horribles
Qu'elle épouvantât ses regards,
Les plus affreuses entreprises
Lui causeraient moins de surprises
Que la disgrâce de Villars.

XVI

Et toi, qu'un double parricide
Joint pour jamais à ton époux,
Tendre et fidèle Adélaïde, 34
Reviens un moment parmi nous.
Arme-toi des mêmes Furies,
Que pour de moindres barbaries
Inventa la mère d'Hector ; 35
Ne cède point à la luxure,
L'honneur de venger ton injure
Sur ce nouveau Polymnestor. 36

XVII

Aimable enfant, tu vois le gouffre
Qui va te rendre à tes aïeux ;
On connaît ce que ton cœur souffre,
Aux pleurs qui coulent de tes yeux ;
Mais, malgré ta douleur amère,
N'espère plus revoir ce père 37
Que tes cris appellent en vain :
On estime trop peu ta vie,
Pour avoir la pieuse envie
De te remettre dans sa main.

XVIII

Noble compagne de sa couche, 38
Pour qui la gloire a tant d'appas,
Je vois que ce malheur te touche
Plus que l'approche du trépas.
Un avorton de la nature 39
Qui, malgré sa naissance obscure,
Porte un cœur plus fier que le tien,
Vient d'une bouche impitoyable
T'annoncer l'Arrêt effroyable
Qui confond ton rang et le sien.

XIX

Lâches, dont la paix ni la guerre 40
N'ont jamais distingué le nom,
Inutile poids de la terre,
Guiche, la Force, et Saint-Simon,
Votre orgueil et votre ignorance
Feront le destin de la France;
Tout sentira votre pouvoir;
Tandis qu'on accable les Princes, 41
Qui des malheureuses Provinces,
Font tout l'amour et tout l'espoir.

XX

Princesse, de la tyrannie
Souffre le coup sans t'émouvoir;
Elle sera bientôt finie;
Ses excès nous le font prévoir.
Vois quelles affreuses tempêtes   42
Vont frapper les plus nobles têtes
Jusques dans le sein de Thémis,
Et que, réduits à cet usage,
Nos guerriers n'ont plus de courage   43
Que contre de tels ennemis.

XXI

Tandis que la mort et la crainte
Assiégent les persécuteurs,
Fuis, Princesse, sors d'une enceinte   44
Pleine d'assassins, de flatteurs;
Tes amis marchent sur tes traces;
Dans tes faveurs, dans tes disgrâces,
Ton destin doit régler le leur;
Ils ont partagé ta fortune;
D'une constance non commune,
Ils partageront ton malheur.

XXII

Cependant un grand Roi s'apprête 45
A te rétablir dans tes droits;
L'Espagne forme une tempête
Vengeresse du sang des Rois.
Objet de notre idolâtrie,
Cher Prince, venge ta patrie;
Songe qu'elle fut ton soutien,
Et que, dans son besoin extrême,
Tu dois rendre à son diadème 46
Tout ce qu'elle a fait pour le tien.

XXIII

En vain un pouvoir tyrannique
Pense t'en fermer les chemins,
Avec le secours Britannique
Et l'alliance des Germains; 47
Ouvre seulement la carrière;
La France n'a point de barrière
Qui ne s'abaisse sous tes pas,
Ni son sein d'enfants dignes d'elle,
Qui n'affrontent pour ta querelle
Toutes les horreurs du trépas.

XXIV

Poursuis ce Prince sans courage
Par ses frayeurs déjà vaincu ;
Fais que dans l'opprobre et la rage
Il meure comme il a vécu ;
Que sur sa tête scélérate
Tombe le sort de Mithridate   48
Pressé des armes des Romains ;
Et que son désespoir extrême
Ait recours à ses poisons même
Pour se garantir de tes mains.

Fin de la deuxième Ode.

REMARQUES

HISTORIQUES ET BIOGRAPHIQUES

SUR

LES PHILIPPIQUES

ODE DEUXIÈME

REMARQUES

SUR LA DEUXIÈME ODE

1. — *Toi qui par la pourpre*..... Jean-François-Paul de Gondi, Cardinal de Retz, Coadjuteur, ensuite Archevêque de Paris, était à la tête des frondeurs, au temps des troubles de la minorité de Louis XIV; il gouvernait le peuple et le Parlement, et s'opposait très-vigoureusement au Cardinal Mazarin.

L'annotateur de 1795 s'exprime ainsi :

« Le Parlement de Paris, dont le Cardinal de Retz dirigea longtemps toutes les volontés. On l'y vit prendre séance, en sa qualité de pair, ayant dans la poche un poignard dont on apercevait la poignée; sur quoi un plaisant dit : *C'est le bréviaire de notre archevêque!* »

2. — *Sur un Sénat*..... Le Parlement.

3. — *Pour donner*... Il y eut dix augmentations d'ar-

gent considérables; dans la première, la pièce de vingt sols fut portée à quatre livres. Il y eut de nouveaux écus de huit au marc, ce qui fixait le marc à 60 au lieu de 30.

L'édition de 1795 porte ce qui suit :

« Allusion à différents Arrêts du Conseil relatifs au système de finances imaginé par l'Écossais Law, et au papier-monnaie qu'il voulait introduire dans le commerce. L'un de ces Arrêts (27 décembre 1718) défend de faire des paiements en argent au-dessus de 600 livres; un second (du 23 septembre 1719) portait une diminution considérable sur les espèces monnayées; un troisième (du 11 décembre 1719) défend de faire des paiements au-dessus de 10 livres en argent, et de 300 livres en or; un quatrième enfin (du 27 février 1720) de garder chez soi plus de 500 livres en argent monnayé, sous peine d'amende et de confiscation, le tiers au dénonciateur, etc.

« *Cet arrêt*, dit un historien grave (Art de vérifier les dates, tome II, page 707, col. 1), *le plus funeste qui soit émané de l'autorité souveraine, fut l'époque et la cause d'une Révolution étonnante dans les mœurs de la nation. L'intérêt, amorcé par l'appât qu'il lui présentait, étouffa la voix de la nature et de l'équité. Le frère fut trahi par le frère, et le père par le fils. L'homme secourable fut écrasé par celui dont il avait prévenu la ruine. On vit des noms respectables anéantis, des noms vils ou flétris prendre leurs places.* »

4. — *Toi qui fus longtemps*..... Rome.

ODE DEUXIÈME.   301

5. — *L'autorité renaissante*......L'auteur dit renaissante, parce qu'après la mort de Néron, Galba, Otton et Vitellius, ces sénateurs, régnèrent à leur tour.

Sur Vespasien et Galba, Édition de 1795 : « Vespasien fut un prince très-avide d'argent, et fort peu délicat sur les moyens de s'en procurer. Il avait mis un impôt sur les urines. Son fils Titus ne l'approuvant point, Vespasien lui présenta la première somme qu'on en avait tirée, en lui disant : « *Cet argent sent-il mauvais ?* »

« Tout fut à vendre sous le règne de Galba, établissements d'impôts, impunité des crimes, condamnation des innocents, etc., etc. »

6. — *Des Vespasiens et*...... Empereurs, les tyrans de Rome.

7. — *Mortels qui tenez*......Le Parlement.

A ce passage des Philippiques, l'annotateur de 1795 écrit ce qui suit :

« Le Parlement de Paris s'opposa de tout son pouvoir à l'établissement de la Banque, et ne céda enfin qu'à l'autorité.

« Voici une anecdote connue, mais utile à répéter, qui montrera le peu de confiance que les gens sensés avaient aux opérations de finances de ce Law, qui bouleversa tant de fortunes au commencement du siècle, comme nous en voyons encore un si grand nombre s'altérer aujourd'hui par le papier-monnaie, qui nous affame et nous dévore (1795).

« Après la promulgation de l'arrêt du Conseil qui

accordait le tiers des confiscations au dénonciateur de ceux qui garderaient plus de 500 livres en espèces, le Président Lambert de Vernon va trouver le duc d'Orléans et lui dit : « Monseigneur, je viens vous dénoncer
« un homme qui a plus de 500,000 livres en or.—Ah!
« monsieur le Président, s'écrie le Régent avec son
« énergie accoutumée, quel f.... métier vous faites-là !
« —Monseigneur, reprend-il gravement, j'obéis à la loi ;
« c'est elle que vous qualifiez indirectement de la sorte.
« Mais, continue-t-il, que Votre Altesse Royale se rassure et me rende plus de justice : c'est moi-même que
« je viens dénoncer, dans l'espoir d'avoir la liberté de
« conserver au moins une partie de cette somme que je
« préfère à tous les billets de Banque. »

8. — *Pygmalion*..... Roi de Tyr. Il fit mourir Sichée, son beau-frère et ami de Didon, pour avoir ses trésors; ce prince était extrêmement avare, cruel et hypocrite; il devint encore amoureux d'une statue d'ivoire qu'il avait faite, et il en jouit. Il fut mis à mort par Astarbé, sa deuxième femme.

9. — *Leur voix est entendue*..... Le Parlement fit des Remontrances le 29 juin 1718 pour la première fois ; le Régent leur dit de les aller faire au Roi, et de s'aller faire f.....

L'Édition de 1795 confirme la réponse de notre manuscrit; voici la note :

« Forcé d'entendre les itératives remontrances du Parlement, le Régent répondit : « Vous avez tout dit,

« eh bien ! allez vous faire f.....! » On connaît le mot du magistrat qui portait la parole au nom de sa Compagnie : « Votre Altesse, dit-il gravement, ordonne-
« t-elle de faire mention de sa réponse sur les registres
« de la Cour ? » Mot qui fit changer de langage au prince, qui finit par s'exprimer avec la dignité qui lui convenait. »

10. — *De sa retraite défendue*..... Le Palais-Royal, habitation de Philippe d'Orléans, endroit célèbre par les petits soupers.

11. — *Quelles réponses*..... Ce sont les réponses ci-dessus, au sujet des remontrances faites par le Parlement.

12. — *Des Mezences*..... Mezence, roi des Goths, extrêmement cruel; Polyphème, cyclope, qui mangeait les hommes et méprisait les Dieux.

13. — *Jamais Ajax*..... Cet Ajax n'est pas celui qui disputa les armes d'Achille à Ulysse, quoiqu'il fût aussi au siége de Troye. Celui-ci était capitaine grec, fils d'Oilée; il viola Cassandre, fille de Priam, dans un temple de Minerve où elle s'était réfugiée. Cette déesse en fut si indignée, qu'elle envoya la peste, qui fit un grand ravage dans l'armée des Grecs, et foudroya Ajax qui, dans un emportement, avait blasphémé contre les dieux et bravé la foudre de Jupiter.

14. — *A quel Maître*..... Le Parlement avait eu la complaisance de casser le Testament de Louis XIV; il

avait déclaré le Duc Philippe d'Orléans, Régent de France.

15. — *Caligula*..... Succéda à Claude. Tibère l'avait nommé successeur à l'empire Romain; il eut tant d'impatience pour monter sur le Trône, qu'il étrangla son bienfaiteur de ses propres mains; il mourut quelque temps après. Il avait donné des marques de sa cruauté par la mort des plus illustres Magistrats.

L'édition de 1795 remarque ce qui suit : « C'est ce monstre gangréné de vices, qui souhaitait que le peuple romain n'eût qu'une tête, afin de pouvoir l'abattre d'un seul coup. »

16. — *Marius*..... Dans le temps des Triumvirats, Rome fut en proie à toutes sortes de cruautés. Marius et Sylla, deux capitaines romains, se prêtèrent mutuellement leur autorité pour opprimer ceux qui leur déplaisaient.

17. — *Déjà quels bataillons*..... Le 26 août 1718, le Régent fit mettre sous les armes la Maison du Roi, la nuit, pour tenir le Lit-de-Justice au Louvre; de peur d'émotion, il fit venir des troupes à Saint-Denis pour écraser le Parlement.

Version de 1795 :

« Avant la journée du Lit-de-Justice tenu le 26 août 1718, le Régent avait fait venir des troupes à Saint-Denis pour tenir le peuple en respect et écraser le Parlement.

ODE DEUXIÈME. 305

« Les préparatifs du Lit-de-Justice furent faits pendant la nuit; et, avant la pointe du jour, les régiments des gardes françaises et suisses, ainsi que la Maison du Roy, étaient sous les armes. »

18. — *Aux horreurs.....* Les guerres civiles de Charles IX, Henri III, Henri IV et Louis XIV [1].

19. — *Quel est cet appareil.....* Dès la pointe du jour, les Gardes françaises et suisses, et toute la Maison du Roy, étaient sous les armes pour le Lit-de-Justice tenu aux Tuileries.

D'Argenson, Garde des Sceaux, y parla avec beaucoup de hauteur et même de dureté.

20. — *Je vois deux colonnes.....* Le Parlement, ayant reçu l'ordre de se rendre au Louvre à huit heures du matin, sortit en robe rouge et marcha à pied sur deux colonnes. Le peuple le suivit sans mouvement; le Lit-de-Justice se tint; le Parlement fut exilé; D'Argenson, Garde des Sceaux, le maltraita beaucoup. Ces magistrats allèrent au Louvre en tremblant, et sortirent en fuyant.

Deux versions de 1795: «·Le ministre du Régent est M. D'Argenson, qu'il fit reconnaître pour vice-chance-

---

[1] L'annotateur de notre manuscrit fait ici une très-instructive énumération; cette note nous remet en mémoire un projet de notre jeunesse, que nous reprendrons probablement; nous avions conçu le dessein d'écrire l'histoire des guerres religieuses, pour démêler le degré de responsabilité qui revient à chacun.

lier et Garde des Sceaux au commencement de la séance. »

« Cent soixante-cinq membres du Parlement sortirent du Palais en robe rouge, et allèrent à pied, marchant sur deux rangs, jusqu'aux Tuileries, où la Compagnie était mandée pour tenir le Lit-de-Justice. »

21. — *Tels s'avancèrent*..... Coriolan, mécontent des Romains, se retira chez les Volsques, qui le firent leur général. Coriolan vint mettre le siège devant Rome, dans le dessein de la saccager. Le Sénat lui envoya des députés pour le fléchir, mais inutilement. La vue des Pontifes avec leurs ornements sacrés, et la vue des Vestales, ne lui firent aucune impression; enfin, il se laissa vaincre aux prières de sa mère.

22. — *Tels dans leurs murs*..... Les Gaulois, conduits par Brennus, ayant pris Rome, les Sénateurs s'assirent dans leurs chaises curules; ils y attendirent les Gaulois pour être massacrés. Ces barbares, les voyant immobiles, crurent tout d'abord que c'étaient des Divinités: mais, ayant reconnu que ce n'étaient que des hommes, honteux de cette méprise, ils les passèrent au fil de l'épée.

Version de 1795 : « Les Gaulois, qui sous la conduite de Brennus, prirent et brûlèrent Rome, l'an 387 avant l'ère vulgaire. En entrant dans cette ville, ils trouvèrent les Sénateurs et les vieillards qui n'avaient point voulu quitter leur patrie, ni lui survivre, assis tranquillement devant leurs portes dans leurs chaises curules, et revêtus de leurs robes de cérémonie. »

23. — *Camille*..... Les Gaulois, s'étant rendus maîtres de la ville de Rome, Camille assembla un petit nombre de gens résolus, qui chassèrent les Gaulois et rendirent la liberté à Rome. Camille s'acquit par cette action le titre de Restaurateur de sa patrie.

24. — *Digne chef...* M. de Mesme, premier président du Parlement.

Version de 1795 :

> Digne chef. . . . .
> Quel est l'état où je te vois?

« Le président de Novion, qui, s'étant mis d'abord à genoux devant le trône, suivant l'usage, y fut laissé tout le temps qu'il parla au nom de sa Compagnie [1]. »

25. — *Les blasphèmes*..... Les registres du Parlement furent rayés et bâtonnés [2] au Lit-de-Justice, avec les injures les plus atroces de la part du Régent.

26. — *Mais toi*..... Mgr le Duc du Maine, enfant bâtard légitimé du roi Louis XIV, chargé de l'éducation

---

[1] On nous permettra de trouver l'attitude au moins singulière, pour ne pas dire irrévérencieuse. Les vertus d'épine dorsale ne valent pas la virile éloquence. On ne doit pas s'agenouiller, quand on a l'honneur de faire des remontrances au nom de la justice!

[2] Le mot *bâtonnés*, rapproché de la posture du premier Président, emprunte à l'allusion un sel attique qui n'échappera personne.

du Roy par le Testament qui fut cassé, se vit dépouillé de cette charge au Lit-de-Justice, ainsi que de tous les droits de sa naissance.

Deux versions de l'Édition de Paris, en 1795 :

« Le duc du Maine, à qui on ôta la surintendance de l'éducation de Louis XV, qui lui avait été confiée par le feu roi. »

Avec les droits de ta naissance. . . . .

« Louis XIV, par une Déclaration de 1694, avait donné au Duc du Maine et au Comte de Toulouse, ses fils légitimés, la *préséance* sur tous les Pairs; par un Édit du 2 août 1714, il les avait appelés à la Couronne, au défaut de Princes du sang. La Déclaration et l'Édit furent révoqués dans ce Lit-de-Justice[1]. »

27. — *Entre deux cyclopes*..... M. le Duc et Mgr le Duc d'Orléans étaient borgnes tous deux, celui-ci par ses débauches, l'autre par un coup de fusil, qu'il avait reçu à la chasse, par suite de la maladresse de M. le Duc de Berry.

Deux versions de 1795 : « Le Duc d'Orléans et le Duc de Bourbon. Le premier avait la vue excessivement affaiblie, par suite de ses débauches; et le second était devenu borgne d'un coup de fusil reçu à la chasse.

---

[1] Le Parlement s'honora par sa noble et courageuse résistance aux volontés posthumes de Louis XIV. Jamais prétention semblable ne se vit, même dans l'histoire des monarques orientaux. Les enfants de la main gauche appelés au trône de France! O pouvoir personnel!

« Bourbon, plus dur et moins austère... M. le Duc (de Bourbon-Condé), compagnon de débauches du Régent, qui lui confia la surintendance de l'éducation du Roy, ôtée au Duc du Maine. »

28. — *ourbon, plus dur, etc.*..... Le Prince de Condé fut fait surintendant de l'éducation du Roy, à la place de M. le Duc du Maine.

29. — *Monstres d'Argos*..... Astrée et Thyeste.
Version de 1795: « Astrée, Thyeste, Agamemnon, et autres descendants de Pélops, que Racine appelle *une race funeste;* que Voltaire désigne par ce vers de son Oreste,

> Famille des héros et des grands criminels;

et que La Grange-Chancel lui-même avait déjà caractérisée plus particulièrement par ceux-ci de sa tragédie d'Oreste et Pylade (acte 4, scène 6):

> Meurtres, impiétés, adultères, incestes,
> Sont, de ce sang impur, les crimes les plus doux [1].

30. — *Eurotas*..... Rivière d'Asie, dans le Péloponèse.

31. — *Toi qui de ta famille*..... Le Czar Pierre Ier étant à Paris en 1718, ayant appris que son fils et une

---

[1] On le voit par cette citation, La Grange n'était pas plus tendre quand il maniait le vers alexandrin qu'avec le huitain, le mètre des *Philippiques;* son tempérament était satirique; c'était la pente de sa nature.

partie de sa famille conspiraient contre lui, il forma le dessein de faire mourir son fils aîné, ce qu'il exécuta à son retour; le second mourut de maladie et sa fille en prison.

32. — *Si Louis*..... Louis XIV.

33. — *La disgrâce de Villars*..... On crut que le Maréchal de Villars serait dévoué au Régent, qui le fit Président du Conseil de guerre, ce qui surprit d'autant plus que c'était lui-même qui avait fait le traité de Rastadt, qui confirmait la couronne à Philippe V; mais on connut que c'était un stratagème. En effet, il a toujours été comme disgracié depuis la mort de Louis XIV. D'autres disent qu'ils ne savent pas si l'auteur ne veut point parler du changement de Villars, parce qu'on prétend que Louis XIV lui avait confié un secret qu'il révéla au Régent.

A cette note très-importante de notre manuscrit, nous joignons la version de 1795; de cette façon, la lumière sera complète.

Que le silence de Villars...

« Ce silence est celui qu'il avait gardé sur les articles secrets du traité de Rastadt dont il avait été le négociateur, et par lesquels l'Empereur garantissait l'exécution du testament de Louis XIV, qui ôtait la Régence au Duc d'Orléans. »

34. — *Fidèle Adélaïde*..... Adélaïde de Savoie, Duchesse de Bourgogne, et mère de Louis XV.

ODE DEUXIÈME. 311

35. — *La mère d'Hector*..... Priam, Roi de Troye, ayant envoyé son fils Polydore avec de grands trésors à Polymnestor, Roi de Byzance, pour le faire élever, il égorgea ce jeune prince pour s'emparer de ses richesses. Hécube, mère d'Hector, ayant appris ce meurtre, aidée de ses femmes, vint arracher les yeux à ce barbare.

Version de 1795 : « Hécube, veuve de Priam, roi de Troye; on sait qu'elle creva les yeux de Polymnestor, roi de Thrace (et non de Byzance), qui avait tué son fils Polydore, pour s'emparer des richesses qu'on lui avait confiées avec ce jeune prince, à dessein de le soustraire à l'avidité des Grecs. C'est le sujet de la première tragédie d'Euripide. »

« C'est en parlant de Polymnestor que Virgile a fait cette réflexion sublime, applicable à tant d'hommes et à tant de circonstances :

... *Quid non mortalia pectora cogis,*
Auri sacra fames?. . .

36. — *Polymnestor*..... Le même dont il est parlé ci-dessus.

37. — *Ne voir ce père*..... Louis XV pleura lorsqu'on lui ôta M. le Duc du Maine, qu'il appelait son père; il le redemandait en vain.

Version de 1795 : « Louis XV enfant pleura plusieurs fois pendant la tenue du Lit-de-Justice, tant parce qu'on éloignait de lui *son papa* du Maine, qu'à cause des mauvais traitements qu'on faisait éprouver au Parlement. »

38. — *Noble compagne*..... Madame la Duchesse du

Maine, petite-fille du grand Condé. Elle soutint sa disgrâce avec beaucoup de fierté; mais elle se déshonora depuis dans l'affaire de Bretagne, ayant signé un Mémoire où étaient les noms de ceux qui étaient entrés dans le complot.

39. — *Un avorton....* Le duc de Saint-Simon [1], très-mal fait de corps et d'esprit, d'une naissance aussi basse que son génie. Ce fut lui qui fut chargé d'annoncer à Madame la Duchesse du Maine l'ordre de son exil; d'autres croient que l'auteur veut parler de l'Édit qui révoque les prérogatives des Princes du sang, et réduit le Duc du Maine au rang des Ducs et Pairs.

Ce prince fut conduit prisonnier à Dourlens, d'où il ne sortit qu'après la décharge de Madame la Duchesse du Maine dont on vient de parler.

Version de 1795 : « Le marquis de Saint-Simon, capitaine des gardes du Roy, d'une noblesse peu connue, et qui était encore plus vain qu'il n'était petit. Il fut généralement blâmé, pour s'être chargé d'annoncer à la Duchesse du Maine l'arrêt rendu contre son mari et ses enfants, et de la disposer à quitter l'appartement qu'elle occupait aux Tuileries. »

40. — *Lâches dont la paix.....* Ducs dont le premier

---

[1] On a vu dans l'*Étude*, chapitre *Régent*, ce qu'il faut penser de cet *avorton*. Le Duc, le meilleur observateur de son siècle, est ravalé par La Grange au rang d'un folliculaire. Intime ami de Philippe d'Orléans, il sut lui dire la vérité, mérite assez rare autour d'un trône; ses Mémoires ont immortalisé son nom.

fut fait colonel des Gardes ; il fut accusé de s'être caché à la bataille de Malplaquet. La Force fut un avare, un présomptueux, qui, cependant, faisait le métier d'épicier; il manqua d'être chassé du corps des Ducs par le Parlement. Saint-Simon fut un fourbe.

Sur ce point, l'édition de 1795 fait les réflexions suivantes :

« Le duc de Guiche, depuis maréchal de Grammont, accusé de s'être caché à la bataille de Malplaquet. Il obtint le bâton de maréchal, c'est-à-dire qu'il parvint au faîte des honneurs militaires, pour s'être saisi du palais de justice avec le régiment des gardes qu'il commandait, le jour où le Duc d'Orléans se rendit au Parlement pour faire casser le testament de Louis XIV.

« Le duc de la Force, l'un des hommes qui jouissaient de la plus haute faveur auprès du Régent, était d'une cupidité sordide. Il fut accusé de monopole devant la Chambre de l'Arsenal, décrété pour être ouï par la Cour des Pairs dont il était membre, et ne sortit de cette affaire qu'à force d'intrigues, mais non sans qu'il lui en restât une tache assez grave, puisqu'il fut dit dans l'arrêt : « *qu'il serait tenu de se comporter dans la suite* « *d'une manière irréprochable, tel qu'il convenait à sa di-* « *gnité de duc et pair.* »

41. — *Tandis que l'on accable*..... Le Duc du Maine et le comte de Toulouse, gouverneur de Languedoc, Guyenne, Bretagne, et Vice-Amiral.

42. — *Vois quelle affreuse*.... Exil de plusieurs mem-

bres du Parlement, après le Lit-de-Justice, tenu dans la nuit du 28 au 29 août 1718.

Le Régent fit enlever M. le Président de Blamont, MM. de Saint-Martin et Feydeau, — conseillers principaux.

La version de 1795 précisant davantage cet enlèvement, nous l'offrons à nos lecteurs :

> Vont chercher les plus nobles têtes
> Jusques dans le sein de Thémis.

«.Enlèvements nocturnes de MM. de Blamont, président, de Saint-Martin et Feydeau, conseillers, que l'on conduisit aux Iles d'Oléron et de Sainte-Marguerite [1]. Les Mousquetaires et les Gardes-du-corps furent chargés de ces expéditions. »

43. — *Nos guerriers*.... Les Mousquetaires ayant servi à ces honteuses expéditions, furent appelés les *valets* de la Régence; mais c'est aux officiers qu'il faut s'en prendre.

44. — *Fuis, Princesse*..... On avait conseillé à Madame la Duchesse du Maine de se retirer, quand on arrêta l'Ambassadeur d'Espagne [2].

---

[1] L'ile Sainte-Marguerite a vu des choses étranges sous la Monarchie; les temps modernes ont repris cette tradition historique.

[2] Philippe d'Orléans eut raison de faire arrêter Cellamare, ambassadeur de Madrid; il méditait la ruine de la France; les bâtards de Louis XIV se trouvaient dans le complot. Quel patriotisme !

La Duchesse du Maine conduisait cette intrigue, qui, si elle eût abouti, dépossédait le Régent au bénéfice de Philippe V d'Espagne.

Le duc de Richelieu et le marquis de Saillans (d'Estaing) furent

Version de 1795 : « Retraite de la duchesse du Maine à Sceaux, où elle fut arrêtée quelque temps après, et conduite à la citadelle de Dijon, dans le gouvernement du duc de Bourbon, qui eut, par conséquent, la honte de se faire en quelque sorte le geôlier de sa tante. Le duc du Maine fut relégué au château de Dourlens. »

45. — *Cependant on*..... Le roi d'Espagne, par le conseil du Cardinal Alberoni, son ministre, avait fomenté un soulèvement des Seigneurs de la Cour et de la Noblesse de Bretagne, pendant que l'Espagne armait une flotte pour soutenir l'entreprise; mais les vents contraires firent échouer la flotte, et l'affaire de Bretagne ayant été découverte, il y eut plusieurs seigneurs *de justiciés*, comme M. de Pommalbri.

Version de 1795 : « Philippe V, roi d'Espagne, ou plutôt Alberoni, son ministre, arma contre la France au commencement de 1719. »

46. — *Tu dois rendre*..... Le Roi d'Espagne eut des guerres considérables à soutenir contre l'archiduc; la France lui procura des secours.

47. — *L'alliance des Germains*..... Triple alliance entre l'Empire, l'Angleterre et la France. Le Régent

---

arrêtés et mis à la Bastille. Le duc de Richelieu avait écrit quatre lettres à Alberoni, par lesquelles il s'engageait à livrer Bayonne à l'Espagne. Le régiment du duc et le régiment du marquis se trouvaient à Bayonne. Dubois, qui avait éventé le projet, le fit échouer; la confiance du Régent lui fut acquise.

déclara la guerre au Roi d'Espagne, auquel il prit les places de Saint-Sébastien et de Fontarabie.

Quelques versions de 1795 :

> La France n'a point de barrière
> Qui ne s'abaisse sous tes pas.

« L'événement ne justifia point la prédiction : les Français ravagèrent la Navarre, prirent Fontarabie, Saint-Sébastien, etc., ayant pour général le duc de Berwick, dont le fils aîné, duc de Leyria, était grand d'Espagne de la première classe. »

> Des traités honteux s'exécutent.

« Traité de la triple alliance, conclu à la Haye, le 4 janvier 1717, par l'entremise de l'abbé Dubois. La France s'obligeait à donner dix millions aux Anglais, à chasser de son territoire le Prétendant qui s'y était réfugié, à démolir les forts de Dunkerque et de Mardick, etc., etc. »

> Un roi que les siens persécutent.

« Jacques Stuart, prétendant, connu sous le nom de Chevalier de Saint-Georges, renvoyé de France, en vertu du traité précédent.

« Le Régent, et le Roi Georges Ier (de Brunswick), tige de la maison de Brunswick-Hanovre, qui règne aujourd'hui sur les Anglais. Ce dernier fut appelé au trône par un acte du Parlement, où le parti des Wighs [1] de-

---

[1] La nation et le Parlement anglais sont partagés en deux grands partis politiques : les Wighs et les Tories ; le parti Wigh repré-

minait alors, quoiqu'il ne fût que petit-neveu de la reine Anne, dont le Prétendant (Jacques Stuart, troisième du nom) était le propre frère. »

> . . . . . On brise les barrières
> Que nous achevions d'élever.

« Démolition des forts de Mardick et de Dunkerque, accordée aux Anglais par le traité de l'abbé Dubois. »

48. — *Le sort de Mithridate*..... Roi du Pont, qui, ayant conquis presque toute l'Asie, fit égorger dans un

---

sente la fraction libérale conservatrice; le parti Torie représente la fraction conservatrice libérale.

La nuance est tout entière là : les Wighs sont plus libéraux que conservateurs, et les Tories sont plus conservateurs que libéraux. Néanmoins, et nous le démontrerons un jour si le loisir ne nous fait pas défaut, l'Angleterre est une *République constitutionnelle*, avec un roi *héréditaire* au sommet, ce qui la différencie de la République constitutionnelle française, qui possède un Président *électif*.

Les deux chambres sont les mêmes, avec des modes de recrutement dissemblables. La chambre des Communes anglaises n'est pas l'émanation pure du suffrage universel direct.

En Angleterre, *le Roi règne et ne gouverne pas ;* en France, le Président de la République *règne et gouverne.*

Le fameux axiome de science politique énoncé ci-dessus appartient à l'homme supérieur qui a su rendre à son pays de si grands services après la criminelle guerre de 1870, M. Thiers.

Effectivement, Louis-Philippe *régnait et ne gouvernait pas :* il joua sur un piano parlementaire, pendant dix-huit années, le grand air Guizot, avec force variantes plus ou moins contestables au point de vue de la prosodie politique; il alterna les basses et les soprani ; cependant, cette musique royale lassa un peu la France, qui changea son répertoire le 24 février 1848 !

même jour et à une même heure, tous les citoyens romains.

Enfin, ayant su que son propre fils s'était déclaré contre lui, il s'empoisonna pour ne pas tomber entre les mains de ses ennemis, et, voyant que le poison auquel il s'était accoutumé, ne produisait sur lui aucun effet, il se perça le cœur.

L'Édition de 1795, page 105, note 39, rend justice au Régent de France; elle met en évidence sa bravoure aux combats de Neerwinde et de Steinkerque, à Turin et à Lérida, où le grand Condé lui-même avait échoué; nous ne la reproduisons pas ici, puisqu'elle se trouve dans notre chapitre traitant de La Grange-Chancel.

Elle prouve, une fois de plus, — et surabondamment, — que le Régent avait de très-grandes qualités personnelles; les *qualités de prince* lui manquaient; on ne saurait trop le regretter, car l'interrègne pouvait encore sauver la monarchie, en évitant les Petits-Soupers et les saturnales de la Muette; l'interrègne ne servit qu'à précipiter les événements, au lieu de les prévenir; aussi l'homme d'esprit doublé d'un penseur, qui a annoté les Odes en 1795 reste-t-il muet sur les *qualités de prince*; cela nous étonne médiocrement.

De deux choses l'une: ou il faut accuser le Régent, ou il faut se taire; et l'annotateur de 1795 a préféré le silence.

Ces sortes de mutisme ne sont point de notre

goût. Les graves accusations de La Grange ne sont pas fondées, du moins en partie; mais les attaques satiriques visant les débauches effrénées, l'arbitraire du pouvoir personnel, restent à la charge de Philippe d'Orléans.

Sans l'atmosphère empoisonnée du Palais-Royal et de la Cour, le jeune Louis XV fût arrivé au Trône avec une perception plus nette du droit et une notion plus lumineuse du devoir; il eût gouverné la France avec plus d'amour pour ses peuples; et, en définitive, Louis XVI, son infortuné successeur, entraîné, lui aussi, par les intrigants et par la noblesse affolée, n'eût pas inscrit dans notre histoire une page sanglante, le 21 janvier 1793 !

Tout cela pouvait être évité par une bonne administration de Philippe d'Orléans; il ne le voulut pas; il nous paraît logique et juste de faire remonter la responsabilité jusqu'à lui. Nul homme sérieux ne récusera notre jugement.

L'histoire impartiale n'a pas deux points de vue; elle ne saurait en avoir qu'un; ses affirmations doivent être considérées comme des vérités, en dehors des débats spéculatifs qui occupent les intelligences; mais certains partis ont voulu posséder un père Loriquet, et, suivant ces errements, des groupes entiers de citoyens ont appris l'histoire revue, augmentée, ou considérablement diminuée, rédigée par les fortes têtes doctrinales de leur parti.

L'histoire ne craint pas ces mutilations; elle a son

sanctuaire dans toutes les consciences droites, — et il en reste encore assez pour faire pâlir les mensonges semi-officiels des hommes en robe longue, qui rédigent les annales du passé avec un sans-gêne incomparable.

Lumière! lumière! Ce fut le mot d'un grand poëte mourant.

Et nous aussi, comme Gœthe, nous appelons la lumière, la discussion, la sincérité, la conviction!

(L'annotateur de 1875.)

Fin des Remarques sur la deuxième Ode.

LES PHILIPPIQUES

ODE TROISIÈME

ODE TROISIÈME

I

Coupable Reine d'Amathonte,
Dont les excès impétueux
Ne laissent ni remords ni honte
Dans un tyran voluptueux;
C'est à toi, source d'infamie,
Que ma lyre, ton ennemie,
Veut adresser ses nouveaux sons,
Pour célébrer une victoire
Digne d'éterniser la gloire
Du plus cher de tes nourrissons.

II

En vain l'Espagne s'émancipe
De porter trop loin son pouvoir;
Albion se vend à Philippe,
Pour la ranger à son devoir.
Après cet exemple authentique,
Fais venir la Prêtresse antique,
Les honteux restes de Théra;
Fais que sa main voluptueuse
Dresse une couche incestueuse
Pour joindre Cynire à Myrrha.

III

Suis-le dans cette autre Caprée,
Où, non loin des murs de Paris,
Tu te vois bien mieux célébrée
Que dans l'île que tu chéris.
Vers cet impudique Tibère
Conduis Sabran et Parabère,
Rivales sans dissension;
Et, pour achever l'allégresse,
Mène Priape à la Princesse
Sous la figure de Riom.

IV

Que parmi les lascives troupes
De tes sujets les plus zélés,
Le vin se verse à pleines coupes,
Par la main des enfants ailés ;
Que la nature sans nuages
Montre en eux tous ses avantages,
Comme dans nos premiers aïeux ;
Qu'ils tournent leurs mains irritées
Contre des modes inventées
Pour le supplice de leurs yeux.

V

Vainqueur de l'Inde, Dieu d'Eryce,
Soyez les âmes du festin ;
Faites que tout y renchérisse
Sur Pétrone et sur l'Arétin ;
Que plus d'une infâme posture,
Plus d'un outrage à la nature,
Excitent d'impudiques ris,
Et que chaque digne convive
Y trouve une peinture vive
De Capoue et de Sybaris.

VI

Dans ces saturnales augustes,   19
Mettez au rang de vos égaux
Et vos gardes les plus robustes,   20
Et vos esclaves les plus beaux ;
Que la faveur ni la puissance,
La fortune ni la naissance,
Ne puissent remporter le prix ;
Mais que sur tous autres préside
Quiconque a la vigueur d'Alcide   21
Sous un visage de Pâris.   22

VII

Sommeil, donne enfin quelque trêve
A tant d'agréables travaux ;
Il faut que la fête s'achève
Par la douceur de tes pavots ;
Que chacun, content de soi-même,   23
Entre les bras de ce qu'il aime,
Se laisse tomber mollement ;
Et que, dans l'un et l'autre sexe,
La fin de cette pièce implexe   38
Soit digne du commencement.

VIII

Rome, tu n'es pas moins en proie
A ton implacable ennemi ;
Tibère dort, ivre de joie,   24
Mais Séjan n'est pas endormi.   25
Dans ses pareils, ou ses complices,   26
Il sait aux plus justes supplices
Ravir poisons, vols et duels ;
Et contre les cœurs les plus justes,
Les Busiris et les Procustes   27
N'ont jamais été si cruels.

IX

Sa barbare persévérance
A suivre son cruel penchant,
Du dernier soleil de la France   28
Avait obscurci le couchant ;
Aujourd'hui, son pouvoir plus vaste
Porte sa fureur et son faste
Dans un excès encor plus grand ;
De tant d'horreurs qu'on lui prodigue,
Le fer serait la seule digue
Qui pût arrêter ce Torrent.

X

Quoi, Thémis! ta brillante épée
Est inutile dans ta main!
Pourquoi n'est-elle pas trempée
Dans le sang de cet inhumain?
Pourquoi, pour prévenir leur chute,
Sous tant de bras qu'il persécute,
N'est-il pas encore abattu?
Entends tout un peuple qui crie :
« Un crime fait pour la patrie
« Devient un acte de vertu! »

XI

La patrie en vain vous implore [1] *!*
Vils Français! tremblez que sur vous
Le ciel n'appesantisse encore
Les fers dont vous semblez jaloux.
Qui vit esclave, est né pour l'être.
Armez-vous : dans le sang du traître
Effacez votre déshonneur.
Dieu suspend souvent son tonnerre;
Mais il mit le fer dans la terre
Pour en frapper l'usurpateur!

XII

Déserteur de ton Evangile, 30
Geai paré des plumes d'autrui,
La Force, où sera ton asile,
Lorsque tu perdras cet appui ? 31
Chez qui pourras-tu t'introduire,
Quand tu n'auras pour te conduire
Que le secours de tes clartés ? 32
Quelques visions séraphiques,
Peu de campagnes pacifiques,
Et beaucoup de vers empruntés !

XIII

Mais, comme dans la Tragédie
Les acteurs muets sont permis,
Ne crains point qu'on te congédie
Du poste où le tyran t'a mis ; 33
Pour s'approcher de sa victime,
Dans un rang encor plus sublime
Il va te créer un emploi ; 34
Tes pareils lui sont nécessaires ;
Qui trahit le Dieu de ses pères
Est digne de trahir son Roi !

XIV

Poursuis, Néron ! De tels ministres
Sont propres à te signaler.
Achève ! Tant de pas sinistres
Ne sont pas faits pour reculer.
Veux-tu t'assurer de l'Espagne?
Cède l'Alsace à l'Allemagne [2],
Les Trois-Évêchés aux Lorrains ;
Et, sourd aux cris de ta patrie,
Rends l'Aquitaine et la Neustrie
A leurs antiques souverains.

---

[1] Strophe dite de *Mirabeau*. L'infâme théorie du crime politique, contenue dans cette strophe, est réfutée dans l'*Etude*, au chapitre *La Grange-Chancel* ; voir aux Remarques sur l'Ode troisième, où nous revenons sur l'incident littéraire qui a rapproché les noms du comte de Mirabeau et de La Grange.

[2] Philippe d'Orléans ne devait pas céder ainsi l'Alsace à l'Allemagne.

Dubois avait trop de génie diplomatique, trop de patriotisme, pour prêter le flanc à l'étranger sur ce point. Les fautes de l'homme privé furent grandes; nous ne voulons pas les pallier, — mais l'imputation de La Grange est criminelle. La satire doit s'arrêter devant la Patrie.

L'Alsace et la Lorraine ont fait retour à l'Allemagne ; la France n'oubliera pas que la responsabilité de cette cession doit retomber *sur le second et dernier Empire*.

Fin de la troisième Ode.

REMARQUES

HISTORIQUES ET BIOGRAPHIQUES

SUR

LES PHILIPPIQUES

———

ODE TROISIÈME

REMARQUES

SUR LA TROISIÈME ODE

1. — *Reine d'Amathonte*..... Vénus, Reine d'Amathonte, ville de Chypre, qui lui était consacrée. D'autres disent que Vénus avait un temple sur une montagne appelée Amathonte.

Version de 1795 : « Vénus. Elle était honorée plus particulièrement dans cette ville de l'île de Chypre, où toutes les femmes se prostituaient, dit-on, à tous les hommes. »

2. — *C'est à toi, source*..... Les maîtresses du Régent furent Parabère, Émilie, Souris, la petite Le Roi, Sabran; à part Sabran et Parabère, les autres appartenaient à l'Opéra. Quelques autres femmes composaient le sérail ordinaire du Régent, auquel présidait la duchesse de Berry, sa fille.

Version de 1795 : « Toutes les histoires, tous les mémoires du temps, conviennent que le Régent se livra aux plaisirs de l'amour avec une licence effrénée. La marquise d'Argentan et la célèbre comédienne Desmares, les comtesses de Sabran et de Parabère, Émilie, Sourie, la petite Le Roi, ces trois dernières de l'Opéra, formaient son sérail, dont la duchesse de Berry[1] était en quelque sorte la première sultane.

« C'est elle que Voltaire désigne dans ces vers du treizième chant de *la Pucelle* :

« Vous répondez à ce signal aimable, (*de la volupté*)
« Jeune Daphné, bel astre de la cour,
« Vous répondez du sein du Luxembourg,
« Vous, que Bacchus et le Dieu de la table
« Mènent au lit, escortés par l'Amour.

3. — *En vain l'Espagne*..... Il se donna, au mois d'août 1718, un combat naval entre l'Angleterre et l'Espagne. Les Espagnols furent vaincus. Ils voulaient conquérir la Sicile et la Sardaigne.

Version de 1795 : « Une flotte anglaise, équipée de l'argent de France, surprit et battit celle d'Espagne dans

---

[1] A propos de la duchesse de Berry, nous avons pris nos positions au chapitre Régent.

C'est une des calomnies les plus atroces des sottisiers du temps; l'accusation d'inceste ne souffre pas la discussion ; elle tombe aussitôt.

Et c'est ainsi qu'on écrit l'histoire de France et qu'on ternit les réputations !

la Méditerranée, malgré un traité de paix récemment signé entre les deux nations. »

4. — *Albion se vend.....* L'Angleterre, gagnée par de grandes sommes, arma une flotte aux dépens de la France, qui battit celle d'Espagne. Les Anglais, pour s'en moquer, l'appelaient la flotte de France.

5. — *La Prêtresse antique.....* La vieille Princesse de Montauban, pourvoyeuse du Régent. Elle avait été maîtresse de Théra, chancelier du Régent ; elle était soupçonnée de coucher avec son beau-fils.

Version de 1795 : « Madame de Montauban, vieille courtisane, longtemps entretenue par Théra, chancelier du père du Régent, et qui s'était rendue nécessaire aux plaisirs de la Duchesse de Berry. »

6. — *Dresse une couche.....* L'inceste du Régent avec la Duchesse de Berry, sa fille.

L'édition de 1795, page 88, note 61, affirme également l'inceste, conséquence des passions révolutionnaires et du profond trouble jeté dans les meilleures intelligences. Après nos réserves et nos réfutations précédentes, nous pourrions laisser passer la note 6 de notre manuscrit ; nous ne l'avons pas voulu ; aujourd'hui surtout, il ne faut laisser aucune arme à deux tranchants entre les mains brutales *d'une presse à cancans*.

Notre rigidité de principes pour tout ce qui touche à l'honneur des morts, — que ce soit un tribun populaire¹ ou un roi, — nous vaudra sans doute quelques admonestations de la part des hommes absolus; — nous nous en consolerons, en pensant que la justice, elle seule, *a le droit d'être toujours absolue.*

Nous n'avons trouvé aucune preuve établissant l'inceste; nous devions le réfuter, — et nous l'avons fait.

La note 61, de 1795, contient la description d'une scène incroyable entre le Régent et sa fille; la mesure se trouve dépassée, c'est *obscène*.

Nous passons rapidement sur cette littérature ordurière. Les images qui souillent l'imagination de l'homme,

---

¹ Nous visons une Etude historique, indiquée déjà, sur *Danton, sa vie, son groupe, son œuvre* politiques, avec cette épigraphe : *Ils ont abattu l'édifice gothique ; ils ont édifié la société civile. L'histoire regrette le sang versé, — mais elle constate les améliorations sociales.*
Cette Etude, œuvre de réparation historique envers un illustre mort, le plus *modéré* et le plus *calomnié* des hommes de la Révolution, est en portefeuille; nous y mettrons la dernière main, après avoir donné les *Ruelles du dix-huitième siècle* ; nous ne pouvons pas intervertir l'ordre de publication, les *Ruelles* étant en quelque sorte une suite de notre travail sur la Régence. Les lecteurs attentifs ne nous pardonneraient pas cette école buissonnière.
La girondine Rolland, La Fayette, et, parmi les modernes, Lanfrey, Hamel, Horace de Viel-Castel, Hauréau et toute l'école politico-religieuse, ont terni la mémoire de Danton. — Lanfrey, tout en reconnaissant les grands côtés de ce caractère, et *les vérités dont il était le dernier dépositaire, et que seul il pouvait faire triompher* (Lanfrey, Essai sur la Révolution), adopte les calomnies des rollandistes.
Qu'il nous soit permis de citer, entre tous les éloquents défenseurs de Danton, l'honorable et savant docteur Robinet, l'un des exécuteurs testamentaires du génie philosophique auquel nous devons la doctrine positiviste : Auguste Comte !

finissent par s'infilter dans les mœurs. Quelques romanciers n'ont jamais paru se douter de cette vérité, aussi les ravages causés par leurs productions sont-ils incalculables. — La gaieté, oui; l'obscénité, non!

(*L'annotateur de 1875.*)

7. — *Cynire et Myrrha*..... Myrrha était fille de Cynire; elle fut violée par son père.

8. — *Ou non loin des murs*..... La Muette, maison qui servait aux plaisirs secrets de la Cour.
Version de 1795 : « Le château de la Muette, ou plutôt de la Meute, au bois de Boulogne, comparé à l'île de Caprée, près de Naples, où Tibère se retirait pour se livrer aux plus infâmes débauches. »

9. — *Cet impudique*. ... Le Régent.

10. — *Sabran et Parabère*..... Maîtresses du Régent, l'une appelée l'*Aloyau* et l'autre le *Gigot*; elle se servaient de pourvoyeuse l'une à l'autre.
Version de 1795 : « Maîtresses du Régent, toutes deux chéries en même temps de ce prince, sans doute à cause de leurs talents divers dans la carrière de la lubricité; ce que semblent indiquer les surnoms qu'il leur avait donnés : il appelait l'une l'*Aloyau*, et l'autre le *Gigot*.

11. — *Mène Priape à*..... Priape était cru le plus vigoureux et le meilleur des hommes; il était fils de Vénus et de Bacchus.

12.—*La figure de Riom*..... Riom, favori de la duchesse de Berry; elle en a eu trois enfants; le dernier lui causa la mort par une perte de sang; on les crut mariés. Il fut d'abord son écuyer.

Version de 1795 : « Nous avons déjà parlé de cet amant préféré de la duchesse de Berry. Elle en eut trois enfants, et mourut presque subitement en couches du dernier, des suites d'une perte de sang. On les crut mariés. Voltaire le nomme *de Rieux*. Voici quatre vers qu'on lit dans les variantes de la Pucelle :

> Faune et Priape, et le brutal Hercule,
> Forcés de fuir, rentrent dans les couvents ;
> Ils n'osent plus se faire voir en France
> Que sous les traits de Rieux ou de Vence.

— A propos de la Sabran, la Parabère, Riom, les petits soupers et les divertissements de la Muette, nous donnons la parole à l'Édition Poulet-Malassis, 1858.

« La Muette, Saint-Cloud, mais surtout le Luxembourg, étaient tour à tour le rendez-vous des maîtresses et des roués, de ces *jeunes gens de traverse et de ces dames de moyenne vertu* qui formaient, avec quelques gens obscurs, encore sans nom, brillants par leur esprit ou leur débauche, *la compagnie fort étrange* des soupers du Régent. *L'imagination du peuple*, dit Lemontey, *irritée par le mystère, exagérait la licence de ces orgies. Le Palais-Royal, sourd et impénétrable, apparaissait comme une île infâme retranchée au milieu des misères publiques; véritable Caprée, où cependant manquait un Tibère*. Là, avec les

Broglie, qu'on y appelait Brouglion, Nocé, le Braquemardus de Nocendo de la chronique de Papyrius, le beau Fargis, la Fare le bon garçon, Biron, d'Effiat, Brancas et Canillac, l'un la caillette gaie, l'autre la caillette triste, et quelquefois *ce petit drôle de Richelieu*, comme dit Madame, se rencontraient la seconde duchesse de Gesvres, digne femme du duc qui écrivait en marge du programme des fêtes du 5 août 1721 : *Beaucoup boire*; madame du Deffant, madame de Parabère, que le Régent appelait *son petit corbeau noir* quand il était au premier verre de champagne et le *gigot* aux suivants; madame de Sabran, madame d'Averne et madame de Berry, que les sottisiers appelaient *joufflotte*, et qui, avec sa taille massive, son teint rouge, *sa chair ferme et ses joues dures comme une pierre*, était si bien assortie avec Riom, *ce gros garçon court, joufflu, pâle, qui, avec force bourgeons, ne ressemblait pas mal à un abcès*. Tout ce petit monde railleur et gourmand, mêlé de quelques filles d'opéra, Émilie, Sourie, la petite Leroi, vivait en assez bonne intelligence, sauf les intrigues et les indigestions. La jalousie, en tout cas, n'y troublait le cœur à personne. *Ces dames*, disent les Mémoires de Richelieu, *n'étaient ni jalouses, ni ennemies; elles s'invitaient à des fêtes mutuellement, se donnaient des rendez-vous, se prêtaient même leurs amants, et cherchaient de nouvelles maîtresses au Régent*. Madame de Sabran y présenta successivement madame de Phalaris, mademoiselle Houel et madame Nicolaï. Madame de Parabère, sous les yeux du Régent, qui vivait avec ses maîtresses comme les patriarches avec leurs femmes, y recevait les inconstants hommages de Nocé, et madame de Brossay, maîtresse de Fargis, comptait jusqu'à cinquante-trois amants. »

« Les Mémoires de Richelieu, par Soulavie, donnent sur ces fêtes, dites d'*Adam*, dans l'organisation desquelles madame de Tencin montra tout le génie de la lubricité, des détails curieux. *D'autres fois on choisissait les plus beaux jeunes gens de l'un et de l'autre sexe qui dansaient à l'Opéra, pour répéter les ballets, que le ton aisé de la société pendant la Régence avait rendus si lascifs, et que ces jeunes gens exécutaient dans cet état primitif où étaient les hommes, avant qu'ils connussent les voiles ou les vêtements.* De la collaboration de cette femme dépravée, qui traitait la débauche comme une sorte de politique, avec Dubois, sortirent de nouvelles inventions non moins heureuses; le divertissement des *Flagellants*, par exemple. Tous ces ébats étaient copieusement arrosés de vin de Champagne, le seul, au dire de Madame, avec lequel le Régent s'enivrât volontiers. Marais nous apprend que pour n'en jamais manquer, il avait donné au grand prieur d'Orléans, son fils naturel, l'*abbaye d'Hauvillers où croît le bon vin de Champagne*. Ce vin émoustillant donnait aux paroles et aux gestes une liberté que les modes efféminées du temps ne devaient pas gêner beaucoup. La tête frisée ras et poudrée, *le corset échancré à l'excès, l'extrémité du pied jouant dans une mule, et pour robe cette étoffe impalpable de l'Inde, qui sert de papier aux manuscrits orientaux: telles furent les conditions de ce que la Régence appela, la première, un négligé.* — Ajoutez-y l'usage du masque qui préserve à la fois du soleil *et de la pudeur*, et des robes rabattues, vous conviendrez que des femmes ainsi deshabillées, fussent-elles des vertus, ne valaient pas, comme dit Sterne, la sentinelle. Le moyen de n'être pas légère avec un habillement dont un contemporain évalue *le poids à douze onces!*

« Saint-Simon, qui se faisait justement honneur de n'être pas admis à ces soupers, et qui, comme le sage d'Ibagnet, que Duclos nous montre refusant d'y suivre son maître, ne les voyait que de la porte, Saint-Simon nous laisse deviner, par le peu qu'il a entendu, ce qui devait s'y dire. *On buvait d'autant, on s'échauffait, on disait des ordures à gorge déployée et des impiétés à qui mieux mieux.* La duchesse de Berry, quand la scène était au Luxembourg ou à la Muette, admettait parmi les convives *le P. Riglet, jésuite, qui en savait dire des meilleures, et d'autres espèces de canailles.* En faisant de son confesseur le témoin de toutes ses fautes, la duchesse s'en épargnait le difficile aveu. Après Saint-Simon, tous les Mémoires insistent particulièrement sur le ton d'égalité qui régnait dans cette société où la débauche confondait les rangs. Les laquais et les cuisiniers étaient congédiés et remplacés à merveille, si l'on en juge par le Régent, qui, selon Madame, avait appris en Espagne à faire la cuisine. On se figure aisément les impiétés, et, comme dit Saint-Simon, les *gueulées* qui assaisonnaient ces divertissements. C'était la spécialité de Nocé, *qui disait sur le compte de tout le monde ce qui lui passait par la tête.* Quant à Broglie, madame de Berry m'a dit, raconte Madame, *que les plaisanteries de Broglie consistent à dire grossièrement les plus grandes ordures*, *etc.*, *etc.* C'est au bruit de ces médisances et de ces blasphèmes que l'on représentait, selon les Mémoires de Richelieu, *ce que les Romains, ce que les Grecs, ce que les cours d'Italie les plus corrompues avaient imaginé de plus piquant, de plus voluptueux ou de plus infâme. On l'exécuta ou bien on en fit des essais; on mit en action Messaline et Cléopâtre.*

« *Il n'y avait plus alors dans la compagnie, ni princes, ni comédiens, ni maîtresses, ni ton, ni cérémonial; les rangs confondus y étaient dans une égalité parfaite; celui qui pouvait dire les choses les plus piquantes était celui qui y dominait; quelquefois même, oserai-je le dire? on éteignait les bougies, et le duc d'Orléans qui, de son naturel, était fort curieux des anecdotes scandaleuses, ayant placé une fois des flambeaux allumés dans une grande armoire disposée favorablement, en ouvrit les deux battants à la fois et dévoila dans l'instant de grands secrets à la compagnie.* Quant aux gardes les plus robustes, c'est une allusion aux gardes de la duchesse de Berry, aux fameux *Mirbalais*. Quant à ce qui est de leurs fonctions, nous sommes forcés de renvoyer le lecteur au tome XIII, page 253, du *Recueil Maurepas*. Page 87 du tome XIV, on peut voir aussi, en raccourci, ce que c'était qu'une orgie à la Muette. Mathieu Marais, à la date du 28 février 1722, raconte aussi une débauche faite chez le Régent, et dont la princesse de Léon fut l'héroïne. Le Régent, loin d'être jaloux de cette promiscuité, y trouvait le seul plaisir auquel fût sensible son âme blasée. *Tout de la part de ces femmes lui est égal, pourvu qu'elles le divertissent. Il y a aussi une chose que je ne puis comprendre : il souffre que ses propres serviteurs soient en rapport avec ses maîtresses, etc.* (Madame). C'est en présence de ces scènes de dépravation et d'abaissement systématiques, que Madame de Sabran, comme le faisait déjà Fontenelle aux premières orgies de Saint-Cloud, ne trouvait aucune différence entre l'âme des princes et des laquais, les disant pétries par Dieu d'un reste de la même boue. »

« Lorsque les convives, rassasiés, ne souriaient plus que médiocrement aux lazzis de Nocé, — lorsque la Parabère, l'œil mi-clos, laissait tomber sur l'épaule du premier venu sa tête alourdie, — lorsque madame de Sabran bâillait entre deux saillies, et que le Régent, encore outré de la résistance opiniâtre de la belle La Rochefoucauld, portait la main à son œil malade des suites de la lutte, — lorsque enfin La Fare avait montré cette lanterne magique de sa composition, où dansaient les figures de l'Arétin, l'obscurité succédait à la lumière, et de silencieuses saturnales succédaient aux saturnales bruyantes. Parfois aussi, au lieu de demeurer à la Muette ou à Saint-Cloud, le Régent rentrait au Palais-Royal, et, dans les transports de son ivresse, voulait forcer La Fare, aussi gris que lui, à lui couper la main droite.

« Finissons, ne fût-ce que pour purifier ces quelques pages, par ce couplet naïf et touchant qui, dès 1716, sort comme un soupir de quelque âme naïve et candidement indignée :

Hontes de la Régence (dès 1716).

« Ah ! prions tous le doux Sauveur
« Que nous laissant un peu de cœur,
« Il oste aux estrangers la veüe
« De nostre honte toute nüe,
« Qui fait rougir sincèrement
« Le plus petit et le plus grand. »

(De Lescure, 1858.)

13. — *Que parmi les lascives*..... Description naturelle des repas nocturnes de la Muette, qui étaient de six hommes et de six femmes nus, et servis par les pages les plus beaux, également nus. . . . . . .
. . . .

Nous ne pouvons pas transcrire entièrement cette note 13, de la page 64 de notre manuscrit. Le sentiment exact des égards que nous devons à nos lecteurs nous fait un devoir de couper la fin. Triste époque, celle où les mœurs furent corrompues à ce point, que la langue la plus souple doit s'avouer vaincue ! — L'allusion la plus déliée y brûlerait ses ailes !

(L'annotateur de 1875.)

14. — *Qu'ils tournent leurs mains*..... *Par leurs

exercices, ils s'excitaient au plaisir les uns les autres, ce qui l'irritait d'autant plus, qu'ils avaient de quoi payer ce qu'ils désiraient, et que, naturellement, ils étaient portés à bien jouer leur rôle.

Version de 1795 : « Dans les orgies qui se faisaient à la Muette, les plus beaux pages du Régent, et de jeunes et charmantes filles, servaient à table absolument nus. »

15. — *Vainqueur de l'Inde.....* Bacchus et Cupidon, dieux jaloux, ennemis de l'homme.

Version de 1795 : « Le vainqueur de l'Inde est Bacchus ; le dieu d'Eryce, l'Amour, ainsi appelé de la ville d'Eryx, dans la grande Grèce, où il avait régné. »

16. — *Pétrone et l'Arétin.....* Pétrone, chevalier romain, excessivement voluptueux, qui a écrit les débauches de Néron. L'Arétin, auteur italien, qui a peint les plus infâmes postures de l'amour, et qui a représenté les débauches du Pape.

Version de 1795: « Pétrone, écrivain latin, contemporain de Néron, connu principalement par sa satire ingénieuse, et un peu trop libre, du *Festin de Trimalcion*.

« L'Arétin, auteur italien mort vers le milieu du seizième siècle, et de qui les ouvrages d'un cynisme effronté ont servi de modèles à tant de copies abominables. »

17. — *Plus d'un outrage à la nature.....* Lorsque quelqu'un ou quelqu'une se trouvaient enrôlés dans la confrérie de Sodome, les ris et les jeux redoublaient.

18. — *Capoue et Sybaris*..... Capoue, ville d'Italie, efféminée, où Annibal et toute son armée s'amollirent dans les délices, — ce qui fut cause de leur défaite. Les habitants de Sybaris, ville de la Calabre, n'aimaient que la mollesse de la table. Ces deux villes et leurs habitants sont restés légendaires.

19. — *Dans ces saturnales*..... Fêtes en l'honneur de Saturne, qui se célébraient à Rome; pendant ces fêtes, les esclaves mangeaient avec leurs maîtres.

Version de 1795: « Les saturnales étaient des fêtes qui se célébrèrent longtemps à Rome avec la plus grande licence. Entre autres excès auxquels on se livrait pendant leur durée, l'Empereur et onze de ses favoris s'habillaient en dieux, et douze concubines en déesses. Après le repas, chaque dieu allait coucher avec une des déesses. »

20. — *Et vos gardes*..... Compagnie de quarante gardes de Madame la duchesse de Berry, tous robustes et très-bien faits; ils étaient appelés les *Myribales*; sur la fin du repas, dans le fort de la débauche, on faisait entrer les plus beaux et les plus vigoureux; ils ne sortaient qu'après avoir fait preuve de leurs *vertus*.

Version de 1795: « Le Régent s'était formé une compagnie de quarante gardes qu'on appelait les *Mirebalais*. Les plus vigoureux d'entre ces gardes étaient admis aux débauches du Prince. »

21. — *La vigueur d'Alcide*..... Hercule, ou Alcide, qui *engrossa* sept filles en une nuit.

Version de 1795 : « L'Hercule des Grecs fit, dit-on, cinquante enfants dans une nuit, à cinquante jeunes filles, qu'il déflora successivement, — ce qu'un homme de beaucoup d'esprit (le comte de Tressan) a fort plaisamment appelé *le plus incroyable de ses travaux.* »

22. — *Son visage de Pâris.....* Pâris, fils de Priam, était le plus bel homme de son siècle ; on sait son Jugement entre les trois déesses.

23. — *Que chacun content.....* Les lits étaient préparés ; chacun couchait avec ses inclinations.

24. — *Tybère dort yvre.....* Tibère, troisième Empereur romain, *très-cruel et très-débauché*[1], auquel on compare le Régent.

25. — *Mais Séjan.....* Ministre de Tibère et son favori. Il emprisonna Drusus, Agrippine et Germanicus ; on lui compare d'Argenson.

Version de 1795 : « M. d'Argenson, *l'âme damnée* du Régent, comparé à Séjan, ministre tout-puissant de Tibère, qui tyrannisa longtemps les Romains sous le nom de cet empereur retiré à Caprée. »

26. — *Dans ses périls.....* D'Argenson fit sortir Pom-

---

[1] « *La volupté et la cruauté sont le même phénomène* », a écrit un observateur sagace doublé d'un poète de génie, Victor Hugo, dans la lettre servant de préface à la *Sémiramis ailée*.

Toutes les reines voluptueuses furent des femmes sanguinaires ; quant à Rome, ses empereurs dépassèrent les limites du monstrueux. Hugo le dit en termes simples et vrais.

mereux, qui se trouvait en prison; une lettre de cachet l'y ayant fait entrer, il dut le faire sortir à minuit, afin de ne rien ébruiter. Il donna à trois ou quatre de ses inspecteurs des lettres de réhabilitation, quoiqu'ils eussent été condamnés aux galères; Gras, Leroux, Lecouvreur et autres furent de ce nombre.

Versions de 1795 : « *Ravir poison, vols et duels.* Allusion aux différents coups d'autorité par lesquels le Régent empêcha la chambre de justice de décréter d'Argenson; il fit sortir de prison l'inspecteur Pommereux, par une lettre de cachet; il donna des lettres de réhabilitation à trois ou quatre autres flétris précédemment. »

« Les nommés Gruez, receveur de la capitation; Lenormant, Cailly, Tisserand, *Pommereux*, etc., etc., inspecteurs de police, *piloriés*, et condamnés à l'amende et aux galères. »

« Le Régent fit retirer de la chambre de justice une cassette saisie chez *Pommereux;* il se réserva même l'examen des papiers qu'on avait trouvés chez *Cailly*, principal confident de d'Argenson. »

Quant aux honnêtes négociants de cette époque véreuse, si vous voulez les voir en déshabillé vertueux, écoutez encore cette édifiante note de 1795 :

> *Rentrez, troupe indigne de vivre,*
> *Dans le néant dont vous sortez...*

La plupart des gens d'affaires de ce temps-là étaient de la plus basse extraction, comme laquais, fils de portefaix, ou des plus vils métiers. Huit cents d'entre eux furent taxés à de grosses sommes, quelques-uns à un million et plus, ce qui ne les fit cependant pas tous *rentrer dans le néant,* selon le vœu de l'auteur; car nous avons vu plusieurs de leurs descendants jouir encore de fortunes énormes, et occuper les premières places de la magistrature ou de la finance. Citons le prévôt de Paris, Boulainvilliers, descendant du juif Samuel Bernard, que la Chambre taxa à quatre millions. Citons encore Hérault, marchand de bois, père du lieutenant général de police de ce nom; les Paris-Duverney et de Montmartel, fils de cabaretier de Grenoble, et morts marquis de Brunoy et autres lieux; les Lenormand de Tournehem et d'*Étioles,* oncle et mari de la célèbre marquise de *Pompadour;* les Crozat, d'Ogny, La Poupelinière, Chauvelin, Savalette, Grimod de la Reynière, etc., etc.

27. — *Les Busiris et les Procustes.....* Busiris, roi d'Égypte; il faisait égorger tous les étrangers qui venaient chez lui pour les sacrifier à ses dieux; il fut tué par Hercule. Procuste fut un insigne brigand du pays Attique, qui étendait les passants sur un petit lit et leur faisait couper les pieds et les mains, quand ils se trouvaient plus grands que le lit; il faisait allonger ceux qui n'étaient pas assez grands.

28. — *Du dernier soleil.....* Le duc de Bourgogne, aujourd'hui roy de France. M. d'Argenson a beaucoup terni la fin du règne de Louis XIV, en abusant des lettres de cachet pour opprimer les honnêtes gens; ses crimes

ne firent qu'accroître dans la suite; le Parlement lui aurait fait son procès, si le Régent ne l'en eût point mis à l'abri, *en le faisant Garde des Sceaux*[1].

29. — *Quoi, Thémis!*..... La Chambre de Justice avait tenté inutilement de faire le procès à M. d'Argenson.

30. — *Déserteur de son Évangile*..... Le duc de la Force était autrefois de la religion protestante; il a fait quelques controverses dans ses terres avec ses paysans, deux campagnes dans les Mousquetaires, et quelques vers pillés; avec cela il veut être savant, brave, poëte, et — qui plus est — homme d'esprit!

Versions de 1795 : « Le duc de la Force était né huguenot; mais il avait abjuré. Son aïeul, Jacques Nompar de Caumont, fut le seul de sa maison qui échappa, jeune encore, à la fureur des Guises, dans le massacre de la Saint-Barthélemy.

« Ce duc avait reçu de Louis XIV une pension de douze mille livres en récompense des missions qu'il avait faites dans ses terres. — Il avait fait, avec les Mousquetaires, deux campagnes, *où ce corps resta dans*

---

[1] Cette façon de mettre au département de la justice un homme taré, afin de le soustraire aux atteintes de la Loi, est une de ces agréables inventions qui étaient dignes de germer dans un cerveau de la Régence.

C'est ingénieux au possible, si ingénieux même qu'il serait difficile de faire mieux. Vu le genre d'opération, nous avouons que c'est un hors-d'œuvre !

ODE TROISIÈME. 351

l'inaction. — Sa manie était de passer pour savant et pour poëte.

« Il était membre du conseil de Régence, et président de celui de Commerce.

« Le duc de la Force avait prié le Régent de créer pour lui une surintendance des plaisirs du Roy. — Cette charge n'existait donc pas alors? C'est donc à un pair de France qu'on est redevable de la première idée de cette place brillante de *Surintendant des Menus-Plaisirs*, qui a subsisté avec tant de gloire jusqu'au commencement de la Révolution. »

L'annotateur de 1875 s'associe aussi pleinement que possible au sentiment de réprobation contenu dans les lignes précédentes ; rarement le servilisme est allé aussi loin ; les Cours engendrent cette infirmité morale, qui consiste à se ravaler pour le plus grand plaisir du prince ; la théorie est connue ; les conséquences de la pratique ne le sont pas moins. On peut comparer les Cours à une immense et puissante machine pneumatique où la conscience, privée de l'air vivifiant du vrai, tombe dans une profonde inertie ; que d'exemples, dans notre siècle, viennent encore appuyer nos observations !

Les plus hideux attentats contre la souveraineté des peuples se raisonnent et se combinent dans les Cours, comme un chimiste habile analyse et combine des gaz, comme un médecin, opérateur consommé, étudie au scalpel une lésion curieuse pour la science ; ces attentats se consomment; le 18 Brumaire a trouvé des coopérateurs; le 2 Décembre en a trouvé de non moins dociles, et même un Archevêque, qui a bien voulu entonner le chant d'actions de grâces *en l'honneur de la force primant le droit!*

Le duc de la Force, en briguant la place de *Surintendant des plaisirs du Roy*, se couvrit de honte, — mais la honte semble si facile à porter aux serviles! Tacite les connaissait bien; il les a marqués de son fer rouge; son éloquence contenue, si admirablement expressive, les poursuivra dans les siècles, comme les tortures poursuivent les damnés dans les cercles de l'Enfer du Dante.

(*L'annotateur de 1875.*)

31. — *Lorsque tu perdras*..... Les terres du duc de La Force se trouvaient sous séquestre; le Régent le fit lever incontinent, en reconnaissance des services rendus par le duc et pair, bon courtisan. Les princes aiment les âmes cadavéreuses, et ils savent se les attacher par des faveurs.

32. — *Que le secours*..... Le duc de la Force était de l'Académie française, où le poëte prétend qu'il a été admis plus par faveur qu'à cause de son illustration poétique. Il a osé faire représenter sous son nom une tragédie dont il n'est pas l'auteur. C'est l'éternelle et désopilante histoire du geai revêtu des plumes brillantes du paon!

33. — *Du poste où le Tyran*..... Il fut créé vice-chan-

celier des Finances; cette sinécure était gravement rétribuée; le duc n'était autre chose qu'une machine à signatures.

34. — *Te créer un emploi*..... On parlait de lui donner la place de Villeroy.

Cette note de notre manuscrit vient de l'Édition hollandaise de 1723; nous la transcrivons par devoir, ne voulant pas tronquer, fût-ce pour une ligne, à moins de corrections nécessitées par *les grandes privautés de langage,* une Édition de notes, qui, nous l'espérons, donnera pleine satisfaction aux savants et aux gourmets littéraires ; ces notes, on l'a discerné au premier flair, respirent le génie du dix-huitième siècle, clair, précis, méthodique, avec une liberté d'expressions que nous ne pouvons pas admettre dans un ouvrage sérieux. — Mais il ne fut jamais question de La Force pour le poste de Villeroy; l'annotateur du manuscrit a suivi la version de 1723, sans consulter les auteurs autorisés de l'époque.

(*L'Annotateur de 1875.*)

35. — *Poursuis, Néron*..... Empereur cruel, auquel on compare le Régent. Les ministres de ce dernier étaient Le Blanc, d'Argenson, Desforts et le trop fameux Law.

Notre manuscrit ajoute *Law et sa séquelle :* le mot nous a paru excellent en toute manière ; et, si l'on songe aux dilapidations de numéraire, aux espérances déçues du papier-monnaie, à la banqueroute nationale, au système d'inquisition inventé pour punir ceux qui préféraient l'or au papier, nos lecteurs nous sauront gré de souligner *Law et sa séquelle;* le mot est d'une autre époque; notre tour moderne de phrase n'est pas fait pour l'enchâsser, — mais il vaut, à lui seul, une peinture hollandaise, — et des meilleures !

(*L'Annotateur de 1875.*)

Version de 1795 : « L'auteur a imité les vers de *Britannicus* (act. 5, scène 6), parce qu'un jour que l'actrice chargée du rôle d'Agrippine les récitait sur le théâtre du Palais-Royal, les yeux des spectateurs se tournèrent vers la loge occupée par le Régent et ses favoris. »

Autre version de 1795 :

« *Veux-tu t'assurer de l'Espagne.* Il est très-vrai que, dans l'intention de contenir l'Espagne, puissance qu'il craignait le plus alors personnellement, le Régent fit tout pour se concilier la bienveillance de l'Empire, de l'Angleterre et de la Hollande; mais nous n'avons vu nulle part qu'il ait jamais été question des cessions dont parle ici l'auteur, sinon dans ce couplet des Noëls du temps :

> Arrivant d'Angleterre,
> L'Ambassadeur Dubois,
> En mettant pied à terre,
> Aperçut les trois rois;

> Faisons vite un traité,
> Dit-il, avec ces princes ;
> Donnons des millions, don, don ;
> *S'il ne suffisent pas, là, là,*
> *Lâchons quelques provinces !*

« Mais des chansons ne sont pas des autorités assez sûres pour une inculpation aussi grave; et nous avons dû le dire. »

L'honnête homme de 1795 donne ici un bon exemple d'impartialité. L'historien, rédigeant une note, ne doit rien négliger; les lumières sont nécessaires, indispensables; il ne faut rien accepter sans preuves dûment contrôlées, — c'est la règle.

(L'Annotateur de 1875.)

36. — *Les trois Évêchés*..... Metz, Toul et Verdun.

37. — *Rends l'Aquitaine*..... La Guyenne et la Normandie devaient être rendues aux Anglais.

Version de 1795 : « *Les antiques souverains de l'Aquitaine et de la Neustrie* sont les Anglais. Leurs rois eurent la Normandie comme successeurs de Guillaume le Conquérant; et l'Aquitaine, en épousant Éléonore de Guyenne, femme répudiée de notre roy Louis VII. Ils n'ont été absolument expulsés du continent qu'après la prise de Calais par le duc de Guise en 1557. »

La Grange-Chancel, nous l'avons vu dans l'Étude, fait flèche de tout bois quand il veut frapper et faire beaucoup de mal; ce procédé satirique est lamentable, surtout dans le cas qui nous occupe.

La Patrie ne doit jamais servir les rancunes, toujours vives et injustes, des partis politiques; elle doit les dominer, les enseigner, les pénétrer d'un amour commun; elle doit même, à un moment donné, prendre leurs mains et opérer une salutaire réconciliation; — mais nul écrivain, satirique ou historique, critique ou théologique, ne sera admis au bénéfice des circonstances atténuantes, s'il a commis le crime contre la Patrie, s'il a traîné ce nom sacré dans les luttes ardentes des factions.

La Grange fut coupable de prêter à Dubois, qui avait l'instinct diplomatique très-clairvoyant et très-développé, des intentions *de cessions;* Dubois ne les eut jamais; ses travers et ses débauches ne lui voilèrent pas les dangers inhérents à une trop grande souplesse dans les rapports diplomatiques avec les Cabinets étrangers; le Régent, homme supérieur, qui avait de lumineuses et fréquentes éclaircies d'intelligence politique, ne se fût pas accommodé d'un ministre aussi *transigeant;* à tous ces titres, la calomnie de La Grange ne pouvait pas repasser sous notre plume sans provoquer notre réprobation. Aux vivants, la vérité; aux morts, la justice : c'est notre devise !

Aujourd'hui que l'horizon se charge de nuages, et que la question orientale, mélangée d'un élément Slave, menace de provoquer une perturbation dans les rapports des grandes puissances européennes, il n'est pas sans quelque opportunité de recommander aux publicistes le ménagement le plus absolu, pour tout ce qui concerne la Patrie et nos nouvelles frontières de l'Est; sauf des exceptions regrettables, la presse française l'a compris avec un sens patriotique qui l'honore; seuls, *les écrivains à sensation d'une certaine presse à cancans* se refusent à sacrifier leurs haines au bien commun; nous verrons jusqu'où peuvent aller la mauvaise foi et les rancunes de ces plumitifs éhontés.

S'ils avaient besoin d'un conseil venu de plus haut, et leur communiquant avec plus d'intensité l'amour de la Patrie, non pas éteint, Dieu nous garde de l'insinuer, mais sacrifié aux fatales nécessités de parti, nous répéterions ici ces éblouissantes strophes de Victor Hugo :

> Oh! t'abaisser n'est pas facile,
> France, sommet des nations!
> Toi que l'idée a pour asile,
> Mère des révolutions!
> Aux choses dont tu fais le moule
> Tout l'univers travaille en foule;
> Ta chaleur dans ses veines coule;
> Il t'obéit avec orgueil;
> Il marche, il forge, il tente, il fonde;
> Toi, tu penses, grave et féconde. —
> *La France est la tête du monde,*
> *Cyclope dont Paris est l'œil!*
>
> Te détruire? audace insensée!
> Crime! folie! impiété!
> Ce serait ôter la pensée
> A la future humanité!

Ce serait aveugler les races !
Car, dans le chemin que tu traces,
Dans le cercle où tu les embrasses,
Tous les peuples doivent s'unir !
L'esprit des temps à ta voix change !
Tout ce qui naît sous toi se range ! —
Qui donc ferait ce rêve étrange
De décapiter l'avenir ?

Te bâillonner ! — Rois, Dieu lui-même
Pourra vous le prouver bientôt,
Ce siècle est un profond problème
Dont la France seule a le mot.
Ce siècle est debout sur la rive,
D'une voix terrible ou plaintive,
Questionnant quiconque arrive.
Tribuns, penseurs, — ou rois, hélas !
Il propose à tous, dès l'aurore,
L'énigme inexpliquée encore,
Et, comme le sphinx, il dévore
Celui qui ne le comprend pas.

T'insulter ! t'insulter ! ma mère !
Mais n'avons-nous pas tous, ô ciel !
Parmi nos livres, près d'Homère,
Quelque vieux sabre paternel ?
Nos pères sont morts, France aimée !
Mais de leur foule ranimée
Peut-être on ferait une armée
Comme on en fait un Panthéon !
Prêts à surgir au bruit des bombes,
Prêts à se lever si tu tombes,
Peut-être sont-ils dans leurs tombes
Entiers comme Napoléon !

Et quel temps fut jamais plus grave et plus sévère ?
Le Christ déraciné tremble sur le Calvaire,

ODE TROISIÈME. 359

> Oh! que d'écroulements! tout chancelle à la fois,
> Tout plie et rompt, les grands sous la charge des haines!
> Les rois sous le fardeau du sort, les lois humaines
>   Sous le poids des divines lois!
>
> Rien de ces noirs débris ne sort — que toi, pensée!
> Poésie immortelle à tous les vents bercée!
> Ainsi, pour s'en aller en toute liberté,
> Au gré de l'air qui souffle ou de l'eau qui s'épanche,
> Teinte à peine de sang, la plume chaste et blanche
> Tombe de l'oiseau mort et du nid dévasté!
>
>   (décembre 1840.)

Voilà de grandes pensées jetées dans un moule incomparable de beautés et d'harmonies! Voilà des conseils tombés d'une lèvre inspirée, éloquente comme la vision, émue comme la prière, persuasive comme un serment! Qui n'écouterait le patriote? Qui ne s'inclinerait devant une vieillesse aujourd'hui doublement sacrée, et par le génie, et par le malheur? Ah! de telles paroles nous raniment; quand les préoccupations de politique étrangère viennent nous assiéger, nous aimons à réciter ces vers :

> La France est la tête du monde.
> Qui donc ferait ce rêve étrange,
> De décapiter l'avenir?

Et, plus confiants, plus courageux, nous reprenons notre tâche, encouragé par cette voix qui semble sortir de la nue, et qui revêt, pour féconder nos esprits et remuer nos cœurs, les plus splendides formes du langage humain, — et nous remercions le voyant, le poëte, l'ami de toutes les heures, le Maître bienveillant dont les avis précieux accompagnent toujours *le nouvel introduit* dans la famille littéraire!

(*L'Annotateur de 1875.*)

38. —

> Et que dans l'un et l'autre sexe
> La fin de cette pièce *implexe*
> Soit digne du commencement.

Ce terme, peu usité maintenant, appartient à la poésie antique; il s'applique à une pièce qui contient de brusques changements, soit poëme, soit ouvrage dramatique, dans lequel il y a ou reconnaissance, ou péripétie, ou les deux dénouements, ce qui, précisément, constitue le caractère implexe.

Voici, d'ailleurs, la définition autorisée d'un savant de premier ordre, M. Littré: « Terme de poésie dramatique. Composé d'événements variés, quoique liés naturellement au sujet. Une action peut être *implexe* sans être double: simple, parce qu'elle n'a qu'une seule catastrophe, et *implexe* parce qu'elle a la reconnaissance avec la péripétie.

« Étymologie latine: *implexus*, de *in*, en, dans, et *plectere*, de même radical que *plicare*. »

Voltaire a dit dans une lettre: « La tragédie qu'on joue en Bohême n'est pas encore à son dernier acte; la pièce devient très-*implexe*. »

(*L'Annotateur de 1875.*)

39. — *Strophe onzième*..... Cette strophe, dite de Mirabeau, parce qu'elle se trouvait, écrite de sa propre main, sur l'exemplaire des Philippiques sortant de sa bibliothèque, appartient évidemment à La Grange.

Nous avons, au chapitre II de notre Étude, établi les motifs d'ordre littéraire et d'ordre philosophique, outre les considérations tirées de l'esprit général de l'époque, qui nous font pencher de ce côté; la critique seule se prononcera en dernier ressort, — mais il nous paraît bien difficile de charger encore la Révolution de cette théorie sauvage; elle fit mieux que de l'émettre, nous ne le taisons pas, tout en prouvant que ces mœurs n'étaient pas étrangères à la Régence.

Notre manuscrit, authentique à tous égards, si précieux par ses corrections, fourmillant de notes, d'indications en pleine concordance avec l'histoire, ne contient pas cette strophe; nous la relevons dans l'Édition parisienne de 1795 (Didot Jeune, an VI de la Liberté), page 42 des Odes; nous avons donné aussi la note qui concerne la strophe, et qui se rencontre page 111, note 18, dans notre version de 1795. Nous fournissons ces indications précises, afin que la lumière se fasse sur l'origine vraie de cette théorie sanguinaire.

Les critiques contemporains, — et nous pourrions en nommer plusieurs, — qui ne se trompent guère sur la couleur locale du dix-huitième siècle, dont les appréciations sont d'ordinaire si justes et portent au cœur de la question, ont parlé de cette strophe; ils l'avaient sans doute puisée aux mêmes sources. La strophe ne se trouve ni dans l'édition hollandaise de 1723, ni dans le remarquable manuscrit conservé à la bibliothèque de Vesoul; le manuscrit qui la contenait fut vendu en 1792, à la mort de l'illustre orateur; depuis cette époque, elle est désignée sous le nom de Mirabeau. Les éditeurs Poulet-Malassis (1858) n'ont pu la copier que dans la *rarissime* édition de 1795.

Jamais la critique ne fut aussi intime qu'aujourd'hui; elle passe les événements et les hommes au crible de la discussion approfondie; nous ne demandons qu'à étendre le champ de la critique historique; la presse nous aidera, nous en sommes convaincus; elle est devenue une puissance, — et noblesse oblige!

(*L'Annotateur de 1875.*)

Fin des Remarques sur la troisième Ode.

LES PHILIPPIQUES

ODE QUATRIÈME

ODE QUATRIÈME

I

Quelles vastes métamorphoses,
Tandis que j'étais dans les fers,
Troublaient l'ordre de toutes choses,
Même jusqu'au fond des enfers !
La Discorde y reprend ses chaines ;
Les deux Philippes à leurs haines
Font succéder des feux si beaux,
Que pour tant de cérémonies
Les deux puissances réunies
N'auront point assez de flambeaux.

II

Roi trop pieux, voilà les piéges
Qu'une main vénale te tend,   4
Lorsqu'à ses genoux sacriléges
Tu répands ton cœur pénitent;
C'est dans ce tribunal suprême
Qu'il abuse du diadême
Que lui soumet la piété,
Et que les faux-pas qu'il t'inspire
Par la chute de ton Empire,
Relèvent la Société.

III

Cependant ma Muse, affranchie
De ces triples portes d'airain,
Dans un coin de ta Monarchie
Va respirer un air serein;
J'y crois revoir le temps célèbre
Où les bords du Tage et de l'Ebre
Reçoivent les fameux proscrits,
Quand Sylla pratiquait dans Rome   6
Les mêmes fureurs qu'un autre homme
A renouvelées dans Paris.

IV

Mais de cet asile équivoque
Je commence à peine à jouir,
Que l'Ebre esclave le révoque, 7
Quand la Seine s'est fait ouïr.
Pour fuir un second esclavage,
Irai-je voir sur le rivage
Ou d'Ispahan ou de Memphis,
Si des Rois chrétiens rejetée,
La vertu sera mieux traitée
Chez les Sultans ou les Sophis? 8

V

Toi, dont l'or meut toute la Terre,
Pour l'espoir du bandeau Royal,
Te parais-je un foudre de guerre?
Me prends-tu pour un Annibal? 9
Veux-tu partout qu'on me dénie
L'asile de la Bithynie, 10
Ou de la Cour d'Antiochus? 11
Veux-tu, du Midi jusqu'à l'Ourse,
Me prescrire la même course
Que prit la fille d'Inachus? 12

VI

Je vois un peuple à qui le Tibre 13
A transmis sa gloire et ses lois,
A qui la Gloire d'être libre
A coûté de si longs exploits;
C'est là qu'un Lion secourable 14
M'offre une Egide impénétrable
Contre un Lion persécuteur;
C'est là que, libre et philosophe,
J'attends en paix la catastrophe
Ou du Pupille ou du Tuteur. 15

VII

Tu célèbres tes funérailles
Par des danses et par des chants,
Roi qui déchires nos entrailles 16
Par des spectacles si touchants;
Victime, au milieu de ces fêtes,
D'un monstre armé de quatre têtes 17
Par qui ton sort est achevé,
Ne fais-tu briller tant de charmes
Que pour nous coûter plus de larmes
Quand tu nous seras enlevé?

VIII

> Que vois-je ? quel trône s'élève ?   18
> Pour qui, prêtres de l'Eternel,
> Portez-vous cette huile et ce glaive ?
> Pour qui ce bandeau solennel ?
> Sur quel front voulez-vous qu'il brille ?
> Est-ce Jephté qui, pour sa fille   19
> Me glace d'un mortel effroi ?
> Est-ce Joas que je contemple ?   20
> *Le couronnez-vous dans le Temple*
> *Comme Victime, ou comme Roi ?*[1]

---

[1] Ces deux vers d'une si belle venue concernent le jeune Louis XV et son sacre. — Mais les souvenirs d'histoire, parfois récents, ne préoccupent que médiocrement une génération plus mercantile que lettrée, sacrifiant trop les idées spéculatives aux aises de la vie, au *comfort*, comme on le dit maintenant dans un français *anglicanisé*, au moins douteux.

L'histoire est ignorée ; il n'est pas rare de voir certains hommes du monde commettre, en conversation, les quiproquos les plus singuliers ; une semblable ignorance accuse une époque.

Si nous le pouvons un jour, nous ferons une histoire de France en quatre volumes, depuis les origines jusqu'au traité de Francfort (1871) ; une œuvre de cette importance nécessite, outre des recherches considérables, une série de connaissances qui nous manquent, — mais auxquelles nous nous efforcerons de suppléer par le travail, la sincérité, et surtout l'amour de la France, cette vertu capitale du citoyen, le patriotisme !

IX

Ne soupçonne plus d'artifice
Ce mémorable événement;
France, où tu crains un sacrifice,
Tu verrais un couronnement;
On y mettrait de vains obstacles;
Celui qui fait les grands spectacles
Te répond des jours de ton Roy;
Toujours ouverts sur cette pompe,
Ses yeux, qu'aucun piége ne trompe,
Remplacent ceux de Villeroy.

X

D'une insolente dictature
Sylla justement dépouillé,
Va rendre compte à la nature
Des horreurs dont il s'est souillé;
Déjà, vers le jeune Pompée,
Vole la foudre détrompée;
Méchants! vos beaux jours sont passés!
Traîtres! par une fuite prompte,
Évitez la mort et la honte
Dont vos crimes sont menacés.

XI

Soleil, dissipe le fantôme
Qui paraît dans un si grand jour ;
A ton départ, c'est un atome,
C'est un colosse à son retour.
Rome ! que veux-tu que je croie
De voir que ta pourpre est la proie
De cet infâme scélérat,
Par qui l'obscurité chétive,
Pour rendre la Gaule captive,
Achève le Triumvirat.

XII

Duc, que nul opprobre ne touche,
Et qui, pour l'exemple du temps,
Mérite mieux qu'Horn et Cartouche
D'expier tes vols éclatants,
Un nouvel arrêt te menace
D'envoyer ton ombre tenace
Porter son tribut au Nocher,
Où d'Argenson, près de Sisyphe,
Attend le secours de ta griffe
Pour rouler le même rocher.

XIII

Revenez briller dans vos places, 31-32
Héros indignement chassés,
Plus célèbres par vos disgrâces
Que par vos triomphes passés.
D'Aguesseau, hâte ton hommage;
Villeroy, que malgré ton âge,
Le zèle redouble tes pas;
Noailles, à *ce jeune Auguste* [1],
Rends un ami fidèle et juste
Qu'Antoine ne méritait pas. 33

---

[1] Le 16 février 1723, l'année de sa mort, Philippe d'Orléans remit au Roy le dépôt de l'autorité souveraine; en réalité, d'Orléans régna et gouverna comme auparavant; il ne retrancha rien à ses plaisirs, et, par une implacable ironie de la destinée, il mourut entre les bras d'une femme, — la Phalaris!

La Grange prodigue ici à Louis XV des louanges que l'avenir ne devait pas conserver à l'histoire: le monarque ne sut pas s'entourer d'hommes intègres, amis du peuple, travailleurs et bons conseillers; les promiscuités de la Muette firent d'effroyables ravages dans le cœur du « *Jeune Auguste* ». Il faut ajouter qu'aux sinistres prophéties de ses véritables amis, Louis XV répondait avec un royal sans-gêne: « *Après moi la fin du monde!* »

XIV

Nouvelle Reine de Palmyre,
Époux, domestiques, enfants,
Moderne Longin que j'admire,
Montrez-lui vos fers triomphants.
Roy, voilà ceux que tu dois croire;
Sans eux, ton pouvoir ni ta gloire
Ne pourraient bien se rétablir;
Par eux, tu puniras l'offense
Qui dans une éternelle enfance
A voulu te faire vieillir.

XV

Romps le charme qui t'environne;
Évite ce piége mortel;
Brise un joug qui mit ta couronne
Dans la famille de Martel.
Que ton bras, formidable aux crimes,
Vienne achever ce que mes rimes
Ont eu l'honneur de commencer,
Et d'avoir, comme aigles légères,
Porté les foudres messagères
De celles que tu dois lancer.

XVI

Alors, Thèbes, Troie et Mycène,   39
Vous cesserez de vous vanter
Que mon luth, amant de la scène,
N'eut que vos crimes à chanter.
L'ambition et la vengeance,
Filles d'une longue Régence[1],
Qui surpassèrent vos horreurs,
Sans remuer vos cimetières
Offriront assez de matières
A mes poétiques fureurs.

---

[1] « *La Régence est tout un siècle en huit années.* » Cette appréciation est de Michelet, l'un des immortels admirateurs du génie de la France, historien profond et penseur éloquent.

Il va enfin reposer au milieu de nous, dans cette terre parisienne qu'il aimait tant, au milieu de ce peuple soucieux de ses gloires, qui sait faire de si grandes funérailles aux Rois de la pensée, — les seuls qu'il adore !

Fin de la quatrième Ode.

REMARQUES

HISTORIQUES ET BIOGRAPHIQUES

SUR

LES PHILIPPIQUES

ODE QUATRIÈME

REMARQUES

SUR LA QUATRIÈME ODE

1. — *Tandis que j'étais dans les fers*..... La Grange, regardé comme auteur des Philippiques, fut longtemps exilé aux Iles Sainte-Marguerite; il aurait été précipité dans le Rhône avec deux boulets aux pieds, si Madame la princesse de Conti, princesse douairière, dont il avait été le page, n'eût gagné sous main un matelot, qui favorisa sa fuite; il se réfugia en Espagne, où il écrivit cette quatrième Ode.

Version de 1795 : « La Grange-Chancel, auteur des Philippiques, l'est aussi de plusieurs tragédies, dont les plus estimées sont *Ino et Mélicerte*, et *Amasis*. Il était alors exilé de la Cour, où il avait été élevé en qualité de page de la princesse de Conti. Le Périgord était sa patrie.

« Exilé de la Cour, il fut arrêté quelque temps après, et conduit aux îles Sainte-Marguerite, d'où il parvint à s'évader au moyen d'une barque de pêcheur, qui le conduisit au port de Villefranche. »

2. — *Les deux Philippes*..... Le mariage de l'infante avec Louis XV, et celui des princesses, filles du duc d'Orléans, avec le prince des Asturies et don Carlos, rétablirent l'union entre les deux Puissances. Le Roi de France épousa depuis la Princesse de Pologne.

Version de 1795 : « Mariages arrêtés par les deux cours, entre le jeune roi Louis XV et l'infante d'Espagne, le prince des Asturies et mademoiselle de Montpensier, l'infant don Carlos et mademoiselle de Beaujolais, filles du Régent. Le premier et le dernier de ces mariages n'ont pas eu lieu. »

M. de Lescure, l'annotateur de 1858, édition Poulet-Malassis, cite un passage de Lemontey, tome I, chap. XII, que nous reproduisons : « Tandis que la banque et la peste associaient leurs ravages, le Régent travaillait à conjurer un troisième fléau par la réconciliation de l'Espagne. Il n'avait, à la vérité, combattu qu'à regret, mais Philippe V n'avait signé la paix que par force... C'est alors que Dubois, assuré de la confiance de son maître par d'importants services, résolut de conquérir, comme alliée, cette Cour qu'il avait déconcertée comme intrigante, et vaincue comme ennemie... Ce n'était pas la première fois que le Regent séparait ses intérêts de ceux de l'État, et dans cette cir-

constance, tout ce que la France perdait par d'aveugles
traités, la maison d'Orléans le regagnait par des mariages. La politique devenait en quelque sorte domestique... L'infante, âgée de quatre ans, épousait Louis XV,
qui en avait douze, et elle venait recevoir son éducation
en France. Un mariage dont les fruits devaient être si
tardifs, *laissait pour longtemps au Régent l'espoir de succéder au trône*... Le second mariage entre la fille du Régent (mademoiselle de Montpensier) et le prince des
Asturies, n'était pas d'une politique moins habile que
celle du Roi... La princesse fut échangée avec l'Infante
dans l'île des Faisans [1]. On observa que la maison élevée pour cette cérémonie toute fraternelle, fut construite des mêmes bois que peu de temps auparavant
la haine avait enlevés du port du passage, le fer et la
torche à la main... On tâcha aussi d'enchaîner l'avenir
par un troisième mariage entre deux enfants, mademoiselle de Beaujolais, fille du Régent, et don Carlos,
second fils de Philippe V. » (Lemontey.)

« C'est bien le cas de répéter avec Barbier : « M. le
« Régent ne s'endort pas sur l'établissement de ses en-
« fants. » (Août 1712.) Tous ces événements se succédèrent à partir d'octobre 1721. » (De Lescure.)

---

[1] Pourquoi pas des *Faiseurs* : ce serait peut-être aussi vrai, quoique moins historique! *La diplomatie est l'art de se tromper en termes courtois*, a dit quelqu'un qui était passé maître dans la matière, le prince de Talleyrand ; ce mot souligne encore notre expression et lui donne du relief.

3. — *Assez de flambeaux*..... Pour servir à la cérémonie du mariage.

4. — *Qu'une main vénale*..... — Le P. d'Aubenton, jésuite, confesseur de Philippe V, Roi d'Espagne.

Version de 1795 :

> . . . . . Tels sont les piéges
> Qu'un directeur vénal te tend.

« Le P. d'Aubenton, jésuite et confesseur du Roi d'Espagne, que le Régent gagna, d'abord en donnant l'abbaye de Brantôme à son neveu, puis en convenant expressément avec lui (ce que La Grange-Chancel veut dire par le vers de cette strophe,) que sa Compagnie serait rétablie dans le privilége presque exclusif dont elle jouissait de donner un confesseur au roi de France, fonctions dont elle avait été privée après la mort de Louis XIV [1]. En effet, le jésuite Linière remplaça bientôt l'abbé de Fleuri. — Le nom de ce P. Linière, bon homme, dit Voltaire, « heureusement moins connu que Letellier et Lachaise, » est sauvé de l'oubli par ces vers de La Pucelle, variantes du chant XIII :

> O Rambouillet, asile du mystère,
> Meudon, Choisy, réduits délicieux,
> Que les Plaisirs, les Amours et les Jeux
> Ont si souvent préférés à Cythère,
> Sur vos secrets, *censurés par Linière,*
> Et respectés de son prudent recteur,
> *Ma chaste Muse est forcée à se taire.*

---

[1] Le dernier confesseur du Roi Louis XIV fut, on ne l'a pas oublié, ce père Le Tellier, qui déserta le lit de mort ; il fallut

M. de Lescure, à propos du P. d'Aubenton, cite Lemontey (tome I, chapitre XII, page 422).

« Le père d'Aubenton montrait en Espagne jusqu'où peut s'étendre, sous un prince faible, ce ministère secret et sans limites qui, *avec un art médiocre*, transforme en cas de conscience toutes les questions politiques, prosterne le maître aux genoux du sujet, et règne tour à tour par l'insinuation et par l'autorité. Dubois jugea sainement de la puissance du jésuite et de la manière de le séduire. Ce vieillard, d'un caractère doux et modeste, d'un esprit commun, mais trempé dès longtemps dans les manéges de sa profession, conservait un cœur français et une seule passion : *celle de l'agrandissement de sa société*. Dès qu'on lui laissa entrevoir pour elle le triomphe de la *Bulle* et la restitution du confessionnal du jeune Roi de France, il travailla sans relâche, non-seulement à l'alliance des deux royaumes, mais au triple mariage, qui ne tarda pas à unir les maisons d'Espagne et d'Orléans. »

5. — *Ma Muse affranchie*..... La Grange, s'étant réfugié en Espagne, le Régent en eut avis et le fit de-

---

que les serviteurs fidèles du monarque mourant le rappelassent au sentiment de ses devoirs apostoliques.

Le Tellier, âme damnée de la Maintenon, possédait la conscience de son auguste pénitent ; il sut la pétrir à son image. La feuille si importante des bénéfices était remplie par ce jésuite, qui devenait ainsi le supérieur général des prélats français. Heureux temps que celui-là, et nous comprenons qu'il soit poursuivi comme un idéal.

mander au roi d'Espagne; — c'est pourquoi il fut obligé d'en sortir et de se retirer en Italie.

6. — *Quand Sylla...* Sylla se rendit maitre de Rome à force ouverte; il y entra deux fois, les armes à la main, il se fit donner le nom d'*heureux* et se fit déclarer *Dictateur*. Il proscrivit grand nombre de sénateurs et exerça des cruautés incroyables; le Régent lui est comparé.

7. — *Quand l'Ebre esclave.....* Le nom d'Ibérie, donné à l'Espagne, vient du nom d'Ebre, rivière de ce Royaume. La Grange s'était réfugié en Espagne, après s'être sauvé des îles Sainte-Marguerite, — mais la paix s'étant faite entre la France et cette Puissance, le Régent obtint qu'on le chassât de ce Royaume, dans la secrète espérance qu'il ne saurait plus où se retirer.

Version de 1795 : « Les bords du Tage et de l'Ebre sont l'Espagne et le Portugal, soumis aux Romains par le jeune Scipion, soulevés contre eux du temps de Sylla, et où les plus illustres proscrits trouvaient un asile assuré sous les drapeaux de Sertorius. »

« Sur les plaintes de l'ambassadeur de France, La Grange-Chancel fut obligé de quitter l'Espagne où il s'était réfugié. »

8. — *Chez les Sultans.....* Sultan est le nom qu'on donne ordinairement à l'Empereur des Turcomans; Sophi est le nom qu'on donne au Roi de Perse[1].

---

[1] Les Européens ont vu le Schah de Perse; il est venu en

9. — *Annibal*..... Général Carthaginois, qui réduisit l'Empire Romain à la dernière extrémité; il pénétra jusqu'aux portes de Rome, encore au temps de sa splendeur.

Version de 1795 : « Ce Carthaginois, que l'on compte au premier rang des plus grands généraux de tous les siècles, avait fait tant de mal aux Romains, il leur avait inspiré une si grande terreur, qu'après sa défaite par Scipion, ces républicains, ne croyant pas qu'il y eût de sûreté pour eux tant qu'il respirerait, le poursuivirent dans toutes les cours où il croyait trouver un asile, et le contraignirent enfin à se donner la mort à l'âge de soixante-quatre ans. »

10. — *L'asile de Bithynie*..... Annibal se retira dans la Bithynie, qui est une province de l'Asie, après sa défaite par les Romains, — dans l'espérance que Nicomède le Grand, qui en était le Roi, prendrait sa défense.

11. — *La cour d'Antiochus*..... Ce fut Antiochus IV, roi de Syrie, qu'Annibal détermina à faire la guerre aux

---

France. La grande ville l'a reçu avec sa bienveillance et sa courtoisie habituelles. Le Schah a dû emporter de l'hospitalité parisienne le meilleur souvenir.

Les relations de l'Orient avec l'Occident seront désormais plus fréquentes et plus cordiales; l'éternelle et brûlante question d'Orient se dénouera peut-être d'une façon diplomatique, — à moins que le canon, tonnant sur le Danube, ne vienne troubler l'harmonie européenne, à peine rétablie, — et déjà tiraillée par des aspirations germaniques, qui ne sont plus un secret.

Romains; mais Scipion l'Africain fut celui qui dérangea toutes ses entreprises.

12. — *La fille d'Inachus*..... Inachus, roi d'Argos, eut pour fille Io; la fable dit qu'elle fut métamorphosée en vache par la jalousie de Junon. Cette Déesse, trompée dans ses espérances, lui envoya un taon, qui la fit errer partout, jusqu'à ce qu'elle se précipitât dans la mer, qui fut nommée de son nom la mer Ionienne.

Version de 1795: « C'est Io. Jupiter en était devenu amoureux; mais la jalousie de Junon envoya une Furie pour tourmenter cette malheureuse princesse, qui fut tellement agitée de remords, qu'ayant traversé la mer, elle alla d'abord en Illyrie, arriva en Scythie et dans le pays des Cimmériens, et ne s'arrêta que sur les bords du Nil. »

13. — *Un peuple à qui le Tibre*..... Fleuve qui lave les murs de Rome. Il y a toute apparence que l'auteur s'était retiré dans quelque ville d'un canton Suisse.

L'Éditeur de 1795, qui suivait l'édition hollandaise de 1723 (les trois premières Odes, format in-12) va nous renseigner; ce n'est pas la Confédération helvétique qui servit de refuge au poëte persécuté, mais bien la Hollande.

(*L'Annotateur de 1875.*)

« La Hollande, où l'auteur se réfugia après avoir quitté l'Espagne, où il demeura jusqu'après la mort de

Régent. L'*Asyle impénétrable* dont il parle au cinquième vers, est la précaution que les États-Généraux prirent de le faire bourgeois d'Amsterdam, pour le mettre à l'abri des réclamations de notre ambassadeur.

14. — *Qu'un lion secourable*..... Quelque Electeur, peut-être l'Electeur Palatin, protégeait-il La Grange contre les entreprises du Régent.

La note précédente, de 1795, nous a donné la clef de cette protection, si courtoisement, si libéralement accordée au Satirique par les Etats-Généraux de Hollande; — l'ambassadeur de France vint échouer contre les résolutions de ce corps politique. Heureuse la terre de liberté où l'homme, accablé par les puissants, peut retrouver un peu de cette dignité sans laquelle ne va point le talent!

(L'*Annotateur de 1875*.)

15. — *Ou du Pupille ou du Tuteur*..... Le pupille était Louis XV, le Tuteur était le Régent.

16. — *Toi qui déchires*.... Le sacre du Roi fut précédé de fêtes magnifiques; tout le monde pensait, pour lors, que c'était autant de piéges tendus par le Régent, pour parvenir à faire mourir plus tôt le jeune Prince.

17. — *Monstre armé de quatre*.... Le Régent Philippe d'Orléans, qui gouverna le Royaume pendant la minorité de Louis XV.

Strophe 7, version de 1795, 1ᵉʳ vers :

Tu célèbres tes funérailles;

« Allusion aux Ballets dont on amusait l'enfance de Louis XV, et dans lesquels il figurait lui-même sur le théâtre des Tuileries.

Strophe 7, version de 1795, 6e. vers :

D'un monstre armé de quatre têtes ;

« Traité de la quadruple alliance, signé à Londres dès le 2 août 1718, entre la France, l'Empire et l'Angleterre, mais auquel la Hollande n'accéda que le 16 février 1719. »

18. — *Quel trône s'élève*..... Sacre de Louis XV, contre l'attente du public.

Versions de 1795 :

Quel autel, quel trône s'élève ?

« Sacre de Louis XV, à Reims, le 25 octobre 1722.

« Le maréchal de Villeroy, gouverneur de Louis XV et que le jeune Roi aimait beaucoup, ne se trouva point à la cérémonie du sacre; il avait été disgracié quelque temps auparavant, pour avoir voulu remplir scrupuleusement les fonctions de sa charge, en empêchant le Régent de rester tête à tête avec son élève royal, pupille à qui, disait le prince, il devait communiquer des secrets qui ne pouvaient être confiés qu'à lui seul. »

Version de M. de Lescure, l'annotateur de 1858, Édition Malassis : « Enfin le Roi va être sacré à Reims. On ose encore douter... Que dis-je ? On n'a jamais plus douté. L'éloquente satisfaction du duc d'Orléans.

remettant à la France l'enfant de la France, l'Enfant de l'Europe même, comme dit Massillon, ne semble à beaucoup qu'une habile et dernière hypocrisie. On tremble encore, on tremble toujours, que voulez-vous? le roi est si beau! *Le roi s'est acquitté de toutes ses fonctions avec une grâce merveilleuse, et en habit de novice, il ressemblait à l'Amour.* (Mathieu Marais, octobre 1722.) *Le roi était alors d'une charmante figure. On se souvient combien il ressemblait à l'Amour, lors de son sacre à Rheims, le matin, avec sa toque d'argent, en costume de néophyte ou de roi candidat. Sa Majesté en parle encore volontiers, même aujourd'hui. Je n'ai jamais rien vu de si attendrissant qu'était alors cette figure. Les yeux en devenaient humides pour ce pauvre petit prince, échappé à tant de dangers dans sa jeunesse, seul rejeton d'une famille nombreuse, qui tout entière avait péri, non sans soupçon d'empoisonnement.*

(*Mémoires d'Argenson*, Edition Jannet, tome I, page 193.)

19. — *Est-ce Jephté?.....* Neuvième juge hébreu; il marcha contre les Ammonites, qui accablaient le peuple de Dieu, l'an du monde 2849, et fit vœu, s'il remportait la victoire, de sacrifier la première chose qu'il rencontrerait en retournant chez lui; il défit les Ammonites. Mais il eut bientôt sujet de se repentir de la témérité de son vœu, car la première chose qu'il rencontra, *ce fut sa fille unique*, nommée Seïla, qui venait au-devant de son père, toute transportée de joie.

Jephté lui dit son vœu; elle l'exhorta de l'accomplir.

ce qu'il fit aux dépens de la vie de cette fille, au bout de deux mois qu'elle lui avait demandés pour pleurer sa virginité avec ses compagnes.

Le guerrier vainqueur décima sa famille, pour accomplir un vœu fait au Très-Haut et puissant Jéhovah. Cette religion parlait aux consciences un langage plus impératif que les cultes modernes ; *elle commandait l'immolation !*

(*L'Annotateur de 1875.*)

20. — *Est-ce Joas...* . Joas, roi de Juda, l'an du monde *3157*. Il était fils d'Ochosias. Athalie, son aïeule, s'étant saisie du gouvernement, fit égorger tous ceux qui étaient de la maison royale. Joas, heureusement au berceau, fut le seul qui échappa à sa fureur, grâce aux soins de Josabeth, femme du grand prêtre Joïada ; — celui-ci mit le jeune Prince sur le Trône à l'âge de sept ans, et fit mourir la cruelle Athalie, coupable de plusieurs crimes[1].

Puisque nous venons de parler du sacre du jeune

---

[1] *Les chiens dévorants se disputèrent ses chairs pantelantes, ainsi périt ce tyran-femelle, odieux au peuple et à l'Éternel.*

Notre grand Racine s'est inspiré de cet épisode biblique dans son Athalie, chef-d'œuvre de notre scène.

Je crains Dieu, cher Abner, et n'ai point d'autre crainte.

Ce langage, imposant par sa noblesse, sortant d'un cœur simple, imbu de sa foi, ne dut pas trouver beaucoup d'échos dans la cour de Louis XIV. Le Roi retira ses grâces à Racine, qui eut le tort d'en mourir. *On n'en meurt plus, heureusement !*

Louis XV et de Villeroy, nous laissons la parole à l'Édition Poulet-Malassis :

« *Le Régent avait toujours témoigné au maréchal de Villeroy une considération à laquelle celui-ci ne répondait qu'avec la morgue d'une haine difficilement contenue, et souvent la manifestait par les précautions qu'il affectait de prendre pour la conservation du Roi contre de prétendus mauvais desseins du Régent, et s'était rendu par là le point de ralliement des frondeurs, la dérision des gens sensés et l'idole de la populace... Il avait quelquefois craint sa disgrâce et passait alors de l'audace à la frayeur. Cependant, à force de succès dans ses sottises, il en était venu à se croire inattaquable.*

(Duclos.)

« A la suite d'une scène scandaleuse où il couvrit Dubois de ses mépris, et d'une altercation avec le Régent lui-même, il devint impossible de le tolérer davantage. Il fut arrêté par La Fare, capitaine des Gardes du Régent, jeté dans une chaise à porteurs, de là dans un carrosse, et conduit à Lyon, où il trouva un ordre d'exil. (Voir Duclos, édition Michaud, 594, 595 et 596; Lemontey, tome II, page 69; Barbier, tome I, page 223, et surtout Saint-Simon.) Le jeune roi, à la nouvelle de cet enlèvement dont il avait pourtant signé l'ordre, « *se mit à pleurer et ne proféra pas une parole* ».

(Duclos.)

« Selon Barbier: « *Le jour du départ du maréchal, le roi monta deux fois tout au haut du Louvre, pour regarder marcher son gouverneur avec une lunette, et le soir, au souper, il dit d'un air triste qu'il l'avait vu de loin.* Saint-Simon et Lemontey conviennent aussi d'une douleur réelle, quoique passagère, car le premier acte de Louis XV, roi (16 février 1723), fut de signer l'exil de son gouverneur. Mathieu Marais rapporte cependant, qu'à la date d'août 1722, il n'était pas encore oublié. On a apporté des figues au Roi; il en a envoyé à Madame de Ventadour, il a dit: « *J'en veux envoyer aussi au pauvre duc de Villeroy.* » Le peuple, lui, vit comme toujours de funèbres présages dans l'éloignement du vieux serviteur :

« Villeroy, ton exil met le comble à nos maux.
« Pour nous en consoler, je demande aux échos
« Qui plaindrons-nous le plus? l'État ou Villeroy?
« De leurs mourantes voix, ils répondent: le Roy! »

21. — *Ne soupçonne plus.....* Jusqu'au jour où le Roi fut sacré et couronné, on craignait les entreprises du Régent; beaucoup de personnes pensaient que tous les préparatifs pour son Couronnement n'auraient point une fin favorable au jeune Roi.

22. — *Remplacent ceux de Villeroy.....* M. de Villeroy donna des marques de son attachement pour la personne du Roi; il ne se trouva point au Sacre; *sans doute la Providence veillait sur les jours du jeune prince*[1].

---

[1] Le caractère profondément religieux de l'annotateur anonyme de notre manuscrit n'a point échappé à nos lecteurs. L'interven-

23. — *D'une insolente dictature*..... Allusion à la dictature de Sylla, rapprochée des procédés gouvernementaux du Régent.

Version de 1795 : « Fin de la Régence, par la déclaration de la majorité du Roi, faite en Lit-de-Justice tenu au Parlement, le 22 février 1723. »

24. — *Vers le jeune Pompée*..... L'auteur continue toujours l'allusion de Sylla. Pompée s'était déjà beaucoup distingué du vivant de Sylla ; à vingt-sept ans, il avait mérité les honneurs du triomphe à Rome, et, après la mort de Sylla, il entreprit de réformer tous les abus qui s'étaient glissés dans la République.

---

tion divine dans les affaires humaines est une croyance Romaine, encore répandue, et qui, par un point, — et le plus essentiel — se rapproche du fatalisme musulman. Cette croyance fait échec à l'idée de progrès. Nous nous expliquons.

Quand l'homme reste imbu de cette pensée, à savoir que Dieu réglera les événements de son existence au mieux de ses intérêts, il néglige les efforts *purement humains*, qui seraient de nature à lui concilier le succès. Comment voulez-vous qu'il en soit autrement? L'optimisme est une vertu facile !

Le musulman, lui, tranche la question d'une façon plus insolente : *Allah le veut !* Et toute action personnelle s'arrête. Les religions, excellentes comme préceptes moraux, surtout la partie catholique traitant de la morale du Christ, la plus humaine, la plus douce, la plus civilisatrice que nous connaissions, ne peuvent pas suppléer aux travaux de l'individu. Bien des crimes, — et des plus atroces — n'ont pas été prévenus par l'intervention de la Providence, que les ultramontains font toujours *agir après coup*. Le stratagème est percé à jour *par le jeu des événements*.

M. de Lescure, à propos de ces vers de la strophe X :

> Va rendre compte à la nature
> Des crimes dont il est souillé.
> . . . .
> Prévenez la mort et la honte
> Dont vos forfaits sont menacés.

ajoute ces remarques, auxquelles nous adhérons complétement : « Il est certain que le Régent eût été fort embarrassé si on lui eût demandé compte de son administration, non pas tant à cause des fautes qu'il avait commises, *que de celles qu'il avait laissé commettre*. Il est non moins certain que plus d'une ambition ou d'une rancune se flattèrent un moment de l'espoir de lui ménager l'obstacle de pareille justification. Nous voyons dans Mathieu Marais, que le 28 février 1721, le Parlement assemblé, et les trois princes du sang étant venus, on rédigea en commun, (à propos de l'évocation au conseil de l'affaire du duc de la Force), une *Remontrance* protestant contre un acte attentatoire aux droits des Princes du sang, des Ducs et du Parlement... Dans cette *Remontrance*, on menaçait indirectement le Régent de comptes à rendre pour sa régence, *ce qui a été mis exprès pour lui faire entendre qu'il pouvait craindre la justice.* Lorsque le duc d'Orléans, traqué par l'opiniâtre Saint-Simon jusque dans les derniers retranchements de son insouciance et de sa paresse, se redresse sur sa chaise, et lui dit : *Eh bien, j'irai planter mes choux à Villers-Cotterets...* l'inexorable conseiller lui demande *qui le pouvait assurer qu'on les lui laisserait planter en paix et en repos, même en sûreté, qu'on ne lui chercherait pas mille noises sur son administration.*

« *Le Régent ne voyant pas sans inquiétude une union si nouvelle entre les Princes, la plus grande partie des Pairs, et le Parlement, craignit d'en devenir un jour l'objet.* » — Duclos, 575.

25. — *Dissipe le fantôme*..... Le cardinal Dubois, qui était *ministre d'État* [1] pendant la minorité du Roi, et qui parut avec éclat, tant que Philippe d'Orléans le protégea.

Version de 1795 : « L'abbé Dubois, homme nul jusqu'à la mort de Louis XIV, et devenu pour ainsi dire un colosse de puissance sous la Régence du duc d'Orléans. Il avait d'abord été simple répétiteur, puis précepteur de ce prince. Devenu Régent, son élève le fit conseiller d'État en 1716, ambassadeur plénipotentiaire à La Haye et secrétaire de la Chambre en 1717, ambassadeur extraordinaire à Londres et ministre des affaires étrangères en 1718, archevêque de Cambray en 1720, cardinal en 1721, enfin premier ministre en 1722.

« Ce fut lors de son élévation à l'archevêché de Cambray que, demandant à celui qui le sacrait, préalablement la prêtrise, le diaconat, le sous-diaconat, les

---

[1] Cette expression de notre manuscrit — ministre d'État — nous rappelle un nom. Le dernier Empire avait donné cette appellation à M. Rouher, l'homme ingénieux qui découvrit *la plus belle pensée du règne* et la fatale théorie des *trois tronçons*. Tous ces gens-là avaient le *cœur léger et l'esprit vide*.

quatre ordres mineurs et la tonsure, le célébrant, impatienté, s'écria : *Ne vous faudra-t-il pas aussi le baptême?* On dit du moins que c'était le jour de sa première communion.

« L'abbé Dubois fut promu au cardinalat le 16 juillet 1721, par le pape Innocent XIII. Cette promotion, que le cardinal de Rohan avait négociée à Rome, fut vivement censurée du public. Entre tous les couplets par lesquels les plaisants s'égayèrent aux dépens de la nouvelle Éminence, nous en avons choisi un, que nous allons transcrire; il est sur l'air : *Ton humeur est, Catherine:*

> Or, écoutez la nouvelle
> Qui vient d'arriver ici.
> Rohan, ce commis fidèle,
> A Rome a bien réussi :
> Chargé par Dubois, son maître,
> D'escamoter un chapeau,
> Vous allez le voir paraître,
> Et couvrir un *m*.........

« Il faut l'avouer, le nouveau cardinal n'avait que trop bien mérité la qualification infamante qu'on lui donne dans le dernier vers. Ses mœurs étaient très-corrompues; et l'on sait qu'il ne mérita d'abord les bonnes grâces, puis la faveur du duc d'Orléans, de qui il avait été précepteur, qu'en favorisant dans le prince, jeune encore, le penchant qu'il eut toute sa vie vers les plaisirs et le beau sexe, et en s'occupant de fournir sans relâche de nouveaux aliments à ses désirs toujours renaissants. Ce commerce scandaleux était d'une telle publicité, qu'à l'époque dont nous parlons, les harengères disaient hautement que le Pape venait de faire un miracle, puisqu'il avait changé un *maquereau* en *rouget*. (*Sic.*) »

Ces annotations exégétiques demandent à être expurgées soigneusement. Le génie de notre langue est de dire les choses avec une simplicité qui n'exclut pas la force, le mouvement, voire même le pathétique ; — mais ses facultés natives, les seules vraies, ne s'accommodent pas des indécences, des hideuses gravelures du dix-huitième siècle. Notre langue peut être, au besoin, excessivement gaie, vive ; allures prestes, — souvent charmeresses — jamais obscènes ; ce jour-là, elle faillirait à sa mission, mission civilisatrice s'il en fut ; la langue diplomatique et du droit civil, ne serait plus qu'un instrument faussé, puissant encore, mais sans influence européenne. Notre admirable langue est un de nos plus légitimes sujets d'amour-propre national ; sachons la respecter, et, par elle, nous marcherons aux conquêtes intellectuelles et scientifiques, les seules avouables, les seules profitables à l'humanité.

Si les Asiatiques se ruaient sur l'Occident, il faudrait tout prévoir et tout craindre ; le siècle de la force, celui des Krüpp et des navires blindés, a peut-être méconnu la force de résistance la plus formidable et la mieux appropriée à la nature spéculative des races latines,—nous voulons dire la langue, se mouvant dans une sphère d'activité morale et philosophique. Les peuples passent,

— les idiomes restent. Les Latins de Rome dorment dans le sépulcre blanchi de l'oubli; et leur langue, si bien assouplie, si caractéristique, fondue et nuancée d'une manière parfaite, a survécu aux catastrophes royales, impériales et populaires; le moyen âge nous l'a transmise, et le Droit en a fait jaillir les formules de la liberté! L'École encyclopédique s'en servit au siècle dernier pour renverser la Féodalité; ces progrès gigantesques se prononcent en faveur de notre thèse.

Une langue est le rempart de la liberté d'une grande nation. Les écrivains qui osent la prostituer aux productions de boudoir ou de courtisannerie sont des coupables, dont la critique devrait faire prompte et bonne justice. Et les coupables ne manquent pas!

Le siècle sacrifie à la force; nous estimons que cette conduite est dangereuse; elle recouvre des projets misérables; ces hommes qui, après avoir invoqué à haute voix les principes de droit et de justice, cherchent en secret les moyens de tromper l'opinion publique, et qui appellent le silence sur leurs actions, ont été stigmatisés par Horace :

> . . . . . *clare quum dixit, Apollo!*
> *Labra movet, metuens audiri* : *Pulchra Laverna.*
> *Da mihi fallere, da iustum sanctumque videri;*
> *Noctem peccatis, et fraudibus obiice nubem.*
> (Horace, Epîtres.)

Qui, après avoir invoqué Apollon à haute voix, ajoute aussitôt tout bas, en remuant à peine les lèvres : « Belle Laverne, donne-moi les moyens de tromper, et de passer pour un homme de bien; couvre d'un nuage épais, d'une obscure nuit, mes friponneries secrètes. »

Horace semble avoir écrit hier, tant ses vers sont applicables au temps où nous vivons.

Cette digression ne nous sera pas reprochée par les écrivains sérieux. La langue de Pascal, de Bossuet, de Voltaire, de Montaigne et de Rabelais, de Victor Hugo et de Barbier, de Villemain et d'Alexis de Tocqueville, ne peut s'abaisser aux indécences; elle doit planer sur les sommets de la philosophie; son flambeau doit éclairer les nations!

(*L'Annotateur de 1875.*)

Quelques écrivains, — en critiques qui discernent les faits, leurs développements graduels et leurs conséquences, et qui savent apprécier à sa juste valeur un rôle historique, ne s'arrêtent pas servilement aux chansons des Sottisiers; ils prononcent sur le Cardinal-Archevêque de Cambray des paroles graves. Nous avons fait au cours de l'Étude une part considérable au génie diplomatique de Dubois; sa vie privée n'infirme en rien notre jugement. Divisons l'homme : d'un côté, le conseiller d'État; de l'autre, le libertin prostituant sa pourpre dans les Ruelles galantes de son maître Philippe d'Orléans; de cette façon, la vérité sera exprimée tout entière, — et chacun pourra scinder l'existence du personnage politique et du viveur.

(*L'Annotateur de 1875.*)

Voici la note de 1858 : « Il faut bien se garder de ne

voir dans Dubois qu'un prêtre indigne, qu'un précepteur dépravé. Il fut aussi un ministre habile et dévoué, un diplomate consommé, et son œuvre ne doit pas être étouffée par la réprobation que mérite sa vie. Voir pour l'élévation de Dubois jusqu'au rang de cardinal et de premier ministre, fantaisie qui coûta huit millions à la France, — Saint-Simon, Duclos, 568, 577; — Barbier, 141 et suivantes, — et surtout Lemontey, tome II, chapitre XIII, pages 147 et suivantes.

« La France tout entière se souleva contre ce scandale qui justifie au moins, en ce qu'il s'applique à Dubois, la définition de Chamfort : *Qu'est-ce qu'un cardinal? C'est un prêtre habillé de rouge qui a cent mille écus du Roi, pour se moquer de lui au nom du Pape.* Dubois, en effet, sur la fin de sa vie, ne s'occupait plus que de la Constitution. Les brocards plurent de tous côtés. Voici les moins cités :

> Que chacun se réjouisse ;
> Admirons sa Sainteté,
> Qui transforme en écrevisse
> Ce vilain crapaud crotté.

> Après un si beau miracle,
> Son infaillibilité
> Ne saurait trouver obstacle
> Dans aucune faculté.

> Les mœurs de son Eminence,
> Son esprit de probité,
> Sont aussi connus en France
> Que sa grande qualité.

> On sait d'ailleurs les services
> Qu'il a rendus au Régent.
> Aussi, pour pareils offices,
> Fillon au chapeau prétend.

Fillon, célèbre entremetteuse, ou, comme on disait, *appareilleuse*.

(Mathieu Marais, 25 juillet 1721.)

« Du reste, ces réserves d'humilité faites vis-à-vis du Régent, de Madame, et de quelques autres, on ne peut assez s'étonner du sang-froid goguenard, de l'aplomb spirituel de Dubois sous ses nouvelles dignités :

> Cette scandaleuse Eminence,
> Ce champignon de la Régence,
> Ce champignon empoisonné.....

se carre sans frayeur dans le logement de Louvois, rudoye l'orgueil intraitable de Baufremont, gagne jusqu'à l'austère Charost, adresse au cardinal de Rohan des compliments ironiques, fait des devises et s'entend, sans sourciller, comparer à Richelieu par les harangueurs de l'Académie française. »

(de Lescure, 1858.)

Nous croyons urgent, pour la complète intelligence du récit, de remonter aux sources; nous donnons la note de Marais, du 25 juillet 1721, sous la rubrique : *L'abbé Dubois, cardinal.* (Édition Firmin Didot, 1864, volume II, page 180.)

« Ce soir, 25 juillet, est arrivée la nouvelle de Rome que le Pape avait donné le chapeau de cardinal à

Mgr l'Archevêque de Cambray, autrement l'abbé Dubois. On croyait ce chapeau perdu, mais le voilà retrouvé. La famille du Pape, qui n'est pas riche, en a touché de bon argent, et a mieux fait que le défunt, qui promettait et ne tenait point. »

CHANSON SUR CE CHAPEAU.

Or, écoutez, petits et grands,
Un admirable événement,
Car l'autre jour notre Saint-Père
Après une courte prière,
A, par un miracle nouveau,
Fait un rouget d'un *m*......... —

Pour célébrer plus dignement
Un miracle si surprenant,
Seigneur, écoutez ma requête,
Et dans l'antienne de sa fête,
Exemptez-nous du *Requiem*
Domine salvum fac Regem.

Et plus loin, à la date du 26 juillet 1721, tome II, page 181, Marais ajoute, sous la rubrique *le Cardinal Dubois* :

« Le Régent a présenté au Roi le nouveau cardinal Dubois, et lui a dit qu'il n'y avait point d'homme dans son royaume qui eût rendu de plus grands services que lui à l'Église et à l'État. Cela se peut justifier par la part qu'il a eue aux traités d'alliance avec les Couronnes étrangères, et à l'accommodement de la Constitution. De savoir si l'Église et l'État en sont mieux, c'est une autre question. »

Avocat au Parlement, homme consciencieux, tenant registre de ses moindres impressions sur les événements contemporains, bien placé pour recueillir les bruits de toute nature qui circulaient sur la politique et la diplomatie, sur les affaires de cour, de gouvernement et de chancelleries étrangères, — Marais ausculte son époque et porte hardiment le scalpel de l'analyse dans la matière controversable ; c'est un Saint-Simon d'un autre genre, moins développé, moins exégétique, moins fureteur ; mais, à coup sûr, aussi bien renseigné dans le cercle de ses relations et le champ de ses méditations. Jurisconsulte, habitué à serrer de très-près les conclusions d'un fait, sévère par profession, quoique aimant, comme son époque, certaines gravelures spirituelles, Marais est un auxiliaire précieux pour les annotateurs ; ajoutons que son jugement impartial est devenu une autorité. Heureux les hommes qui peignent ainsi!

(*L'Annotateur de 1875.*)

Ne quittons pas cette originale figure de Dubois, digne du pinceau de Rembrandt, ou du grand Léonard de Vinci, sans donner à cette place deux versions de 1795 : « Le cardinal Dubois était fils d'un apothicaire de Brive-la-Gaillarde, petite ville du *ci-devant* Limousin ; et c'était bien, sans contredit, selon la remarque d'un plaisant, la plus mauvaise drogue qui fût sortie de la boutique de son père. (*Sic.*)

« Le duc d'Orléans, le duc de Bourbon, et le cardinal Dubois que le Régent venait de faire premier ministre; nouvelle dignité, qui donna lieu au jeu de mots assez heureux contenu dans ces quatre vers :

> Du Bois dont on faisait les cuistres,
> Chacun me nommait autrefois ;
> Mais à présent je suis *Du Bois*
> Dont on fait les ministres.

Ainsi qu'à beaucoup de chansons dont nous ne citerons qu'un couplet, sur l'air de *Joconde :*

> On ne trouve pas étonnant
> Que l'on fasse un ministre,
> Et même un prélat important,
> D'un m........, d'un cuistre.
> Rien ne surprend en cela :
> Eh! ne sait-on pas comme,
> De son cheval, Caligula
> Fit un consul de Rome ?

26. — *Le Triumvirat*..... Magistrats qui avaient le Gouvernement de la République de Rome, au nombre de trois, ce qui occasionnait souvent des troubles publics.

27. — *Duc qu'aucun opprobre*..... M. le duc de Bourbon, ministre d'État pendant la Régence; il était universellement détesté.

L'Édition de 1795 est en opposition avec l'Annotateur anonyme de notre manuscrit, qui vise le Duc de Bourbon; tandis que l'autre croit voir le duc de la Force.

Là-dessus, les critiques de 1795 sont en corrélation d'idées avec l'Édition de 1858; laissons-la parler :

« Sous la Régence, comme du temps de Dante, la vengeance la plus commode aux satiriques était d'envoyer d'avance leurs ennemis en enfer. Les *Sottisiers* sont pleins de ces condamnations, et l'histoire n'a pas appelé de tous les jugements. A côté du Régent, de Law, de Dubois, de la duchesse de Berry, dont les charmes dangereux séduisent jusqu'à Pluton, nous trouvons, poussés par d'invisibles verges, la Force et d'Argenson. Marais donne, à la date de juin 1721, la description d'une de ces estampes satiriques, sorte de brevet *illustré* de damnation, libéralement accordé au défunt ministre; tous ces excès finirent par provoquer les rigueurs d'une chambre spécialement établie à cet effet à l'Arsenal. La Force ne fut pas plus ménagé que d'Argenson, convaincu comme lui de haïr le Parlement, et soupçonné aussi de concussion. Comme le remarque le poëte, l'arrêt qu'il prononce n'est qu'une confirmation pour l'éternité du jugement des hommes. Le duc de la Force, comme nous l'avons vu dans l'*Introduction*, avait été flétri par arrêt du Parlement. L'acharnement fut même porté contre lui à ce point, que ses ennemis et ses juges, dans leur haine commune et leur commune ignorance, crurent possible de punir d'une peine capitale un crime, non défini quant aux particuliers, dans l'ancienne législation, et qu'elle ne frappait, en ce qui touche les marchands, que d'une amende tout au plus. *On rapporte qu'un Duc demanda à un juge si la peine du monopole était capitale. Le juge répondit que oui. Sur quoi le Duc dit : Ne pourrait-on pas adoucir cette rigueur, et la réduire à la peine du pilori?* »

(Mathieu Marais, 13 février 1721. — Édition Malassis, 1858.)

Mathieu Marais, page 170 du tome II, à la date du 6 au 12 juillet, sous la rubrique *Duc de la Force*, nous raconte ainsi les débats du Parlement : « Le lundi 7, le Parlement s'est assemblé, et a commencé de travailler au procès de M. le Duc de la Force. Il y avait les trois princes du sang, dix ou douze ducs et toutes les Chambres. On a continué de travailler toute la semaine dès le grand matin, jusqu'à onze heures et demie. Enfin l'affaire a été terminée le samedi 12 sur les une heure après midi. Tous les accusés ont été entendus, et M. le Duc de la Force lui-même, qui a bien parlé, qui a protesté, comme s'il était devant Dieu, qu'il ne connaissait point le chevalier Landais, qui s'est expliqué éloquemment, et qui n'a été embarrassé que sur le cautionnement par lui prêté pour Bernard, son secrétaire, dans une société de la Louisiane. Toute sa famille était à la porte de la Grand'-Chambre. Il a fait là un personnage bien différent de celui du jour de la Régence, où il protesta contre le Parlement, qui ne lui voulait pas ôter le bonnet. Il a paru dans un état bien humilié, mais l'arrêt l'humilie encore bien davantage, et voilà un triste exemple des procès criminels et des engagements que l'on prend contre son honneur. »

Marais, avec sa judiciaire accoutumée, résume l'arrêt qui contient, contre le Duc de la Force, la phrase suivante, stigmate indélébile, qui fait le plus grand honneur au Parlement : « *Et sera tenu le Duc de la Force d'en user avec plus de circonspection, et de se comporter à l'avenir d'une manière irréprochable.* »

Le 15 juillet 1721, Marais, revenant sur le duc, ajoute : « Le Duc de la Force a marié son neveu, le comte de Roure, avec mademoiselle de Biron, et lui a fait de grands avantages. Il a attendu le jugement du procès, parce qu'il ne pouvait rien donner pendant qu'il durait. Ce neveu est fils de Madame de Roure, qui a été maîtresse de feu Monseigneur le Dauphin, et, depuis lui, de beaucoup d'autres *(sic)*, qui ne sont pas de si bonne maison. M. de Collandre a d'elle une grande fille très-bien faite. Ce mariage mettra le Duc de la Force *un peu* en crédit auprès du Régent, dont le marquis de Biron est favori. On dit qu'il a demandé à rentrer au Conseil de Régence, et que le Régent lui a dit : *Je ne réponds pas que si je vous y menais, le Roi ne vous en fît sortir.* »

Ce duc de la Force est jugé. D'Orléans, bon prince, mais pointilleux sur le point d'honneur, ne voulut pas rompre en visière avec l'opinion publique, moins éloquente qu'aujourd'hui, mais déjà puissance redoutable. La Force fut sacrifié à la raison d'État.

(L'Annotateur de 1875.)

28. — *Qu'Horn et Cartouche.....* Le premier était de sang Royal ; c'était le plus infâme et le plus inhumain des scélérats ; *il fut rompu* en place de Grève, malgré les

vives sollicitations des Puissances, qui demandaient sa grâce au Régent; — celui-ci leur répondit que quand *il avait du mauvais sang, il le faisait tirer.*

Cartouche, fameux voleur, qui fit, à Paris et dans les provinces, les tours les plus surprenants et les plus audacieux; il fut roué vif.

Version de 1795 : « Cartouche et le comte de Horn furent rompus vifs sous la Régence. Ce dernier (Horn), qui avait assassiné un marchand pour lui voler son portefeuille, était allié de plusieurs maisons souveraines, *et parent même du Régent,* qui résista à toutes les sollicitations des proches parents du comte, en répondant énergiquement : *Quand j'ai du mauvais sang, je me le fais tirer.* »

29. — *Un nouvel Arrêt*..... Le Parlement avait ordre de faire le procès au duc de Bourbon.

30. — *Où d'Argenson*..... Voleur insigne, tué par Thésée; les Poëtes feignent qu'il est condamné à traîner éternellement un gros caillou (*lisez rocher*), au haut d'une montagne, d'où il retombe chaque fois.

31 et 32. — *Revenez briller*..... Le Roi, après son sacre, fit revenir tous les honnêtes gens que le Régent avait exilés.

Version de 1795 : « Le chancelier d'Aguesseau, les maréchaux de Villeroy, d'Huxelles, de Tallard et de Bezons, le duc de Noailles, et une foule d'autres seigneurs, éloignés de la Cour au commencement du ministère du cardinal Dubois. Le comte de Nocé, ami particulier du Régent, fut exilé pour un mot qui lui fait honneur, et que nous allons citer. Le prince demandait ce qu'on pensait du nouveau premier ministre. *On dit*, répond le comte, *que Votre Altesse Royale en fera tout ce qu'elle voudra, mais qu'il lui sera toujours impossible d'en faire un honnête homme*. Ce seigneur fut exilé le lendemain, et rappelé le jour même de la mort du cardinal, par un billet aussi extraordinaire que la faiblesse du Régent à le laisser partir. Il écrivit de sa propre main au comte de Nocé : *Morte la bête, mort le venin. Je t'attends à souper ce soir, au Palais-Royal.* »

Sur la strophe XIII, et à propos des mesures réparatrices du jeune roi, l'Édition Malassis s'exprime ainsi : « *Le 16 février, Philippe quittant le titre de Régent de France, remit au roi le dépôt apparent de l'autorité souveraine, et, par un sinistre présage, le premier emploi qu'en fit le monarque adolescent fut de signer le même jour l'exil de son gouverneur* (Lemontey). Le chancelier fut également exilé.

Noailles seul fut rappelé : « Le duc d'Orléans rappela de l'exil le duc de Noailles, qu'il avait toujours aimé autant qu'il l'estimait. A la première vue, il l'embrasse tendrement, lui proteste que sa disgrâce n'est *venue que de ce coquin de cardinal Dubois*, pour me servir de ses propres termes. Hé bien, que dirons-nous, ajoute-t-il avec une sorte d'embarras. *Pax vivis, requies defunctis*, répond Noailles en homme d'esprit. » (*Mémoires politi-*

ques et militaires du duc de Noailles, édition Michaud, page 280.)

33. — *Qu'Antoine ne méritait pas*..... Marc-Antoine ne voulut pas suivre les conseils de ses amis.

34. — *Nouvelle Reine*..... Palmyre, ville de Syrie, près l'Arabie déserte, célèbre par le courage de la Reine Zénobie; elle avait de l'esprit, de la douceur et de la fermeté; elle était endurcie aux fatigues de la guerre; elle marchait souvent à pied à la tête de son armée. Par son courage, son mari se rendit maître de tout l'Orient; elle se piquait d'être *obligeante* pour ceux qui profitaient de sa clémence, et *inflexible* aux Tyrans; il y a toute apparence que l'auteur entend lui comparer Madame la Duchesse du Maine.

Effectivement, c'est bien Madame du Maine qui se trouve visée dans cette strophe. L'Éditeur de 1858 fait des réserves sur cette vertu que lui prête le poëte critique. Madame du Maine était une femme aigrie par les disgrâces de son mari; elle ne pardonna jamais à Philippe d'Orléans de s'être fait attribuer la Régence par le Parlement; elle complota, elle fut l'âme et l'inspiratrice des mécontents.

(L'Annotateur de 1875.)

Version de 1795 : « Madame la duchesse du Maine, comparée à cette Zénobie, si célèbre par ses vertus, par son amour pour les sciences et les arts, et surtout par son courage vraiment héroïque.

35. — *Moderne Longin....* Longin fut un célèbre sophiste du troisième siècle. Il fit un grand nombre de livres dont il ne nous reste que le *Traité du Sublime;* il fut précepteur de la reine Zénobie.

Cet endroit pourrait recevoir une application au duc du Maine, qui fut précepteur du Roi [1].

Version de 1795 : « Le président de Malézieux, chancelier de Dombes; ou bien, selon d'autres annotateurs, le cardinal de Polignac, qui était relégué à son abbaye d'Anchin depuis 1718. »

36. — *Tu puniras l'offense......* L'auteur entend parler de tous ceux qui avaient conspiré contre la vie du jeune Roi, et pour le Régent, *qui avait formé le dessein de le faire mourir.*

Ici encore, — et quoique notre réfutation de cette calomnie ait trouvé sa place dans l'Étude, — nous devons protester.

L'auteur anonyme des annotations appartenait, — sans aucun doute, — au vieux parti religieux-monarchique; les allusions ne tarissent pas sur les empoisonnements et sur l'inceste.

Tant de fiel entre-t-il dans l'âme des dévots !

Qu'il est à déplorer que la haine de parti conduise

---

[1] Oui, avec cette très-notable différence que du Maine n'eut aucune des qualités brillantes de Longin. Si la Régence fût tombée entre ses mains, le parti Espagnol eût clabaudé de plus belle. Ce méchant boiteux n'avait que de la haine. Le courage lui manquait.

l'homme éclairé aux capitulations de conscience! On ne le croit pas, mais on le dit, — on l'écrit, — le temps passe, et la calomnie prend les allures d'une vérité!

(*L'Annotateur de 1875.*)

37. — *Dans la famille de Martel*..... Au temps de la race *des Rois fainéants*, (ne le sont-ils plus?. . .
. . . .)
les rois ne pensaient à rien moins qu'au gouvernement de leur Royaume. Afin de se livrer plus librement à leurs plaisirs, ils se déchargeaient de ce soin sur des Ministres, qui prenaient la qualité de Maires du Palais; leur autorité s'accrut avec la mollesse des princes qui étaient sous leur tutelle.

Charles-Martel succéda à Pépin, qui, à la qualité de Maire du Palais, joignit celle plus ronflante de prince des Français. Charles était fort guerrier; il fut surnommé Martel, parce qu'il avait toujours les armes à la main. Il laissa plusieurs enfants, entre autres Pépin, qui fut Roi de France, et qui commença la seconde race de nos Rois.

Version de 1795 : « Charles-Martel, père de Pépin le Bref, tige de la deuxième race, fut maire du palais sous quatre de nos rois fainéants; ou plutôt, régna réellement depuis 715 jusqu'en 741, sous le titre de *Duc des Français*. En mourant, il transmit toute l'autorité à son fils, qui en usa pour confiner son souverain dans un monastère et prendre une couronne qui manquait seule à l'éclat de sa puissance.

38. — *Comme aigles légères*..... L'auteur se compare à l'aigle que les poëtes feignent avoir secouru Jupiter dans la guerre contre les Titans. Il se flatta que le Roi punirait les crimes que ses vers ont attaqués.

39. — *Alors Thèbes, Troie et Mycènes*..... Thèbes, ville de Grèce, célèbre par ses sept portes et par les ouvrages des poëtes. Trente-sept ans avant la ruine de Troie, Polynice, fils d'Œdipe et de Jocaste, arma contre son frère Ethéocle, et assiégea Thèbes avec Adras, Roi d'Argos, son beau-père, et quelques autres.

Troie, ville d'Asie, fort puissante, qui fut brûlée par les Grecs après une résistance de dix années à une armée très-nombreuse.

L'enlèvement de la belle Hélène, femme de Ménélas, roi de Sparte, fut la cause première de ces embrasements.

Cette guerre valut à l'antiquité les deux poëmes épiques les plus considérables que l'on connût encore : *l'Iliade* et *l'Odyssée*, composés par Homère[1].

Mycènes, ville du Péloponèse, entre Argos et Corinthe; elle est devenue célèbre par l'enlèvement d'Hé-

---

[1] Six mille ans ont passé sur la cendre d'Homère,
  Et depuis six mille ans, Homère respecté,
  Est jeune encor de gloire et d'immortalité.

Ces magnifiques vers de Chénier peignent la gloire du mendiant demi-dieu, le poëte épique, l'éternel honneur de la langue grecque; Homère, au déclin de sa vie, allait de porte en porte, récitant son œuvre, et payant ainsi l'hospitalité due au génie malheureux.

L'annotateur nous a paru au moins naïf en rappelant Homère;

lène, femme de Ménélas, frère d'Agamemnon, le Roi des Rois, qui se mit à la tête de l'armée des Grecs pour venger l'injure sanglante faite à son frère.

En revenant vainqueur du siége de Troie, Agamemnon trouva une femme adultère, qui le fit périr; son fils vengea son père sur la personne de sa mère.

Version de 1795 :

> Que mon luth amant de la scène.....

La Grange-Chancel n'était guères connu alors que par des tragédies, dont la plupart des sujets sont tirés de l'histoire grecque.

---

les enfants au berceau le connaissent. Homère et Tacite, voilà la moelle des lions et le pain des forts !

Cependant, il n'est pas rare de rencontrer des gens de lettres. *Proh pudor!* sans connaissances spéciales, ignorants au point de méconnaître, non-seulement la portée d'une grande œuvre, mais encore son existence !

Nous ne voulons pas ajouter de noms propres au bout de notre réflexion, — nous pourrions le faire. La littérature ne vit pas seulement de style, elle vit surtout d'études consciencieuses, et personnelles. A bon entendeur, salut !

Fin des Remarques sur la quatrième Ode.

LES PHILIPPIQUES

ODE CINQUIÈME

ODE CINQUIÈME

I

Enfin, la mort de Capanée
Sert d'exemple aux ambitieux,
Et la foudre de Salmonée
Cède à celle qui part des cieux.
Qui veut trop s'élever trébuche;
Le Crime, dans sa propre embûche,
Se trouve souvent abattu;
Et Clothon, à nos vœux propice,
Le pousse dans le précipice
Dont il menaçait la vertu.

II

Que vois-je ? à peine son corps touche
Les tristes bords du Phlégéton,
Que pour son Trône et pour sa Couche
Je vois appréhender Pluton ! 4
Je vois, sur la rive infernale,
Pygmalion, Sardanapale, 5
Ravis de pouvoir l'embrasser ;
Avec eux Sysiphe et Tantale 6
Donner à cette Ombre Royale
La gloire de les surpasser.

III

Biblis n'est plus tant occupée 7
A faire un ruisseau de ses pleurs ;
Phèdre, Jocaste et Pélopée 8
N'ont plus ni remords ni douleurs ;
Des sanguinaires Danaïdes 9
Et des lascives Propétides, 10
Les hommages lui sont rendus ;
Et sa fille, qui les amène, 11
Lui promet un plus grand domaine
Que les États qu'il a perdus.

IV

Plus noir que le reste des Ombres[1],
D'Argenson vole à son secours,
Plus terrible aux rivages sombres
Qu'à ceux où la Seine a son cours;
Avec sa fureur ordinaire,
Il prend le poste sanguinaire
Qu'Eaque tient près de Pluton ;   12
Dubois succède à Rhadamante,   13-14
Et Minos, saisi d'épouvante,
Quitte la place à d'Aubenton.

---

[1] Cette ode Philippique ne se trouve point suivie dans notre original comme l'Edition de 1795, ni comme celle de 1858; le placement des strophes est interverti; nous donnerons, à la suite des Odes, un chapitre sur *l'Edition définitive*, en faisant toucher du doigt les irrégularités qui distinguent ces trois versions. — Notre texte des Philippiques *est d'un lyrisme incontestable, et d'une valeur littéraire non moins incontestable*, selon l'appréciation autorisée d'un grand poëte; nous ajouterons que cette œuvre intéresse autant l'histoire que la langue. On nous opposera peut-être Voltaire; mais Voltaire, — vu son caractère passionné, — perd son crédit auprès des penseurs. —

V

J'aperçois la Reine d'Ithaque 15
Chercher les plus vieux monuments
Pour fuir une plus vive attaque
Que celle de tous ses amants ;
Dans les bras de l'époux qu'elle aime,
Je vois Andromaque elle-même 16
Craindre de s'en voir arracher ;
Et, dans l'effroi qui la possède,
Didon appelle à son aide 17
Les flammes d'un nouveau bûcher.

VI

Ravi que la France ait vu naître
Un Prince plus mauvais que lui, —
Des poisons qui l'ont fait connaître,
Charles lui vient offrir l'appui. 18
Celui qui s'acquit l'avantage
De mettre les Rois hors de page,
L'observe d'un œil attentif ;
Il reconnaît qu'en Tyrannie,
Auprès d'un si rare génie
Il ne fut qu'un simple apprentif.

VII

Chez toi vois descendre la guerre,
Pluton [1] ; — on va te mettre aux fers ;
Il n'a pu régner sur la terre ;
Il régnera dans les Enfers.
Crains pour ton honneur, chaste Reine ;
Ce que vit autrefois la Seine,
Le Styx le verra sur ses bords ;
Tu seras en butte à sa flamme ;
Tout cède aux transports de son âme ;
Sa passion vit chez les morts [2].

---

[1] *Pluton...* Ainsi renvoyé à la fin du vers, selon le procédé romantique, ce curieux enjambement *est une date*; ces renvois à la ligne étaient condamnés par la rhétorique et la pratique officielles ; La Grange, le premier, s'affranchit des lois du *Parnasse*, alors plus en vogue qu'aujourd'hui, — et nous ne saurions nous en plaindre. La tyrannie littéraire est tout aussi insupportable que la tyrannie politique. L'honnête homme doit protester.

[2] Cette strophe 7 manque dans notre version. Nous la copions dans l'Edition de 1795, la plus pure, la plus harmonieuse, après notre manuscrit.

VIII

Prince, rends ton règne célèbre
Sur le rivage souterrain,
Sans craindre que la Seine ou l'Ebre   19
Regrettent un tel souverain ;
Consens que leurs deux monarchies
Soient heureusement affranchies
De tes exécrables projets ;
Ils te verront sans jalousie
Par les lois de ta frénésie
Gouverner tes nouveaux sujets.

Fin de la cinquième Ode.

REMARQUES

HISTORIQUES ET BIOGRAPHIQUES

SUR

LES PHILIPPIQUES

———

ODE CINQUIÈME

REMARQUES

SUR LA CINQUIÈME ODE

1. — *La mort de Capanée*..... Capanée, capitaine qui se trouva au siége de Thèbes avec Polynice. Il fut le premier qui posa l'échelle sur les murailles de cette ville assiégée; les poëtes feignent qu'il fit la guerre à Jupiter.

2. — *La foudre de Salmonée*..... Salmonée, fils d'un certain Eole, qui, non content de commander dans l'Elide, province du Péloponèse, fut assez présomptueux pour se faire adorer comme un Dieu; et, pour arriver à ces fins, il fit construire un pont d'airain, qui traversait sa capitale; il se faisait traîner dans un chariot sur ce pont, afin d'imiter le tonnerre; il lançait des torches allumées sur ceux qu'il rencontrait; il les faisait tuer aussitôt pour en imposer à ses peuples. Jupiter, irrité contre cet impie, le foudroya lui-même.

3. — *Et Clothon à nos vœux*..... L'une des trois Parques qui président à la vie des hommes; elle avait dans ce temps terminé les jours et les crimes du Régent de France, Philippe d'Orléans.

Version de 1795 :

> Le pousse dans le précipice
> Dont il menaçait la vertu.

« Rien de moins certain, rien de moins prouvé que ce que l'auteur veut donner à entendre par ces vers. On sait bien positivement que le duc d'Orléans mourut presque subitement dans les bras de la duchesse de Phalaris, *une de ses maîtresses*, et qu'un gazetier étranger, plaisantant sur l'incident et sur l'irréligion connue du Régent, imprima qu'il était mort *assisté de son confesseur ordinaire*. Ses ennemis personnels dirent qu'il avait voulu *empoisonner le Roi*, et qu'il s'était *empoisonné lui-même ;* mais ces bruits populaires sont démentis par les historiens contemporains, et par des écrivains qui ont été, pour ainsi dire, témoins de la catastrophe qui le précipita au tombeau à l'âge de quarante-neuf ans.

« Cependant, pour ne rien laisser à désirer au lecteur, nous allons transcrire ici une parodie, faite dans le temps, de la dernière scène de *Mithridate*, où l'on trouvera un vers qui dit positivement ce que La Grange-Chancel ne fait qu'insinuer [1].

---

[1] Puisque cette parodie, œuvre d'un Sottisier, trouve naturellement ici sa place, nous la donnons, afin de ne point écourter l'an-

LE RÉGENT, LE DUC, LAW.

LAW.

Ah ! que vois-je, Seigneur, et quel sort est le vôtre ?

LE RÉGENT (*mourant*).

Cessez et retenez vos larmes l'un et l'autre :

(*Montrant le duc.*)

Mon cœur, de sa fureur et de tes intérêts
Veut d'autres sentiments que de tristes regrets.
Ma régence, plutôt digne d'être abhorrée,
Par des pleurs aujourd'hui doit-elle être honorée ?
J'ai désolé la France autant que je l'ai pu :
La mort dans ce projet m'a seule interrompu.
Ennemi des Français et de leur opulence,
J'ai renversé leurs lois, j'ai détruit la finance ;
Et j'ose me flatter qu'entre les noms fameux
Dont trace Mézeray les portraits odieux,
Nul n'a fait plus de maux, n'a plus haï leur gloire,
Ni de jours malheureux plus rempli leur histoire.
Le Ciel n'a pas voulu qu'achevant mon dessein,
Je versasse à leur Roi le poison de ma main.
Mais au moins quelque chose, en mourant, me console :
Je meurs environné des rentiers que j'immole ;
Je fais avec succès un nouvel attentat,
Et mes derniers regards ont vu fuir le Sénat.

---

notation de 1795 ; — nos lecteurs retrouveront cette pièce, avec quelques variantes, dans le volume qui suivra immédiatement les *Philippiques* ; nous voulons parler des *Ruelles du dix-huitième siècle*, le recueil le plus complet, le plus original et très-curieux sur la matière ; notre manuscrit aura parfois besoin d'être expurgé ; les mœurs littéraires se sont adoucies, et nous craindrions de froisser les sentiments les plus délicats de l'âme humaine. — Mais, comme tour d'esprit, pointe ironique, mots acérés de courtisans, médisance de Ruelles, notre livre sera, nous l'espérons, consulté avec fruit par les observateurs et les moralistes.

Ces derniers héritiers de la vertu gauloise,
Exilés de Paris, vont habiter Pontoise,
Et, du bien de l'Etat sectateurs odieux,
De leur âpre vertu n'offusquent plus mes yeux.
Au fils du grand Condé je dois cette fortune ;
Il épargne à mes yeux leur présence importune :
Que ne puis-je payer ce service important,
De tout ce que la Banque eut de plus éclatant !
Vous savez que Belle-Isle enferme ma richesse.
Vous me laissez aussi : souffrez que je vous laisse.
Cher Law, tous les vols que j'exigeais de vous,
Pour ce prince mon cœur vous les demande tous.

LAW.

Vivez, Seigneur, vivez, pour voir par mon système
Triompher l'indigence, et pour régner vous-même :
Vivez, pour terrasser l'honneur et la vertu ;
Pour empoisonner le.....

LE RÉGENT.

(*Au duc.*)

.....C'en est fait, j'ai vécu.
Prince, songez à vous. Gardez-vous de prétendre
Que du peuple français vous puissiez vous défendre :
Bientôt ces fiers soutiens, contre vous irrités,
Indiquant les États, fondront de tous côtés.
Ne perdez point le temps que vous laisse leur fuite,
A rendre à mon tombeau des soins dont je vous quitte [1].

---

[1] *Dont je vous quitte.....* Expression qui peut sembler bizarre aujourd'hui, mais qui, à cette époque, était très-compréhensible. Le tour de phrase est tombé en désuétude. On dit encore, en français vulgaire : *Je vous tiens quitte de ceci, de cela*, etc. ; le mot seul n'est plus employé. Le verbe *décharger* remplit ces fonctions : Je vous *décharge* de tel ou tel soin. Les siècles, en passant, renversent les mots, et, quelquefois, suivant la même logique, les institutions et les royautés ! —

Le papier établi, les Français ruinés
Suffisent à ma cendre, et l'honorent assez.
Allez, emportez l'or.

LE DUC.

Moi, Seigneur, que je fuie !
Que je laisse à Paris son prince encore en vie !
Que le peuple, ses lois, ses droits, ses magistrats,
N'éprouvent pas bientôt.....

LE RÉGENT.

Non, ne l'espérez pas.
Prince, le Roi vivra ; l'Être éternel l'ordonne :
Le ciel et le Sénat défendent sa personne.
Mais je vais éprouver le céleste courroux ;
Les enfers vont s'ouvrir. Bourbon, approchez-vous :
Dans cet embrassement où la fureur préside,
Venez, et recevez l'âme d'un parricide.

LAW.

Ah ! Seigneur, il expire !

LE DUC.

Unissons nos douleurs,
Et portons loin d'ici *son or* et nos fureurs. —

« Ce dernier vers, et quelques autres du morceau qu'on vient de lire, étaient d'autant plus piquants pour le duc *de Bourbon*, que la passion d'amasser et d'acquérir était chez lui la passion dominante.

« *Ce prince avait très-heureusement profité de la faveur des actions du Système pour rebâtir Chantilly avec une magnificence royale, et pour acheter tout ce qui se trouvait à sa bienséance en fonds de terres ; de là les biens immenses que sa maison possédait encore à l'époque de la Révolution !*

(*L'annotateur de 1795.*)

La satire virulente, à tous crins, endiablée, ne date pas d'hier; on le voit surabondamment en lisant cette infernale parodie, œuvre d'un écrivassier à gages; c'est la satire politique sans retenue, sans pudeur, exhalant la passion malsaine, et portant des accusations formidables sans même entrevoir les conséquences sur l'opinion publique; l'homme qui a écrit cela était un tempérament plutôt qu'un poëte satirique.

La mise en scène ne manque pas d'une certaine habileté; le langage prêté à Philippe d'Orléans ne ressort ni du passé, ni de la situation dramatique; c'est un effet manqué; — pourtant, les accusations se faufilent dans les masses sous le couvert d'une copie perfide, enfiellée, surchargée de notes et d'additions; et, quand l'historien arrive, il ne sait plus démêler le vrai du faux, la satire du récit exact, le pamphlet politique de l'article pesé, concluant et mesuré de l'écrivain consciencieux; et les années s'écoulent, et, d'un personnage qui ne fut pas sans faiblesses, sans vices, on fait un monstre digne de l'échafaud.

> Le ciel n'a pas voulu qu'achevant mon dessein,
> Je versasse à leur Roi le poison de ma main.

C'est mieux qu'une insinuation; nous nous trouvons en face d'une accusation brutalement exprimée, cynique dans ses termes, horrible quant aux réflexions qu'elle fait naître dans l'esprit des gens honnêtes. Rien n'eût été aussi facile à Philippe d'Orléans que d'empoisonner le jeune Louis XV, s'il eût été vraiment capable de former un semblable projet; toutes les issues menant chez le Roi lui appartenaient; ses créatures se trouvaient partout, à partir du mois de septembre 1715; l'excellent chimiste, l'homme influent, le maître du royaume, ces trois personnages, réunis en un seul, faisaient du Régent une puissance redoutable pour le mal, s'il eût voulu le commettre avec ce sang-froid que lui ont prêté les sottisiers dans leurs écrits orduriers.

Ni si haut, ni si bas! La vérité est l'ennemie des extrèmes; on la rencontre seulement dans l'exposition rationnelle des événements historiques; l'analyse fait son œuvre après l'énumération, et il se rencontre toujours un homme de génie, un Tacite, pour distribuer les responsabilités.

Au demeurant, notre tâche d'annotateur est facile après l'Étude consacrée à la Régence; si nous ne laissons rien passer de dangereux, ou de déshonnête, dans les explications d'une autre époque, c'est que nous connaissons la nôtre et les procédés d'une certaine presse, à l'affût des moindres vétilles, qui lui donneraient prise; ces reporters, plus dangereux qu'éloquents — et nul ne doit s'en plaindre — chercheraient noise à propos d'un mot à double sens, et notre langue fourmille d'expressions à double et à triple tranchant!

Le Régent, d'ailleurs, n'appartient plus aux partis; il est entre les mains de l'histoire qui a prononcé sur son compte, par la bouche de Duclos, le jugement suivant, dont notre siècle n'a pas rappelé:

« *Ainsi périt, à quarante-neuf ans et quelques mois, un*

des hommes les plus aimables dans la société, plein d'esprit, de talents, de courage militaire, de bonté, d'humanité, et un des plus mauvais princes, c'est-à-dire des plus incapables de gouverner.

Il est impossible de dire plus en moins de mots. Philippe d'Orléans est là tout entier. Ce portrait révèle un homme faible, vicieux, n'ayant pas *les qualités du prince*, indispensables au maniement des affaires et des hommes, possédant peu l'art des transitions dans le gouvernement, — comprenant peut-être mieux la politique étrangère et sachant agencer ses rouages compliqués, — au surplus, Duclos l'affirme, plein *de talents, d'humanité, de courage militaire*, — adonné corps et âme à la débauche, aux plus hideuses dépravations de la pensée et des sens, et préparant, sans s'en douter, la ruine de la Monarchie française : voilà l'homme et le Prince!

Mais l'incestueux, l'empoisonneur, le régicide, puisqu'on lui prête l'intention de tuer le Roi, ne se rencontrent pas dans le portrait si sévère de Duclos; les autres contemporains tiennent le même langage.

Il appartient à la critique moderne de fixer la ligne historique; nous serions heureux d'avoir pu lui fournir quelques éléments; son appréciation commandera l'attention des plus indifférents.

Les atroces soupçons élevés contre le Régent furent dissipés par l'avénement au trône du jeune Roi; des bruits sinistres circulèrent encore, mais les intéressés seuls voulurent y croire, et encore il y eut plus d'hypocrisie que de loyauté dans leur conduite.

ODE CINQUIÈME.

Un ouvrage qui a eu quelque notoriété à la fin du siècle dernier, *Vie privée de Louis XV*, 4 volumes, Londres, *chez John Peter Lyton*, 1783, et qui a dû être composé par un grand seigneur doué du génie de l'observation, en tout cas homme instruit et perspicace, entre dans le vif de cette question du régicide, si brutalement présentée au cours du dialogue entre Philippe, le duc de Bourbon-Condé et ce fripon de Law.

Laissons parler l'historien qui tenait la plume à la veille de la réunion des derniers États-Généraux du Royaume, en 1788, date mal choisie pour montrer la *Vie privée* des rois.

(*L'Annotateur de 1875*.)

« Des bruits accrédités concernant la cause sinistre de la mort de tant de princes moissonnés en si peu de temps, ne pouvaient qu'augmenter ses alarmes (*l'auteur aristocratique parle ici des frayeurs de la France concernant Louis XV*); on le voyait, dans ce préjugé, confié aux mains du *meurtrier de ses pères ;* et, ce qui forme aujourd'hui le plus fort argument pour réfuter les calomniateurs du Régent, était alors un sujet continuel de terreurs.

« Sans doute, s'il eût été l'auteur du désastre de la famille royale, de la mort de trois Dauphins, péris dans le palais de Louis XIV, frappés jusque sous ses yeux, et arrachés, pour ainsi dire, d'entre ses bras, *devenu le maître il ne se serait point arrêté dans ses vastes désirs;* marchant de crime en crime, il n'aurait pas eu l'horreur d'un régicide, *sans lequel les autres devenaient inutiles, le seul qui pût lui en assurer l'impunité*, et le faire jouir de ce sceptre qui légitime tous les forfaits aux yeux de l'ambition.

« Mais ce raisonnement, victorieux pour nous, n'en pouvait être un pour les contemporains. »

(*Vie privée, 1783.*)

La conclusion à laquelle arrive l'auteur des Mémoires secrets est la seule rationnelle, la seule essentiellement logique, et, pour tout dire en un mot, la seule qui s'impose au nom de la conscience. Il demeure évident pour nous, analyste dégagé des préoccupations de parti, entier aux événements que nous retraçons, que le Régent eût pu, s'il l'eût voulu, empoisonner Louis XV; ce crime éclairait les autres, il devenait une raison péremptoire dans la bouche des accusateurs, il menait le prince au supplice, à moins d'une docilité du Parlement impossible à supposer, surtout après sa courageuse conduite à l'égard du testament royal; n'ayant pas brisé le dernier obstacle qui l'empêchât de monter sur le trône, il est évident que le Régent n'avait pas tué les Dauphins. Pourquoi ces crimes, cette terreur répandue en Europe, si le sang versé ne devait profiter à rien? Pourquoi cette défiance jetée à profusion à Versailles, qui rejaillit sur d'Orléans au point de le faire considérer comme un criminel? Encore une fois, non! Le dernier crime prouvait seul les autres; le dernier n'ayant pas été commis, les preuves historiques nous manquent totalement.

La calomnie pourra reprendre la thèse des accusateurs, elle ne réussira point. Nous ne voulons plus ni légendes, ni balivernes historiques, tenant lieu d'enseignement; il nous faut la vérité, toute la vérité, dût-elle froisser les susceptibilités de caste, de race ou de parti; nous voulons nous prononcer en connaissance de cause; et, chaque fois que nous rencontrerons une accusation sans preuve, qu'elle atteigne un Roi ou un particulier, nous passerons outre, avec l'indignation que la calomnie doit inspirer à l'homme scrupuleux sur le point d'honneur. La passion ne résout rien.

Le Régent, au reste, n'avait pas mal débuté dans la pratique des affaires; au Parlement, il prononça quelques paroles qui adoucirent singulièrement les magistrats, habitués à s'entendre dire par Louis XIV: *L'État, c'est moi!* Ces paroles appartiennent à l'histoire; le prince qui les prononça avait conscience de ses devoirs: « *Mais, à quelque titre*, leur dit-il, *que j'aie le droit d'espérer à la Régence, j'ose vous assurer, messieurs, que je la mériterai par mon zèle pour le service du Roy, et par mon amour pour le bien public, surtout étant aidé par vos conseils et par vos sages remontrances.* »

« La suite immédiate de ce Lit-de-Justice fut l'établissement de six conseils, outre celui de *Régence*. Le premier, appelé conscience, regardait les affaires ecclésiastiques; le second, les affaires étrangères; le troisième, la guerre; le quatrième, la finance; le cinquième, la marine; et le dernier, les affaires du royaume. »

(*Mouffle d'Angerville. Londres 1783.*)

C'est donc au Régent qu'il faut attribuer la distribution des grands services administratifs nationaux; ce fut lui qui les divisa en conseil de conscience, aujourd'hui notre ministère de l'Instruction publique et des Cultes; les Affaires étrangères n'ont pas changé de nom; la Guerre a conservé le sien; les Finances et la Marine sont encore désignées maintenant comme en 1715; enfin, il y eut un premier linéament de ministère d'État, sous la rubrique *affaires du dedans du royaume*.

La centralisation s'ébauchait; elle n'était pas encore le puissant instrument que nous connaissons; le Régent l'avait entrevue, et cela nous suffit pour établir la supériorité de vues et la domination du caractère.

D'Angerville, après avoir retracé comme tous les contemporains, la mort de Philippe d'Orléans, continue ainsi :

« Telle fut la fin de ce prince, dont la Régence sera mémorable à jamais, en ce que renfermant tous les germes de troubles possibles, qui ne se fécondent que trop malheureusement dans les minorités, toujours agitées et tumultueuses, il les arrêta ou les étouffa par la seule force de son génie; il rendit au Parlement le droit d'examen et de remontrances; mais en lui laissant reprendre son premier lustre, il se conserva les moyens de le contenir et d'empêcher qu'il n'abusât de cette liberté dangereuse..

« S'il ne put apaiser entièrement la fermentation occasionnée par la fameuse Bulle (excommunication contre ceux qui ne rendaient pas une obéissance entière à la Constitution; excommunication qui produisit peu d'effet, et, en fin de compte, fut condamnée par le Parlement), il empêcha que les disputes de la Religion n'eussent les effets funestes des siècles précédents; il les réduisit à des appels, des mandements, et, tout au plus, à quelques éclats de foudre de la part de la puissance spirituelle, foudre impuissante, et presque aussitôt éteinte qu'allumée. Il réprima l'ambition excessive des princes légitimés, et reconnut authentiquement les droits de la nation; il calma de la sorte une dissension intérieure, dans le sein même de la famille royale; en acquiesçant de fait aux prétentions des princes et même de la noblesse, il ne se départit point de l'autorité qui lui était confiée, et réprima avec une égale sévérité les démarches de ces divers corps, tendantes à faire agiter des questions trop délicates. Il fit tête à l'orage violent que l'Espagne élevait contre lui, et, par la hardiesse de sa politique et de ses démarches, non-seulement il déconcerta les manœuvres de cette puissance; mais, au lieu d'une guerre que tout annonçait devoir être sanglante, longue, et dégénérer en guerre civile, il fit une paix solide et glorieuse, cimenta entre les deux couronnes une amitié plutôt suspendue que violée, enfin plaça sur le Trône deux de ses filles : Mademoiselle de Montpensier, mariée au prince des Asturies, depuis Roi d'Espagne, et Mademoiselle de Beaujolais dont le contrat de mariage avec l'infant don Carlos, bientôt souverain en Italie, avait été signé le 26 novembre 1722; elle partit de Paris le 1ᵉʳ décembre pour aller en Espagne, d'où elle revint depuis en 1725, sans que le mariage eût eu lieu.

« S'il faut admirer l'art avec lequel il se conduisit dans cette négociation, que dire de sa dextérité à s'assurer de la Hollande et de l'Angleterre? A la mort de Louis XIV, le royaume restait sans alliés, les mêmes sentiments de haine, de jalousie et de crainte qui avaient ligué toute l'Europe contre le feu Roy, duraient encore; on poursuivait, à Londres, les auteurs de la dernière paix, le salut de la France, et leurs Hautes-Puissances n'avaient pas oublié les humiliations qu'elles avaient reçues, et la cruelle alternative où elles s'étaient trouvées d'être la proie d'un vainqueur superbe, ou de s'ensevelir sous les eaux. Il était à craindre que ces ennemis naturels, mal réconciliés, indignés d'avoir été le jouet des intrigues de cour, ne se servissent de la circonstance favorable d'une minorité, pour les mettre à jamais hors d'état de leur nuire. C'est dans un pareil moment que le Régent conçoit et exécute le projet audacieux de s'en former deux alliés, et de les opposer à l'Espagne, à la puissance qu'il craignait le plus alors personnellement. Nous n'examinerons point si son intérêt particulier ne le dirigea pas davantage que le bien public; celui-ci en résulta du moins, *et c'est une justice que l'histoire doit lui rendre.*

« La situation déplorable des finances était une autre cause de mécontentements à laquelle il fallait remédier. Il employa, sans doute, un moyen violent, dont il n'avait pas prévu tout le danger. Enfin, il surmonta encore cette crise, et la fit tourner à l'avantage du corps politique, qui n'en acquit ensuite que plus de force et d'embonpoint.

« Une administration de huit années, aussi périlleuse et aussi constamment suivie du succès dans toutes les parties, est, à coup sûr, *la vraie pierre de touche d'un mérite éminent. Monseigneur le Régent sera mis au rang des plus grands hommes qui aient gouverné la France.*

« Ce prince avait même un esprit de détail qui ne va pas toujours avec le génie, qui l'étouffe souvent, ou que celui-ci dédaigne. Les premiers seize mois de sa Régence offrent l'image d'un gouvernement sage, équitable, pacifique, semblable à celui postérieur du cardinal de Fleury. Il supprima quantité d'impôts superflus et de charges onéreuses au peuple; les troupes furent réduites à un nombre proportionné au besoin. Il adopta le projet de M. de Vauban, concernant *la taille réelle*, et fit faire des essais pour établir un revenu de la couronne, que les sujets pussent payer volontiers, et *qui entrât en son entier* dans le trésor royal. Le repeuplement des provinces, la culture des terres, le rétablissement du commerce, la prospérité des arts fixèrent aussi son attention; mais, comme il n'y a rien de parfait dans ce monde, on lui reproche deux vices essentiels d'administration, qui ont fourni matière aux satires sans nombre qui ont flétri la sienne.

« Le premier de ces vices, c'est d'avoir dérogé à cette maxime que la parole des Rois doit être sacrée, maxime que Louis XIV n'avait jamais perdue de vue dans les plus grandes calamités de son règne; c'est d'avoir adopté pour principe de gouvernement la conduite frauduleuse de ces négociants infidèles, qui, abusant de la confiance crédule de leurs créanciers, s'en débarrassent par des moyens honteux, qui devraient les conduire au supplice, et ne s'enrichissent qu'à force de banqueroutes.

« Le second, c'est cette corruption de mœurs qu'il affichait avec une sorte d'ostentation, et dont *la description, malheureusement trop vraie*, quoique embellie de toutes les richesses de la poésie, se trouve dans les fameuses *Philippiques*, satire moins délicate, mais plus énergique, que celle de Pétrone, tableau *rapide et fidèle* des mœurs de la cour du Régent, d'autant plus précieux pour la postérité, qu'aucun voile allégorique ne lui dérobera les personnages.

« *On y voit que l'inceste même n'était qu'un jeu pour lui.* En effet, si son amour pour l'abbesse de Chelles, sa fille, n'est pas bien constaté, il est difficile de se refuser de croire qu'il ait été épris des charmes de la duchesse de Berry, dont les mains, *les plus belles que femme puisse avoir*, l'avaient surtout enchaîné. Il en pleura la mort moins en *père affligé* qu'en *amant* au désespoir. »

(Mouffle d'Angerville. Londres, 1783.)

Arrêtons-nous. Les allégations de 1783, signées Mouffle d'Angerville, édition de Londres, appellent nos protestations immédiates, et spécialement sur deux points.

« *Monseigneur le Régent sera mis au rang des grands*

hommes qui aient gouverné la France. » — Il faut en rabattre, — et beaucoup, — M. d'Angerville! Non, Philippe, auquel, moins que personne, nous ne voulons contester le génie diplomatique et administratif, ne fut pas *un des grands hommes qui aient gouverné la France.*

Philippe n'avait rien, ou presque rien, des personnages politiques qui tiennent la tête du mouvement civilisateur à toutes les époques, et qui savent façonner leurs contemporains d'après une conception morale ou sociale adaptée aux circonstances qu'ils traversent, en les dominant par leur volonté opiniâtre; — il n'était ni Sully, ni Richelieu, ni Colbert, ni Louvois, qui fit cependant trop de concessions à la Royauté absolue, ni Vauban, considéré comme économiste, et l'un des premiers en date, ni le sage Turgot, ni *l'organisateur de la Victoire* Carnot, ni l'Anglais patriote Pitt, ni l'unitaire comte de Cavour, ni le fondateur Washington, ni les chefs de parti britannique, centre et opposition, Fox, Burke, Shéridan, animés des intentions les plus généreuses, les plus patriotiques, ni Pierre de Russie, un fondateur comme le héros américain, ni Thiers, le réparateur des désastres immérités de 1870, l'éloquente voix, sans cesse refoulée par les mamelucks de la majorité à la solde du pouvoir, citoyen qui a fait pour la France ce qu'aucune Monarchie n'eût pu réaliser, et qui a su *descendre du pouvoir* avec une simplicité qui ne fut pas sans héroïsme, — et une foule d'autres que nous pourrions citer.

Homme de larges conceptions, entrevues plutôt qu'approfondies, entre deux parties de plaisir, le Régent fut au-dessous de son rôle ; avec la ténacité froide d'un Richelieu, ou le talent lumineux de Colbert, ou l'entente universelle des affaires commerciales et diplomatiques de l'éminent M. Thiers, il pouvait ouvrir — en 1715 — une ère de prospérité sans pareille dans les annales de la France ; les hautes classes, tenues en suspicion, n'ayant plus les petits voyages à Marly, les réceptions de Versailles, aspiraient au plaisir, aux distractions de toute nature, — mais le patriotisme les eût facilement ramenées à une plus noble perception du devoir ; — Philippe ouvrit les écluses de la débauche, et la réaction, imminente dès 1700, qui devait entraîner les jeunes seigneurs après les années d'étiquette religieuse de la Maintenon, se produisit avec une fougue, un entrain, une passion, qui ne gardèrent aucune mesure. Toutes les digues furent rompues.

Et, dès ce jour, la fin de la Monarchie ne fit plus question pour les observateurs attentifs ; le *Mane, Thecel, Pharès* de la fatalité s'inscrivit de lui-même sur les panneaux dorés de Versailles ; on comprit que tout se bornerait désormais à une simple supputation d'années. La Révolution n'allait plus tarder beaucoup ; soixante-quatorze années séparaient seulement la Monarchie du payement intégral de sa dette !

Le Régent fut personnellement un homme supérieur ; il ne fut pas un *gouvernant* hors ligne ; l'ardeur et la continuité politiques lui manquèrent. Le placer auprès des ministres illustres cités plus haut serait *faire mentir* l'histoire; ici, nous n'ajouterons qu'un mot, un mot significatif dans son laconisme : *Non possumus!*

Quant à l'inceste, c'est le *non volumus* qu'il faut employer; nous avons vidé le débat au chapitre Régent; nous n'y rentrerons pas. En l'absence de preuves positives, nous nous abstenons, laissant à chaque conscience le soin de se prononcer; ce qui touche aux mœurs exige un respect, une circonspection particuliers, — on le comprendra.

Nous avons fait connaître l'opinion en 1783 et en 1795; nos réserves sont entourées de nombreux considérants; en l'absence de preuves, l'histoire s'abstient. L'histoire ne connait pas les circonstances plus ou moins atténuantes.

Écrivain sans attaches officieuses, n'étant retenu par aucune amitié de parti, ne reconnaissant d'autre influence que la vérité pour tous, nous sommes pleinement à l'aise; nos coudées restent franches; et nous pouvons dire, en nous dégageant du milieu qui nous occupe, avec un orgueil dont la légitimité ne sera point contestée : plus haut les intelligences, plus haut les cœurs!

(*L'Annotateur de 1875.*)

Nous revenons à la remise du pouvoir entre les mains du Roi Louis XV; les moindres particularités sont précieuses, quand il s'agit d'un interrègne aussi important, aussi concluant, aussi désastreux.

Sur ce point, l'annotateur de 1858 s'exprime comme suit : « Le 2 décembre 1723, le duc d'Orléans rentrait dans son cabinet tenant à la main, par une singularité remarquable, la dédicace d'un livre que l'auteur lui adressait de son lit de mort. C'était une *Histoire de la danse sacrée et profane*, par Bonnet, que l'abbé Richard venait de lui remettre. *L'apoplexie le frappa devant sa cheminée, et sa tête tomba sur les genoux de la duchesse de Phalaris, qui était assise auprès de lui. C'est ainsi que finit, d'une façon trop digne de sa vie, ce prince spirituel et généreux, auquel il ne manqua pour être grand QUE DES VERTUS DE PRINCE.* Il mourut les yeux fixés sur un livre frivole, et tomba entre les bras *de son confesseur ordinaire*, comme le dirent les plaisants de l'époque. Du reste, jamais mort subite ne fut plus prévue. Depuis plus d'un an, le duc d'Orléans l'attendait en la bravant, et dès le mois d'août 1720, des Anglais avaient ouvert des paris sur la prochaine mort du Régent, qui se contenta de dire à ce propos : *Cela réveille ceux qui dorment*, et qui n'en prit pas une précaution de plus. »

(Édition de 1858.)

Duclos, page 359, Édition Didot, consacre quelques lignes importantes à la mort du Régent ; nous les rappelons :

« Le duc d'Orléans parut d'abord vouloir se livrer au travail ; mais sa paresse et la dissipation lui firent bientôt abandonner les affaires aux secrétaires d'État, *et il continua de se plonger dans sa chère crapule*. Sa santé s'en altérait visiblement, et il était la plus grande partie de la matinée *dans un engourdissement* qui le rendait incapable de toute application. On prévoyait que, d'un moment à l'autre, il serait emporté par une apoplexie. Ses vrais serviteurs tâchaient de l'engager à une vie de régime, ou du moins à renoncer à des excès qui pourraient *le tuer en un instant*. Il répondait qu'une *vaine crainte* ne devait pas le priver de ses plaisirs ; — cependant blasé sur tout, il s'y livrait plus par *habitude* que par *goût*. Il ajoutait que, loin de craindre une mort subite, c'était celle qu'il *choisirait*. » (*Sic.*)

Il y avait déjà quelque temps que Chirac, voyant à ce prince un teint enflammé et les yeux chargés de sang, voulait le faire saigner. Le jeudi matin, 2 décembre 1723, il l'en pressa si vivement, que le prince, pour se délivrer de la persécution de son médecin, dit qu'il avait des affaires urgentes, qui ne pouvaient se remettre; mais que, le lundi suivant, il s'abandonnerait totalement à la *Faculté*, et jusque-là vivrait du plus grand régime. Il se souvint si peu de sa promesse, que ce jour-là même il dîna, contre son ordinaire, qui était de souper, *et mangea beaucoup* suivant sa coutume [1].

4. — *Je vois appréhender Pluton*..... Après la mort du

---

[1] Le Régent de France était bien un prince de la maison de Bourbon ; il aimait tout à l'extrême, les femmes et la table. Son oncle, Louis XIV, fut le Roi glouton par excellence ; son fameux *En-cas de nuit* a défrayé le rire de tous les Baron Brice ; les paysans étaient réduits presque à la paille, mais le petit et le grand cou-

Régent, le poëte feint que le Dieu des enfers avait lieu de le craindre, à cause *des crimes* et des infamies dont le Régent s'était rendu coupable pendant sa vie.

Chez l'annotateur de notre Manuscrit, les phrases *probantes* sont moins virulentes que chez les écrivains de 1783 et 1795, — néanmoins, elles constituent un réquisitoire des plus véhéments; le mot *crimes* est un de ceux qui reviennent sans cesse, et avec une persistance digne d'une meilleure fortune, car l'accusation n'a point fait école, sauf dans les bas-fonds de la librairie et de la presse, où nul homme sensé ne va chercher son inspiration. Il faut corriger les conséquences mauvaises de la pensée imprimée par un remède *violent et opposé*, c'est-à-dire par la pensée aussi ferme, aussi résolûment justicière que la calomnie a pu se montrer cynique et emportée; le procédé nous a semblé fournir de bons résultats, et nous l'avons employé.

(*L'Annotateur de 1875.*)

Versions de 1795 sur ce passage relatif à Pluton :

Crains pour ton honneur, chaste Reine!

«Proserpine. L'auteur lui a donné l'épithète de *chaste*, parce qu'elle est la seule, entre toutes les déesses du

---

vert de Versailles regorgeaient de mets succulents, et même à la fin du règne! Les Bourbons furent mangeurs et voluptueux ; ces deux traits sont essentiels. Philippe mangeait beaucoup; il arrosait cette copieuse provende d'un nombre infini de larges rasades au champagne. — Bien gouverner de cette façon est impossible.

Paganisme, de qui les mythologues n'aient pas conté quelque aventure galante. »

5. — *Pygmalion, Sardanapale*..... Ce dernier fut Roi des Assyriens, très-corrompus par les mœurs. Pygmalion fut roi de Tyr, très-avare et fort cruel; *le Régent avait suivi leur exemple.*

Le cliché revient avec une cruelle persistance, les hommes de parti ne connaissent pas la mesure; ils la dépassent; et, de cette manière, ils détruisent tout ce que le vrai aurait pu laisser dans leurs affirmations; cette punition n'a jamais guéri aucun écrivain; nous la livrons cependant aux méditations de plusieurs.

(*L'Annotateur de 1875.*)

L'éditeur de 1858 peut nous édifier sur la verve satirique des plumitifs sans pudeur : « On a fait un livre spirituel et curieux, intitulé : *La divine Comédie avant Dante,* sorte de galerie de tous les Enfers satiriques. La Régence pourrait fournir à ce *Recueil* une volumineuse suite. On trouve, sans compter les pamphlets plus connus, et notamment la *Prosopopée sur le Régent, la Duchesse de Berry et le cardinal Dubois,* dans le recueil *Maurepas* et dans Boisjourdain, une foule d'épigrammes et de brocards consacrés à l'entrée aux enfers du Régent et de ses ministres. Tandis que Mgr de Tressan, archevêque de Rouen, digne apologiste d'un tel prince, répandait, sur un catafalque aux armes de France, les larmes pompeuses de l'oraison funèbre, et reprochait à la mort d'avoir ravi *ce héros qu'on peut regarder comme le Père de la Patrie, le modèle des plus grands souverains et le plus parfait de tous les siècles*, les chansonniers, dans une contre-partie ironique de ces solennelles fadeurs, immolaient l'ombre trop vantée à la vindicte publique, et l'envoyaient à Pluton, non sans lui conseiller de prendre garde à Proserpine :

> « Philippe est mort à la sourdine,
> « Et, puisqu'il entre dans l'Enfer,
> « C'est pour débaucher Proserpine,
> « Ou pour détrôner Lucifer. »

« Traduction latine du temps :

> « Expertum regni rapuit libidina Philippum.
> Est salvus Lodoix; at tibi, Pluto, cave. »

« L'auteur de la Prosopopée débute par mettre en scène Pluton avouant aux trois juges infernaux qu'il est épris de la duchesse de Berry :

> MINOS A PLUTON. (*Air des Rochelois.*)
>
> « Que dites-vous ? c'est la Berry
> « Aimée mille fois par Rirry (sic),
> « Par Rochefoucauld, par Falvère,
> « Par ses pages et ses laquais,
> « Même à leur défaut, par son père (sic),
> « Et ses gardes les plus épais, etc.

« D'autres chansonniers, plus facétieux que La Grange, ont fait arriver le Régent aux Enfers avec sa compagnie ordinaire. Ils ont compris à merveille que l'amant de la

Parabère et de la Phalaris ne s'y amuserait pas à attenter
à la vertu de Pénélope et d'Andromaque :

> « Sans tambour, ni sans trompette,
> Le Régent s'en est allé,
> Il a laissé sa lorgnette
> Au Parlement, pour chercher
> Les beaux mirlitons, etc., etc.

> « Dubois, gardé par Cerbère,
> Dit, en voyant le Régent :
> Monsieur, que venez-vous faire?
> Ce pays est sans argent
> Et sans mirlitons, etc., etc.

> « Phalaris, votre dernière,
> Viendra dans notre couvent ;
> Qu'est-ce qu'elle y pourra faire,
> Si vous êtes sans argent? etc., etc.

> « A l'égard de Parabère,
> Dont vous n'étiez pas content,
> Notre bon ami Cerbère
> Fera tout son passe-temps, etc., etc.

« Nous aurions été fort étonné si d'Argenson n'avait pas été incorporé dans cette infernale mascarade, lui qui, par sa figure et au dire de ses ennemis par ses actions, semblait prédestiné à succéder à Eaque. Les chansonniers ne se contentent pas de faire mourir aux enfers *le lugubre d'Argenson,* ils l'y font naître :

> « Quelle était donc ta mère,
> Indigne d'Argenson?
> Etait-ce une mégère,
> *Caressée* de Pluton?

> Ou Bacchus, étant ivre,
> Et mal avec l'amour,
> Te fit pour le détruire,
> En te donnant le jour.

Comme on le voit, il n'y a pas plus de rime que de raison. »

(1858, Édition Malassis.)

L'annotateur de 1875 a voulu, en citant ces vers fugitifs, qui ont la prétention de faire de vives blessures, et qui rampent péniblement dans l'ornière boueuse des lieux communs, prouver une fois de plus que l'esprit, détourné de sa voie, ne peut enfanter aucune œuvre forte, originale, bien cadencée. Ainsi employé, l'esprit n'est plus une flèche de Parthe, c'est un grossier caillou qui s'arrête en chemin. Avis à qui de droit!

6. — *Sisyphe et Tantale*..... Le premier fut un voleur insigne tué par Thésée; l'autre fut un Roi de Phrygie très-cruel. Ayant reçu les dieux chez lui, pour éprouver leur divinité, il leur présenta à manger son propre fils Pélops, coupé en menus morceaux.

7. — *Biblis n'est plus*...... Fille de la nymphe Cyane, qui brûla pour son frère d'une incestueuse passion, et n'ayant pu transformer son amitié en amour, pleura tant qu'elle fut métamorphosée en fontaine.

Note de 1795 : « Biblis, éprise d'une passion criminelle pour son frère Caunus; elle traversa plusieurs pays pour le suivre; elle fut métamorphosée en fontaine qui porte son nom. »

ODE CINQUIÈME. 449

8. — *Phèdre, Jocaste, Pélopée*..... Phèdre, femme de Thésée, brûla pour Hippolyte, son beau-fils, d'une flamme criminelle. Jocaste, femme de Lagus, épousa son fils Œdipe. Pélopée devint grosse par son père Tyeste.

Toutes ces amours coupables, fondement du drame au siècle dernier, ont immortalisé plusieurs noms; Racine, tendre et harmonieux, peut-être trop égal dans son lyrisme monotone, a chanté la malheureuse Phèdre en vers frappés au coin du sublime; — mais notre langue, aujourd'hui plus savante, plus assouplie, se prête davantage à la structure des strophes qu'aux récits tragiques, empruntés aux mythologues; — l'École romantique, à laquelle nous avons l'honneur d'appartenir, comme un simple soldat appartient à son régiment, — a modifié les procédés trop guindés, trop solennels, trop *voulus*, des vieux tragiques; et, tout en appréciant Corneille, Racine, Boileau, nous suivons le mouvement inauguré par Victor Hugo; les grandes batailles sont livrées; les victoires sont acquises, — mais il faut les maintenir, persévérer et savoir protester au besoin!

(L'Annotateur de 1875.)

Note de 1795: « Les amours de Phèdre et de Jocaste sont bien connues parmi nous par la *Phèdre* de Racine et l'*Œdipe* de Voltaire.

« Quant à Pélopée, Thyeste, son père, lui fit violence dans un bois consacré à Minerve, et la rendit mère d'Egisthe, meurtrier d'Atrée et d'Agamemnon. »

9. — *Des sanguinaires Danaïdes*..... Filles de Danaüs. Elles épousèrent leurs cousins germains, qu'elles tuèrent ensuite par ordre formel de leur père, la première nuit de leurs noces.

Note de 1795: « Cinquante filles de Danaüs, roi d'Argos, qui, toutes, à l'exception d'une, Hypermnestre, massacrèrent leurs maris la première nuit de leurs noces. Pour punir un crime si extraordinaire, les poëtes les ont condamnées à remplir un tonneau sans fond, d'où l'eau ne cesse de s'échapper.

10. — *Lascives Propétides*..... Les Propétides étaient des filles insoumises, qui soutenaient que l'immortelle Vénus n'était pas déesse. Pour les punir, elle leur fit perdre toute honte, toute retenue, toute pudeur.

Note de 1795: « Femmes d'Amathonte, dans l'île de Chypre, qui soutenaient que Vénus n'était pas déesse. La déesse se vengea, et ces femmes oublièrent la pudeur.

11. — *Et sa fille*..... La duchesse de Berry, fille du Régent; l'auteur feint qu'elle se trouva à la tête de cette troupe criminelle.

Note de 1795: « La duchesse de Berry, fille du Régent, était morte depuis 1719, à l'âge de vingt-quatre ans. C'est elle qui répondit à de vrais amis, qui lui représentaient que la bonne chère, les veilles et les plaisirs abrégeraient sa vie: « *Eh bien! courte et bonne!* »

12. — *Qu'Eaque près de Pluton*..... Les anciens cru-

rent que Pluton l'avait associé à Minos et à Rhadamante
pour juger les morts, tant était grande son intégrité.

Il est question de d'Argenson dans cette strophe;
1795 a donné là-dessus la note suivante:

> D'Argenson vole à son secours.

« M. d'Argenson était mort dès le 8 avril 1721. »
Autre note de 1795:

> Dubois succède à Rhadamante. —

« Le trop fameux cardinal Dubois, que nous croyons
avoir fait suffisamment connaître plus haut, mourut le
10 août 1723, quatre mois avant le Régent. Voici l'épitaphe grossière que la licence lui composa:

> Rome rougit d'avoir rougi
> Le [1] . . . . . . qui gît ici.

« Voici l'épitaphe que les contemporains firent à la
mère du Régent:

CI-GIT L'OISIVETÉ,

mais, pour être justes, ces mêmes contemporains
auraient dû ajouter que si le Régent eut de grands vices,
il eut aussi des vertus et de grands talents politiques.
C'est ce que Voltaire a judicieusement exprimé dans

---

[1] Ici se trouve un nom de poisson synonyme de proxénète.
Ce poisson a-t-il mérité une semblable offense?

ces beaux vers de la Henriade (chant VIII) qui contiennent le vrai portrait de Philippe :

> Facile, et non pas faible, ardent, plein de génie,
> *Trop ami des plaisirs*, et trop des nouveautés,
> Remuant l'univers du sein des voluptés.
> Par des ressorts nouveaux, sa politique habile
> Tient l'Europe en suspens, étonnée et tranquille.

13-14. — *Minos et Rhadamante*..... Deux premiers juges de l'Acheron. Daubenton était un commis et d'Argenson décidait toutes les affaires.

15. — *La reine d'Ithaque*..... Ce fut Pénélope, femme d'Ulysse, qui donna aux femmes un grand exemple en lui gardant la fidélité conjugale, pendant une très-longue absence ; elle résista courageusement à un nombre infini d'amants qu'elle avait à sa cour, du moins l'histoire nous l'apprend.

16. — *Andromaque*..... On connait son attachement profond pour Hector, son mari.

17. — *Didon*...... Reine de Carthage très-connue par le chef-d'œuvre de la poésie latine, l'*Enéide* de Virgile.

18. — *Charles lui vient*..... Charles le Mauvais, roi de Navarre, fit un usage fréquent des poisons; il fut accusé d'avoir empoisonné le roi Charles V.

Note de 1795 : « C'est Charles le Mauvais, roi de

Navarre. Notre Charles V, surnommé *le Sage*, dont le règne trop court avait cependant suffi pour réparer une grande partie des maux de celui du roi Jean, mourut presque à la fleur de son âge, des suites du poison que le Navarrois lui avait donné dans sa jeunesse. »

19. — *La Seine ou l'Èbre*...... La France et l'Espagne avaient eu beaucoup à souffrir du Régent; l'auteur engage le Régent à exercer ses cruautés dans l'Empire des morts.

L'édition de 1795 ne contient que *cinq odes;* l'ode sixième, à la Princesse de Conti, suite naturelle des autres, conclusion de La Grange, ne s'y trouve pas. Le mètre est le même; le placement des vers et l'harmonie générale n'y laissent rien à désirer. L'édition de 1783, imprimée à Londres, non-seulement ne la donne pas, mais elle a interverti l'ordre établi par l'auteur : les odes ne sont pas à leur place; le langage ne vaut rien, et beaucoup de vers sont *matériellement faux.* A tous égards, notre manuscrit prime ces éditions, — en y comprenant celle de 1795, — réputée la plus correcte et la plus belle. Elle fut imprimée chez Didot, c'est dire tout; elle est élégante de format, d'impression, pure de texte, — mais elle n'offre pas assez de renseignements à la critique moderne.

(*L'Annotateur de 1875.*)

Voici la note qui termine l'édition de 1795, p. 132 :

> Celui qui s'acquit l'avantage
> De mettre notre Roi hors de page.

« Louis XI. C'est lui qui porta le premier coup à l'autorité des grands vassaux, dont la puissance énorme ébranlait souvent celle du trône. Sa devise était : *Divide et impera*. Il couvrit la France de bastilles et d'échafauds.

La sixième Ode ne peut être détachée des cinq autres ; notre sentiment est celui de quelques lettrés éminents, qui ont bien voulu nous donner leur opinion sur ce point ; de cette façon, en effet, le lecteur, qui a lu avec horreur la première Ode, retrouve l'homme et ses remords à la fin de l'œuvre, et la morale y gagne, et le développement dramatique, le mouvement littéraire n'y perdent rien ; cette *Ode à la Princesse de Conti* est d'une bonne langue ; sans elle, les cinq autres n'ont pas de couronnement. Elle consacre également une personnalité remarquable, la fille de Louis XIV, la protectrice du poëte persécuté.

(*L'Annotateur de 1875.*)

Fin des Remarques sur la cinquième Ode.

LES PHILIPPIQUES

ODE SIXIÈME

ODE SIXIÈME

A MADAME LA PRINCESSE DE CONTI

I

Profanes nymphes du Permesse,
Je ne veux plus suivre vos pas;
Trop longtemps vos trompeurs appas
Ont séduit ma folle jeunesse;
Et plus j'approche du moment,
Plus je vois sans déguisement
Combien vos faveurs sont à craindre;
Et ma raison est un flambeau
Dont l'éclat n'est jamais si beau
Que lorsqu'il est près de s'éteindre.

II

Tantôt sur un ton langoureux,   2
Vous avez ajusté ma lyre,
Dont souvent mon tendre délire
A tiré des sons dangereux ;
Tantôt plus charmé pour Athènes,
Des traits lancés par Démosthènes   3
Qu'intimidé par ses malheurs,
Je n'ai pas craint, sous vos auspices,
De parcourir des précipices
Que vous m'aviez semés de fleurs.

III

Que de jours remplis d'amertume
M'attira le courroux du Ciel,
Quand je laissai couler le fiel
Où vous avez trempé ma plume !
N'aurais-je pas perdu le jour
Dans l'horreur d'un affreux séjour,
Voisin de l'empire des Mânes,
Si mes vœux s'étaient reposés
Sur vos Hercules supposés,
Ou sur vos feintes Arianes.

IV

J'adresse aujourd'hui mes regrets
Au Dieu qu'adore une Princesse,
Dont on prise autant la Sagesse
Qu'on fut charmé de ses attraits.
Alors, agréable surprise,
L'airain de mes portes se brise ;
Ma fuite devance les vents,
Et je vois la plaine liquide,
M'ouvrir une route solide
Au travers des remparts mouvants.

V

Compare, ô chantre de la Grèce !
A ces secours miraculeux,
Ceux que ton héros fabuleux
Reçut d'une fausse déesse.
Quiconque a Dieu pour son appui,
Et ne met son espoir qu'en lui,
Brave les fureurs de l'envie ;
Parmi les piéges des méchants,
Au milieu des glaives tranchants,
Il ne tremble que pour sa vie.

VI

Armé d'un si puissant secours,
J'ai rendu ma course célèbre,
Depuis le Pô, le Tage et l'Ebre,
Jusqu'où l'Amstel finit son cours ;
De l'Appennin aux Pyrénées,
J'ai su, malgré les destinées,
Relever mon sort abattu ;
Souvent les âmes généreuses
Donnent aux fautes courageuses
Les éloges de la vertu.

VII

Sorti des terres étrangères,
Où j'ai vu dix ans s'écouler,
Qu'il m'est doux de ne plus fouler
Que l'héritage de mes pères !
Je vis sous leurs antiques toits ;
Des superbes Palais des Rois,
Mon âme serait moins charmée ;
Et plus heureux et plus chrétien,
Mon cœur ne se plaint plus de rien,
Que d'un peu trop de renommée.

VIII

C'est dans cet asyle sacré
Que souvent mes erreurs passées
Se sont en foule retracées
A mon esprit plus épuré;
C'est là que ma Lyre profane,
D'un roi que Dieu prit pour organe,
Préférant les pieux accords,
J'ai cru que, par de saintes rimes,
Je devais effacer les CRIMES
De celles qui font mes REMORDS.

IX

Vous qui vers lui, par tant de grâces,
Le Seigneur s'est plu d'attirer;
Vous, qu'on peut bien plus admirer
Qu'on ne peut marcher sur vos traces,
Princesse, versez dans mon cœur,
Pour en ranimer la vigueur,
Ce feu divin qui vous éclaire,
Et favorisez un projet
Qui, peut-être, a trop pour objet
Un nouveau désir de vous plaire.

X

Tandis qu'à l'enfant de Cypris
Ma jeunesse a rendu les armes,
J'ai de vous emprunté les charmes
Que j'ai dépeints dans mes écrits;
Aujourd'hui, qu'ennemi des Fables,
C'est aux vérités ineffables
Que mon Luth veut se consacrer,
Je prends sur vos vertus augustes
Celles que des rimes plus justes
Ont entrepris de célébrer [1].

---

[1] Cette ode est excessivement importante, en ce sens que La Grange, purifié par le repentir, avoue la calomnie.
   Je devais effacer les Crimes,
   De celles qui font mes remords (sic).
L'édition de 1723, celles de 1783 et 1795, n'ont pas de *sanction*, puisqu'elles ne contiennent pas ce cri, échappé à la conscience du satirique; tôt ou tard, la morale reprend ses droits; nul n'y échappe. L'aveu de La Grange honore l'homme et le poëte. La critique ne peut lui refuser une parole sincère, — puisqu'il s'accuse lui-même.

Fin de la sixième Ode.

REMARQUES

HISTORIQUES ET BIOGRAPHIQUES

SUR

LES PHILIPPIQUES

———

ODE SIXIEME

REMARQUES

SUR LA SIXIÈME ODE

1. — *Nymphes du Permesse*..... Le Permesse, fleuve de la Béotie, qui coule au pied du mont Hélicon; il est consacré aux Muses; La Grange-Chancel leur adresse ses regrets.

2. — *Sur un ton langoureux*..... Il y a toute apparence que les premières poésies de La Grange furent des pièces tendres.

3. — *Des traits lancés par Démosthènes*..... Célèbre orateur athénien, auteur des premières *Philippiques*, contre Philippe, roi de Macédoine; cet ouvrage lui fit quantité d'ennemis; il fut, en diverses occasions, forcé de quitter Athènes et de s'enfuir; il se retira enfin dans l'île de Célauria, où, dès qu'il s'aperçut qu'on venait le

prendre, il suça un poison qu'il avait dans une plume, en feignant de vouloir écrire à un de ses amis. Ce fut à son exemple que La Grange-Chancel composa ses Philippiques, contre Philippe d'Orléans, Régent de France pendant la minorité de Louis XV.

4. — *Que de jours remplis d'amertume.....* Dès que les Philippiques parurent, on soupçonna plusieurs poëtes du siècle de les avoir composées. Duverger fut, entre autres, si violemment soupçonné, que sa tête fut mise à prix; un nommé Duval, archer du guet, *l'ayant assassiné par trahison*, le Régent ne voulut point le voir; il donna ordre qu'on lui accordât la récompense qui lui avait été promise. Ce fut alors que La Grange, craignant d'être découvert, prit la fuite.

5. — *Dans l'horreur.....* La Grange n'eut pas plutôt pris la fuite, qu'il fut soupçonné. Le Régent le fit prendre et le fit conduire dans les cachots des îles Sainte-Marguerite, où il souffrit des maux incroyables.

6. — *Hercules supposés.....* L'auteur continue toujours d'adresser la parole aux Muses, et veut leur dire qu'il avait compté sur Hercule, demi-dieu de la Fable, célèbre par ses douze travaux et par sa force. Il y a des auteurs qui en admettent plusieurs. Varon en compte jusqu'à 43; il nomme Ariane, les nymphes de la Cour qu'on appelle communément Néréides, parce que les prisons dans lesquelles il était enfermé se trouvaient dans la mer Méditerranée, ou de Toscane, que les anciens nommaient mer Adriatique.

7. — *Qu'adore une Princesse*..... La Grange fut attaché dans sa jeunesse au service de madame la Princesse de Conti. On pense que ce fut elle qui le tira de prison, ayant gagné un matelot, qui lui donna le moyen de se sauver à travers la mer.

8. — *O chantre de la Grèce*..... Homère, fameux poëte; il composa l'Iliade et l'Odyssée. La Grange compare à ces fictions la manière dramatique dont il fut sauvé.

9. — *Le Pô, le Tage*..... La réputation de La Grange se répandit bientôt en Italie, en Espagne, et jusques dans la Grèce et en France.

10. — *Qu'il m'est doux*.... La Grange fut, pendant dix années, errant et vagabond de Royaume en Royaume; enfin, après la mort du Régent, il revint en France pour finir ses jours dans les héritages de ses pères.

11. — *D'un Roi que Dieu*..... Il y a toute apparence que La Grange eut envie de traduire en vers les Psaumes de David; cet ouvrage n'est point parvenu au public.

12. — *Vous qui*..... Il adresse la parole à la Princesse de Conti, et la prie de favoriser son projet.

13. — *L'enfant de Cypris*..... L'auteur, déjà avancé en âge, renonce aux plaisirs et aux amertumes de l'amour; il se livre entièrement aux sentiments de la Religion.

Il résolut d'expier les véhémentes *Philippiques* par une traduction des *Psaumes*. Corneille avait conçu le même dessein, et il l'exécuta en traduisant l'*Imitation de Jésus-Christ* en mauvaise prose rimée.

La littérature sacrée croit ainsi acquitter les dettes si lourdes de la littérature profane, — mais le génie se refuse nettement à partager ces tardives combinaisons !

(*L'Annotateur de 1875*.)

Fin des Remarques sur la sixième et dernière Ode.

UNE STROPHE INEDITE

ODE CINQUIÈME

(NOTRE ÉDITION DÉFINITIVE)

UNE STROPHE INÉDITE

(ODE CINQUIÈME)

Duc, en qui le désir de prendre
Ne s'est point encore assouvi,
Nompar, hâte-toi de te rendre
Dans ce nouveau Mississipi ;
Peux-tu, pour tes quincailleries,
Tes savons, tes épiceries,
Trouver de plus sûrs magasins ?
Là, ni Thémis, ni son Tonnerre,
Ne pourront, comme sur la terre,
Te dépouiller de tes larcins.

Le littérateur, réduit à ses ressources de bibliothèque, se trouverait souvent dans la nécessité de suppléer aux Mémoires historiques par des appréciations personnelles plus ou moins entachées de fantaisie ; et quand on touche au dix-huitième siècle surtout, qui a vu éclore tant de relations manuscrites, qui a colporté, de ruelle en ruelle, tant de cahiers fourmillant de vers et de prose, on risquerait fort de rester sur le chemin de la vérité, attendant cet éclair inspirateur qui vint illuminer le front de saint Paul sur le chemin de Damas.

Beaucoup de copies manuscrites ne seront jamais publiées; elles font partie d'archives nobiliaires; les hommes de lettres sont prudemment tenus à l'écart par les familles intéressées au secret; sur ce point, l'histoire n'a rien à attendre, — les descendants ne violeront pas la conspiration de l'étouffement; ces écrits, d'ailleurs, sont des propriétés personnelles, et nulle initiative ne serait admise à faire valoir les droits primordiaux de la vérité dans ses applications aux morts illustres; les Mémoires ayant trait à la fin du règne de Louis XIV, la Régence et Louis XV, qui ne sont pas entrés dans le domaine public à l'heure où nous écrivons — et le nombre en est considérable — doivent être regardés comme perdus; — à moins de révélations que rien ne fait pressentir, l'historien doit s'incliner devant la force des choses.

A de rares intervalles, le rideau, si hermétiquement fermé, se soulève néanmoins; c'est à une bonne fortune de ce genre que nous devons *une strophe inédite* sur la cinquième ode.

Messieurs *Schlesinger*, avec le tact et la courtoisie qui distinguent les véritables bibliophiles, ont bien voulu mettre à notre disposition les outrages manuscrits ou autres qui ont quelque affinité avec le dix-huitième siècle, et, en particulier, avec la Régence ; — cette gracieuseté est assez rare dans les mœurs littéraires de notre siècle, pour que nous lui consacrions une mention spéciale.

Nobiliaire par essence, ayant pris, depuis longtemps, un rang élevé dans la librairie ancienne, la maison *Schlesinger* porte, avec une désinvolture parfaite, sa vieille réputation ; — les chefs de cette maison accueillent les hommes de lettres comme nous souhaiterions qu'ils le fussent partout ; nulle morgue, nul jargon de boutique, nul cliché,—le connaisseur de livres primant les autres qualités, et sachant vider ses rayons au profit d'une recherche historique. Ce caractère nous a paru peu commun ; nous devions le dire, — et nous nous exécutons avec un plaisir que nous ne cherchons pas à dissimuler.

Les vieux livres constituent une branche remarquable du commerce parisien ; la bibliographie est aujourd'hui une science exacte ; le trésor des Quérard, des Techener, des Renouard, des Brossette, des Peignot, Leber, Brunet, Labitte, Barbier, Aubry, Ambroise Firmin-Didot et les experts spécialistes de nos salles de vente,—ce trésor, disons-nous, s'augmente de jour en jour ; de consciencieuses études et de fructueux voyages élargissent le champ de la bibliographie, au profit de l'histoire et de la littérature.

Malheureusement, nos grandes collections publiques sont quelquefois peu soucieuses d'acquérir de véritables raretés, des joyaux, qui deviennent introuvables dès que le marteau du commissaire-priseur a donné le signal de l'adjudication.

Nous ne voulons donner de cette coupable indifférence qu'un exemple, choisi entre mille, mais il a sa valeur. Il y a quelques années un volume parut dans une vente; les amateurs avaient eu le loisir de le consulter; des opinions arrêtées s'étaient formées. Or, qu'était ce livre, qui avait ainsi le privilége de mettre en émoi le monde des bibliophiles, à l'ordinaire calme et studieux? — C'était le VIEIL TESTAMENT DE LA BIBLE, caractères gothiques, petit in-folio, — antérieur au Nouveau Testament traduit par J. Macho, à vingt-huit lignes par page, imprimé à Lyon en 1474, par Bartholomieu Buyer; — — en somme, c'était une occasion unique pour nos collections françaises! Ce *Vieil Testament de la Bible* fut enlevé par le *British Museum*, au prix de 1,615 francs, somme dérisoire, et l'Angleterre le comprenait de cette façon, puisque son agent, M. Thompson, avait reçu, en prévision de brûlantes enchères, une commission presque illimitée.

L'édition gothique, antérieure au Testament de 1474, déjà si précieux, que la France pouvait garder, éblouit maintenant les yeux des bibliophiles et du public anglais. Le *Vieil Testament*, — *rara avis!* — est perdu pour nous; il fut apprécié d'un cœur et d'un esprit légers par ceux qui avaient mission de sauvegarder les intérêts de la science et de la curiosité.

Que de fois la même histoire se réédite à propos de

toiles célèbres ou d'objets d'art! Ces particularités si navrantes, connues seulement dans la sphère des initiés, avaient ici leur cadre, leur raison d'être; nous les avons dites sommairement sans personnalités, sans fiel, en souhaitant que les déceptions servent de leçon et de stimulant à ceux qui ont conservé le culte de nos collections nationales. La France a pu se trouver accidentellement malheureuse au jeu sanglant des batailles, sans laisser entamer pour cela sa vieille et noble réputation de courage chevaleresque; — à bien meilleur titre la gloire séculaire qu'elle s'est acquise dans les sciences, les arts, les lettres, doit marcher de front avec l'estime politique de l'Europe.

Il nous semble du devoir de tout collectionneur instruit, sur la piste d'un manuscrit intéressant nos collections, d'avertir les honorables et savants conservateurs de ces établissements, afin que l'étranger n'enrichisse pas ses musées au détriment de la France.

Le manuscrit des *Philippiques* mis à notre disposition est bien des commencements du dix-huitième siècle; il porte la date bibliographique de 1827, sous la signature de *François-Annibal Destouches;* la version diffère singulièrement des autres versions connues; la ponctuation est à l'état embryonnaire; les verbes et certains noms propres gardent une orthographe archaïque très-prononcée; les annotations sont sommaires et ne percent ni le milieu de la Régence, ni l'action des personnages en scène; c'est une copie pure et simple, sans aucun des grands caractères authentiques.

Avant le titre, se trouve une mention ainsi conçue :

« Ces *Philippiques* ne sont autre chose que des satires violentes contre Philippe d'Orléans, Régent de France, pendant la minorité de Louis XV; leur auteur est Joseph de La Grange-Chancel, seigneur d'Antoniat, en Périgord, dont on a quelques tragédies qui eurent une sorte de succès, des opéras et des poésies diverses; la versification est *lâche, froide et entortillée*. Il mourut, dit-on, vers 1758; on le jeta à la mer pendant qu'on le transportait d'Avignon aux îles d'Hières. Avant la Révolution de 1789, comme ces Philippiques n'avaient jamais été imprimées, on faisait cas des copies que l'on rencontrait écrites, telles que celle annoncée à la vente de Filheul, en 1779, n° 1,013 du Catalogue et qui y fut vendue 24 livres 6 sols, — sous ce titre :

« *Les Philippiques par Monsieur de La Grange-Chancel, seigneur d'Antoniat en Périgord en 1720, prises sur l'original de l'auteur, avec des notes très-bien écrites au bas de chaque page, manuscrit in-8°, encadré, maroquin rouge, doublé de tabis, superbe exemplaire.* »

(François-Annibal Destouches, 1827.)

Le manuscrit de la maison *Schlesinger* émane d'un libre-penseur; la main sacerdotale n'a point passé par là. Nous ne le suivons pas, puisque *nos six odes étaient imprimées* quand nous l'avons connu; il n'a modifié notre opinion sur aucun point. Saint-Simon, Duclos, Lemontey, Mathieu-Marais, le Recueil Maurepas, les copies de Ruelles, les lardons et les brocards d'antichambre et de public, avaient fourni leur contingent, en dehors de la ligne rigoureusement historique; toutefois, nous sommes appelé à classer ce Manuscrit au nombre des protestations frondeuses, car rien n'est moins établi que les crimes par le poison et l'inceste avec la Duchesse de Berry; *des allégations haineuses ne sont pas des preuves.*

Mais où l'obligeance de MM. *Schlesinger* nous a rendu un service inappréciable, c'est à la cinquième ode, au moment où le poëte satirique place ses personnages principaux sous la sombre domination de Pluton.

Henri-Jacques Nompar de Caumont, duc de la Force, né en 1675, avait quarante ans à la mort de Louis XIV; il fut un des amis du Régent, ami facile, accommodant, et de mœurs publiques tellement peu farouches qu'elles devaient qualifier, par la suite, une classe de gens; d'où, communément, l'on dit encore, *tel procédé est Régence, un tel est Régence, cette femme a des mœurs Régence,* etc.

L'ode cinquième du Manuscrit contient une strophe en plus, et une en moins; celle qui manque se trouve dans notre version, nous n'en parlons pas; celle en plus vise directement le Duc de la Force, le concussionnaire, l'homme au monopole, celui qui fut admonesté vertement par un Parlement très-doux vis-à-vis les ducs et pairs; cette strophe nouvelle, nous l'avons transcrite, et même italiquée, au début de ce chapitre.

La strophe est bien de La Grange-Chancel; le mouvement prosodique est le même; le rhythme et la métrique ordinaires sont pleinement respectés; au surplus, la haine du poëte contre le Duc appelait une attaque de front; on n'a point oublié que La Grange dut son arrestation aux soins trop attentifs et trop persévérants de ce duc véreux; le poëte, atteint dans *sa conservation personnelle*, se vengea cruellement. Lequel des deux eut tort, ou le duc dénonciateur, ou le poëte blessé? Le duc nous semble avoir joué là un vilain rôle.

La mention de 1827, en marge du manuscrit, ne prouve qu'une chose, c'est que le bibliophile Destouches ignorait l'édition hollandaise de 1723, les milliers de versions à la main, la belle édition Didot de 1795, l'édition de 1797, donnée par le fils du poëte, à Bordeaux, et même l'édition de 1758, *chez les libraires associés;* quoique la critique littéraire n'eût pas atteint alors le degré de perfection et de certitude où nous la voyons, un bibliophile intelligent et lettré n'eût pas rédigé une note sans mentionner les éditions hollandaises, l'édition parisienne, celle de Bordeaux et les œuvres dramatiques mises au jour en 1758. Le tact et la science d'un Ambroise Firmin-Didot, manquaient à l'annotateur de 1827.

Édition définitive, avons-nous écrit au titre de notre ouvrage; — oui, et voici nos raisons: le rapprochement des textes, l'étude attentive des manuscrits, des versions multiples et contradictoires, l'acquis historique sur la Régence, acquis puisé aux meilleures sources, le travail de critique et d'exégèse auquel nous avons dû nous livrer, le témoignage autorisé de nos maîtres en littérature et en linguistique, tout a contribué à nous faire illusion sur la valeur de notre édition ; de là ce mot *définitive*, que nous maintenons jusqu'à plus ample informé.

Une publication intéressante a remis en vigueur les conditions normales d'une édition bien faite ; nous voulons parler du *livre du Bibliophile*, dû aux investigations de la maison Lemerre.

Les textes anciens présentent à l'éditeur des difficultés particulières ; une nouvelle publication de ces textes universellement connus est vaine quand elle n'est pas a peu près définitive.

Nous sommes en communion d'idées avec l'auteur de la plaquette ; nous ne ferons observer qu'une chose, essentielle à notre avis, — c'est que les textes eux-mêmes nous manquaient ; dans l'espèce, nous avons dû rechercher, butiner, et reconstruire le texte des *Philippiques* ; nous avons procédé par analogie, induction, voie de comparaison, sondages historiques plusieurs fois répétés, jusqu'au moment où le texte nous apparaissait enfin dégagé des racontars de Ruelles et en harmonie avec l'histoire, la science par excellence, l'autorité devant laquelle tout et tous doivent s'incliner ; — voilà notre procédé ; bon ou mauvais, d'une valeur relative et contestable, ou d'un concept lumineux et certain, nous le livrons à la critique ; nous ne réservons qu'un point, notre absolue sincérité et notre ardent amour des responsabilités !

Lors de nos travaux préparatoires sur les *Philippiques*, nous avions eu comme objectif la suppression des chiffres qui servent de renvoi. Les notes, réduites à leur teneur, quelque substantielles qu'on les suppose, ne disent plus rien, dès qu'il faut péniblement rechercher le passage de l'Ode relatif à la citation ; — cette remarque nous a fait conserver les chiffres; pour les éviter, il faudrait donner les *Odes Philippiques* sans appréciations, sans commentaires ; or, une telle édition rencontrerait le dédain du public ordinaire, et peut-être aussi du public lettré, — car les *Philippiques* fourmillent d'allusions sur l'histoire grecque, romaine, juive, sur l'histoire particulière du dix-huitième siècle, qui est du ressort exclusif des Mémoires; une édition sans notes ne répondrait pas au besoin de lumière dont notre génération est tourmentée ; elle serait une lettre morte pour ceux qui n'ont pas fait leurs humanités, *litteræ humaniores*, — et c'est le cas de beaucoup de lecteurs très-avides de connaître et très-estimables.

Voilà les circonstances atténuantes que nous invoquons en faveur de nos chiffres, ils sont rigoureusement nécessaires ; nul éditeur ne les évitera ; c'est un mal nécessaire ! Même avec cette imperfection, nous croyons notre Édition vraiment définitive, et répondant à tout ce qu'une intelligence cultivée est en droit d'attendre. — Qu'on accuse notre talent, cela nous est égal ; — cette critique n'est que trop fondée ! Mais qu'on respecte notre bonne volonté et nos recherches, inspirées par une seule passion, — la Justice !

LA PRINCESSE DE CONTI

PROTECTRICE DE LA GRANGE

LA PRINCESSE DE CONTI

PROTECTRICE DE LA GRANGE

La Grange n'oublia jamais sa protectrice. L'Ode que l'on vient de lire, — et qui fait naturellement suite aux cinq autres, qui leur appartient comme l'écorce à l'arbre, comme l'éclair au nuage, — est une production attendrie, sensible, vivante, mouillée de larmes. Le repentir s'y trouve, sans éclats de théâtre, sans manifestations, avec son accent simple et communicatif. Le poëte satirique avait épuisé les dégoûts de la vie.

Quelques notes historiques sur la Princesse nous ont paru offrir un intérêt rétrospectif.

Anne-Marie de Bourbon, dite Mademoiselle de Blois, fille naturelle et *légitimée* de Louis XIV et de Madame de la Vallière. Elle fut mariée, le 16 janvier 1680, à un âge tendre encore, à Louis-Armand de Bourbon, prince de Conti, lequel mourut le 9 novembre 1685.

La réputation de beauté de cette princesse fut grande à Versailles; sa taille était une des plus belles que l'on connût à la Cour; elle dansait à ravir, parlait de même, et répandait autour d'elle ce charme langoureux sur lequel, à toutes les époques, les femmes ont compté pour excuser les faiblesses du cœur et les illusions des sens; elle inspira beaucoup de passions, ce qui la rendit malheureuse.

Cette fleur de sang royal, éclose dans les bosquets parfumés de Versailles, enivra les seigneurs; l'amour romanesque avait trouvé sa proie, qu'il ne devait lâcher qu'après la flétrissure; c'est peut-être ce sentiment de pitié, au fond duquel il y a toujours une pensée d'amour, qui nous rend si aimables les dames du siècle dernier; une beauté hautaine, altière, toute de morgue et d'ostentation, nous plairait moins; *un brin de fragilité* constitue un laisser-passer; la *femme* qui veut et qui sait rester *femme*, même dans ses erreurs, surtout lorsqu'elle rehausse la chute par l'aveu de sa faiblesse, obtient facilement sa réhabilitation; ce fut le cas de la Princesse de Conti, femme par la beauté, par le cœur, par l'intelligence, ces trois Royautés qui, dans tous les siècles, ont imposé l'admiration passionnée.

Le monde antique sut aimer la beauté; il sut la comprendre, avec moins *d'inclinations personnelles* que le siècle où nous vivons, avec moins d'attentions et de comfort, — mais avec ce respect qui n'exclut point l'amour, et qui l'entoure de rayons et d'étoiles.

Un des auteurs très-estimés de l'antiquité grecque, Isocrate, s'exprimant sur les beautés les plus en renom, puisqu'elles confinaient à la Divinité, nous a laissé le passage suivant :

« *C'est encore sous cette forme que Jupiter devient l'époux de Léda ; en un mot, on le voit toujours employer l'art, et non la force, pour soumettre la beauté. La beauté est encore plus honorée chez les dieux que chez les hommes ; elle l'est à un tel point que les premiers pardonnent même à leurs compagnes de se laisser vaincre par elle ; et nous pourrions nommer un grand nombre de déesses qui ont été subjuguées par la beauté d'un mortel, sans qu'aucune ait jamais cherché à cacher sa défaite comme un acte honteux. Que dis-je ? toutes ont voulu que la poésie célébrât leurs entraînements comme des faits glorieux, plutôt que de les ensevelir dans le silence. La preuve la plus grande de la vérité de mes assertions, c'est que la beauté a fait obtenir le don de l'immortalité à un plus grand nombre de mortels que tous les autres avantages.*

(Isocrate, traduction du duc de Clermont-Tonnerre, texte grec en regard.)

Le dix-huitième siècle eut le culte de la femme, comme celui de Périclès, comme celui de Léon X. Les civilisations où la femme pénètre les mœurs de sa flamme, de son inspiration, ne sont jamais appelées à donner une impulsion scientifique nouvelle à l'humanité ; elles ne découvrent rien, ni dans le champ des lettres, ni dans la sphère plus haute de la philosophie, moins encore dans la région sociale; les caractères s'amollissent, les cerveaux ne se dilatent plus, et l'homme *jouit* des avantages de la nature, sans chercher les applications scientifiques, qui pourraient éclairer un plus large horizon; être heureux suffit. Le citoyen reste à l'état embryonnaire ; les sens, et leur poésie enivrante, dominent toutes les facultés, — et les fautes s'accumulent, — et les ministres se succèdent aux affaires, — et les Rois sont remplacés par les Rois, — et les courtisans s'inclinent de plus en plus profondément, — et les femmes s'étalent souriantes, voluptueuses, fascinatrices, — et le plus grand nombre souffre, — et les revendications s'annoncent menaçantes, sans éveiller un peu de compassion, — et les précipices se creusent profonds, béants, nombreux, — et souvent les roses qui couvrent la tête des convives, sont remplacées par cette cendre qu'un inspiré biblique jetait autrefois aux quatre vents des cieux !

Règne de la femme, règne de décadence, — vérité brutale, mais vérité passée au criterium de l'expérience; Louis XIV, la Régence, Louis XV et l'infortuné Louis XVI, le moins coupable — et le plus sévèrement puni, — sont des preuves indéniables de nos affirmations.

Il faut régner, comme le disait Beccaria, « *pour le bien-être possible du plus grand nombre,* » car, en dehors de cette formule, il n'y a rien que favoritisme, corruption; bonnes grâces accordées aux plus indignes, pressions exercées par la femme, ministres aux ordres du Maître, et foules muettes longtemps, mais impatientées, sourdement rebelles, inconsciemment travaillées par l'aspiration vers la justice, qui ne se tait un instant que pour faire entendre bientôt une protestation plus nette, plus pressante, plus impérative!

A ces quatre époques, Louis XIV, Régence, Louis XV et Louis XVI, a succédé 1789, et sa conséquence inévitable, 1793!

L'ordre éternel le veut ainsi. Nulle main, quelque tyrannique qu'on la suppose, ne peut suspendre le cours des événements!

L'extrême danger qui résulte de la prépondérance de la *femme* dans le gouvernement se touche avec le doigt; la *femme*, au foyer, avec ses enfants; l'homme, au milieu des affaires, à la tribune, au ministère, au chantier, à l'usine; voilà la vraie répartition des forces sociales. Et le jour où la femme acquerra cette conviction, un immense respect pour elle jaillira des institutions nouvelles; la prostitution, sous quelque forme qu'elle se cache, sera moindre; le travail national d'éducation se généralisera; les mœurs atteindront le niveau de l'intelligence plus éclairée, — et l'enfant recevra des semences de moralité plus généreuses et plus vivaces. Tout le monde y trouvera son compte, la nation, la famille, la femme et l'enfant, le présent et l'avenir.

Cette parenthèse fermée, revenons à Madame la Princesse de Conti.

Le bruit de sa merveilleuse beauté se répandit au-delà des mers; les Orientaux surtout se firent remarquer, attirés par une houri dérobée au Paradis de leur Prophète.

La *fragilité* à laquelle nous faisions allusion tout à l'heure, se rencontra chez la Princesse; une double intrigue avec Monseigneur le Dauphin et M. de Clermont-Chattes, lui attira une sévère réprimande; le Roy la fit mander, lui montra les correspondances, en lui disant : « *Connaissez-vous cette écriture ?* »

Laissons la parole au duc de Saint-Simon : « A ce début, la pauvre princesse se trouva mal, la pitié en prit au Roy qui la remit comme il put, et qui lui donna les lettres sur lesquelles il la chapitra, *mais assez humainement;* après il lui dit que ce n'était pas tout, et qu'il en avait d'autres à lui montrer par lesquelles elle verrait combien elle avait mal placé ses affections, et à quelle rivale elle était sacrifiée. Ce nouveau coup de foudre, peut-être plus accablant que le premier, renversa de nouveau la princesse. Le Roy la remit encore, mais ce fut pour en tirer un cruel châtiment; *il voulut qu'elle lût, en sa présence, ses lettres sacrifiées* et celles de Clermont et de la Choin. Voilà où elle pensa mourir, et elle se jeta aux pieds du Roy, baignée de ses larmes, et ne pouvant presque articuler; ce ne fut que sanglots, pardons, désespoirs, rages, et à implorer justice et vengeance; elle fut bientôt faite. La Choin fut chassée le lendemain. »

Cette Choin, sotte créature, intrigante de la pire

espèce, nièce de madame de Bury, amadoua Monseigneur le Dauphin et M. de Clermont-Chattes; les deux personnages furent consciencieusement dupés, et la pauvre princesse reçut la houspillade royale d'une verte façon ; — voilà un échantillon, choisi entre mille, de la Cour de Versailles!

Madame de Caylus représente ainsi la princesse : « Elle était belle comme madame de Fontanges, agréable comme sa mère (La Vallière), avec la taille et l'air de son père, et auprès de laquelle les plus belles et les mieux faites n'étaient pas regardées, dégagée, et telle que les poëtes nous représentent Diane ou Athalante. Tous les traits de son visage, qui avaient beaucoup de ressemblance avec ceux du Roy, étaient d'une régularité admirable, et avaient un air de majesté qui l'aurait fait respecter sous un habillement champêtre. »

La Fontaine, observateur curieux de la beauté, bon juge en cette matière, très-matois auprès des dames, avec ce charme exquis et cette bonhomie sous lesquels se voilait coquettement le grand poëte, nous a laissé de madame de Conti un portrait où les moindres lignes sont pures :

> La déesse Conti m'est en songe apparue,
> Je la crus de l'Olympe ici-bas descendue;
> Elle étalait aux yeux tout un monde d'attraits
> Et menaçait les cœurs du moindre de ses traits.
> Fille de Jupiter, m'écriai-je à sa vue,
> On reconnait bientôt de quel sang vous sortez.
> . . . .
> . . . .

> Quand Morphée à mes sens présenta son image,
> Elle allait en un bal s'attirer maint hommage;
> Je la suivis des yeux; ses regards et son port
> Remplissaient en chemin les cœurs d'un doux transport.
> Lors Conti me parut mille fois plus légère
> Que ne dansent aux bois la nymphe et la bergère.
> L'herbe l'aurait portée; une fleur n'aurait pas
>   Reçu l'empreinte de ses pas!

La Fontaine avait soixante-huit ans quand il écrivit ces vers délicieux; la fibre du cœur avait conservé toute sa puissance créatrice.

Après ces explications sommaires, nul ne s'étonnera du respectueux et constant hommage que La Grange déposa aux pieds de cette princesse; rebuté par les siens, harcelé par la Cour et les seigneurs nommés dans les *Philippiques*, le poëte avait besoin de reporter son affection sur un protecteur.

Cœur filial d'une infinie tendresse, la Princesse rendit les derniers devoirs à sa mère, entrée aux Carmélites de la rue Saint-Jacques, où elle fit profession le 3 juin 1675; elle y mourut le 6 juin 1710, expiant ainsi les royales amours, qui étaient le prélude d'autres liaisons moins justifiées par la bonté, la bienveillance de caractère et l'éloignement des préoccupations politiques ou religieuses; les autres maîtresses furent presque des ministres. La Maintenon gouverna réellement!

Pour apprécier d'un coup d'œil assuré le *cœur métallique* du Roy, voyons ce qui se passa lors de la mort de sœur Louise de la Miséricorde.

Le Tacite de l'époque va nous le dire: « Sa fortune,

et la honte; la modestie, la bonté dont elle en usa; la bonne foi de son cœur, sans aucun autre mélange; tout ce qu'elle employa pour empêcher le Roy d'éterniser la mémoire de sa faiblesse et de son péché, en reconnaissant et légitimant les enfants qu'il eut d'elle; ce qu'elle souffrit du Roy et de madame de Montespan; ses deux fuites de la cour, la première aux *Bénédictines de Saint-Cloud,* où le Roy alla *en personne* se la faire rendre, prêt à commander de brûler le couvent, l'autre aux Filles de *Sainte-Marie de Chaillot,* où le Roy envoya M. de Lauzun, son capitaine des Gardes, avec mainforte pour enfoncer le couvent, et qui la ramena; cet adieu public si touchant à la Reine, qu'elle avait toujours respectée et ménagée, *et ce pardon si humble* qu'elle lui demanda, *prosternée à ses pieds,* devant toute la Cour, en partant pour les Carmélites; la pénitence si soutenue tous les jours de sa vie, fort au-dessus des austérités de sa règle; cette fuite exacte des emplois de la maison, ce souvenir si continuel de son péché, cet éloignement constant de tout commerce, et de se mêler de quoi que ce fût;—ce sont des choses qui, pour la plupart, ne sont pas de mon temps, ou qui sont peu de mon sujet, non plus que la foi, la force et l'humilité qu'elle fit paraître à la mort du comte de Vermandois, son fils.

« Madame la princesse de Conti (sa fille) lui rendit toujours de grands devoirs et de grands soins, qu'elle éloignait et qu'elle abrégeait autant qu'il lui était possible. Sa délicatesse naturelle avait infiniment souffert de la sincère âpreté de sa pénitence de corps et d'esprit, et d'un cœur fort sensible dont elle cachait tout ce qu'elle pouvait. Mais on découvrit qu'elle l'avait portée jusqu'à s'être entièrement abstenue *de boire pendant toute une année,* dont elle tomba malade à la dernière extrémité. Ses infirmités augmentèrent; elle mourut enfin d'une descente, dans de grandes douleurs, avec toutes les marques d'une grande sainteté, au milieu des religieuses, dont sa douceur et ses vertus l'avaient rendue les délices, et dont elle se croyait et se disait sans cesse *être la dernière,* indigne de vivre parmi des vierges. Madame la princesse de Conti ne fut avertie de sa maladie, qui fut fort prompte, qu'à l'extrémité. Elle y courut et n'arriva que pour la voir mourir. »

(Saint-Simon, tome V, page 304.)

La princesse de Conti s'attendait à une visite de condoléance de la part du Roy; il ne la fit point. Il n'avait conservé à La Vallière qu'*une estime et une considération sèche dont il s'expliquait même rarement et courtement ; elle était morte pour lui du jour de son entrée aux Carmélites.* (Saint-Simon.)

Le Roy est caractérisé dans ces quelques mots; l'égoïste n'aima plus la jeune femme du jour où elle ne fournit plus d'aliments à ses plaisirs; le souvenir affectueux, qui reste au fond des âmes comme un parfum, ne survécut pas à la liaison; et sœur Louise de la Miséricorde n'exista plus pour Louis XIV ! Les Cours ont une singulière façon de pratiquer l'amitié; les courtisans profanent tout, même l'amour!

Dès 1716, la protectrice de La Grange Chancel fit un choix dans ses relations; elle se retira à Choisy, *où elle acheta la belle maison qui avait été donnée à madame la marquise de Louvois en échange du château de Meudon.* (Journal manuscrit de la Régence.) Madame, la princesse Palatine, mère du Régent, à l'affût de tous les cancans, écrit à la date du 21 mai 1718, *que la princesse de Conti est maintenant d'une grande dévotion, qu'elle sait fort bien vivre et qu'elle est très-posée.*

Elle mourut en 1739, à l'âge de soixante-quinze ans.

Telle fut l'aimable et spirituelle femme qui couvrit La Grange d'une protection dont il retira de grands fruits; il lui dut de pouvoir passer en Espagne, en quittant les îles Sainte-Marguerite; on voulut le noyer; des ordres sévères étaient donnés, — mais un matelot, gagné par la princesse, offrit son concours à La Grange, qui put gagner les côtes cantabriques.

Plusieurs versions ont couru sur cet incident. L'un de nos manuscrits, rédigé par un éclabousseur aux gages du Palais-Royal, s'exprime ainsi : « La Grange, poëte, ayant composé les *Philippiques*, et ayant eu la témérité de communiquer cet ouvrage au public, on le fit voir au duc d'Orléans, qui en prit connaissance; des ordres furent donnés pour qu'on l'arrêtât; mais il eut vent qu'on le suivait de près; il prit la fuite *en Hollande*. Le bruit courut qu'il avait été pris, et que, pour le punir, on lui avait donné à choisir un genre de mort, et qu'il avait demandé d'être précipité dans la mer. » (*Sic.*)

La Grange n'était pas mort quand le très-officieux personnage écrivit son manuscrit diffamatoire, car il ajoute avec ce fiel que savent distiller certaines plumes: « S'étant sauvé en Hollande, et ayant été obligé de passer les mers, il s'y est comme précipité, et, qu'étant pour jamais proscrit et banni de sa Patrie, il doit être regardé comme *un homme mort pour la France.* Ainsi, le lecteur, qui trouvera dans ce livre des imprécations (*sic*) contre ce La Grange, doit les regarder comme la foudre dont se servit Jupiter pour foudroyer le téméraire et ambitieux Phaéton. »

Ce manuscrit de 555 pages in-4°, très-bien conservé dans une reliure de l'époque, écrit sur un papier de Hollande, qui a gardé son grain et son aspect primitifs, est un curieux spécimen de la haine et de l'ignorance; c'est un tohu-bohu de citations, de théories incroyables, de définitions contre l'histoire et d'hérésies littéraires, scientifiques, esthétiques et même religieuses,—qui en font un monument de sottise et d'aberration mentale. Le caractère sacerdotal de l'auteur ne fait pas un doute; c'est un libelliste sans vergogne, sans pudeur et ne respectant rien. Mais l'honneur est au-dessus de semblables attaques!

A propos de la Princesse de Conti, La Grange va nous apprendre lui-même quelles furent ses premières impressions.

Dans la préface de son œuvre dramatique, publiée à *Paris en 1758, chez les libraires associés,* l'auteur s'exprime ainsi : « Le premier dessein de ma mère était de me mettre page du Roi, et M. le Duc de Beauvilliers, qui me faisait l'honneur de me regarder comme son parent, lui avait promis une place pour moi au bout de deux ans qu'il devait entrer en exercice de sa charge de premier gentilhomme de la Chambre. Ce temps parut trop long à ma mère. Elle eût fort souhaité de me placer chez madame la Princesse de Conti, tant à cause de l'avantage qu'elle avait de posséder entièrement l'amitié et la confiance de Monseigneur le Dauphin, qu'à cause de la protection dont cette princesse honore toujours tous ceux qui ont été à son service.

« Madame la Princesse de Conti consentit que M. de Verteillac me fît venir à Versailles, et ma mère partit un moment après qu'elle en eut reçu la nouvelle. Elle fut introduite avec moi dans le cabinet de la Princesse, où nous trouvâmes Monseigneur le Dauphin, accompagné de M. le Duc, de M. le Prince de Conti, de M. le duc de Vendôme, et de tout ce qu'il y avait de brillant dans l'un et dans l'autre sexe, qui depuis la mort de Madame la Dauphine, se rendait assidûment chez madame la Princesse de Conti, où la jeune Cour s'était transportée.

« J'avoue que tout ce que je m'étais imaginé de la beauté des Cléopâtres, des Rosemondes et des autres Héroïnes de roman, me parut infiniment au-dessous de ce que je vis alors, et que tout enfant que j'étais, je sentis une admiration et un saisissement que je n'avais point encore éprouvé. Cette merveilleuse Princesse n'avait pas alors plus de vingt-trois à vingt-quatre ans;

— et quoique la petite vérole eût beaucoup diminué de la beauté de son teint, — cette petite perte était réparée par tant d'autres avantages, que ceux qui l'avaient toujours vue ne s'en apercevaient presque pas, — et que tous ceux qui la voyaient pour la première fois ne croyaient pas qu'il y eût rien à souhaiter dans une personne si accomplie.

« Sa taille, qui était au-dessus de la taille ordinaire, était libre, dégagée et telle que les poëtes nous représentent ou Diane, ou Athalante. Tous les traits de son visage, qui avaient beaucoup de ressemblance avec ceux du Roi, étaient d'une régularité admirable, et avaient un air de majesté qui l'aurait fait respecter sous un habillement champêtre. Sa bouche du plus beau corail du monde, ne s'ouvrait que pour laisser voir deux rangs de perles orientales; et la Nature, qui s'était étudiée à faire un chef-d'œuvre, avait ajouté à tant de perfections, les yeux les plus beaux, les mieux fendus et les plus pleins d'esprit et de vivacité qui paraîtront jamais dans aucun autre de ses ouvrages. Quoiqu'elle eût auprès d'elle mademoiselle de Comercy, mariée depuis avec M. le prince d'Epinoi, les marquises de Chatillon et de Villequier, sœurs, la duchesse de Choiseul, sa cousine germaine, et plusieurs autres dames qui passaient pour belles dans le monde, on peut dire qu'elle les effaçait tellement, qu'elle seule attirait tous les regards de ceux qui les voyaient ensemble.

Quelques vers furent demandés au jeune poëte; on le fit passer dans un cabinet, où il trouva tout ce qu'il fallait pour écrire, et un quart d'heure après il rapporta les vers suivants. Il faut dire que Chaulieu et Campistron, — *deux superbes médiocrités en littérature, réputations surfaites qui ne sont pas arrivées jusqu'à nous,* — s'approchèrent de La Grange et l'engagèrent à remplir des *bouts-rimés*, cette gymnastique poétique des idiots; le poëte se prêta volontiers à leur fantaisie saugrenue, — et le sonnet fut composé.

Nous donnons le sonnet (*Œuvres*, tome I, Paris, 1758, pages 19 et 20) sans figurer les rimes, comme on le fait généralement; nous sommes l'ennemi de l'archaïsme, quand il n'ajoute rien à la beauté, à l'harmonie de la langue.

SONNET A LA PRINCESSE DE CONTI.

Chaque cœur est un Temple où l'on vous dresse un buste,
Du plus indifférent vous fondez les glaçons;
De mythes amoureux moins faisoit de moissons
Celle qui fit filer la main la plus robuste.

Tout cède, tout se rend à votre aspect auguste;
La raison fait au cœur d'inutiles leçons;
Ses avis importuns passent pour des chansons;
Chacun connoit sa faute, et chacun la croit juste.

L'un adore ce port rempli d'un doux orgueil;
L'autre ces yeux brillants et ce charmant accueil,
Mais toujours le respect leur oppose une digue!

Et ce Dieu, qui du monde agite les ressorts,
Et qui de ses faveurs fut pour vous si prodigue,
N'oserait qu'en tremblant exprimer ses transports.

Certes, ce sonnet ne vaut pas *un long poëme*, selon le précepte posé par le Rhéteur du Parnasse, ce Boileau de si méchante humeur, qui traitait la poésie comme une science exacte. Les choses du ciel ne s'alignent pas au cordeau. L'homme de génie ne subit pas les règles, — il en invente qui donnent à l'Art de plus grandes ailes et lui ouvrent un horizon plus azuré.

Un sonnet détestable est chose commune; cela ne nous surprend guère. La phrase subit un joug pesant; le retour des rimes et l'arrangement des tercets sont autant de difficultés à vaincre, quand elles ne sont pas insurmontables! Notre grand poëte Hugo n'a imprimé qu'un sonnet, — hâtons-nous d'ajouter qu'il est excellent; — mais Hugo, ne l'oublions pas, a commerce habituel avec les dieux!

Le jeune La Grange fut complimenté; le sonnet, quoique boiteux, fut loué comme un chef-d'œuvre, et le prodigieux improvisateur n'eut qu'à se laisser conduire à d'autres et plus importants succès.

Après la prise de Mons par ce Roy qui suivait ses armées dans plusieurs carrosses remplis de courtisans et de favorites, La Grange eut l'honneur d'être présenté à la Cour. Le vainqueur de Mons daigna le recevoir. Infatué de sa noblesse, La Grange avait déjà parlé de sa famille, et surtout d'un parent originaire d'Angleterre, ayant reçu l'ordre de Saint-Michel sous Louis XII. Protégé par Racine, alors bien avec l'amant de la Maintenon, le futur auteur des *Philippiques* fit un discours pompeux sur un buste de Titus, fils de Vespasien, et le

Roy *passa plusieurs fois sa main sur son front et recommanda à Madame la Princesse de Conti d'avoir un soin particulier de ce génie prématuré*. La couleuvre de l'orgueil déroula lentement ses anneaux dans l'âme du rimeur; à partir de ce jour il se crut appelé au plus sublime avenir. Le premier vers satirique ne s'était pas encore dressé dans son esprit pour le tourment de sa vie et la glorification littéraire de son nom. Mais que d'amertumes il fallut traverser!

Comme le page devenu homme dut regretter ces heures fugitives passées tantôt à la Cour, tantôt dans le Cabinet de sa protectrice, femme aimable, pleine de goût et d'inclination pour la poésie; — comme le fugitif en Espagne, en Hollande, en Sardaigne, dut reporter ses souvenirs à cette époque bénie de l'existence, où le remords, totalement inconnu, ne froissait jamais les sentiments du cœur, les plus secrètes aspirations de l'intelligence! Ils passèrent rapides, ces jours du page; la douleur allait venir inexorable, et s'emparer de sa victime!

La Grange retrouva aux moments du danger, du besoin, de la solitude, la femme de cœur qui le présentait au Roy, et qui s'appropria si bien le beau vers de La Fontaine :

> Et c'est être innocent que d'être malheureux!

Lettrée, amie des arts, les comprenant à merveille, sachant en parler en artiste et en *fine* critique, accueillant bien les hommes de lettres, et leur donnant des conseils littéraires relevés par le charme exquis de ses manières, — la Princesse de Conti méritait un médaillon à la fin de ces notes sur les Odes *Philippiques*.

Mademoiselle de Blois, fille légitimée de Louis XIV et de mademoiselle de La Vallière, épousa le 16 janvier 1680 Louis-Armand de Bourbon, Prince de Conti, né le 4 avril 1661, mort le 5 novembre 1685, des suites d'une petite vérole. La Cour se trouvait alors à Fontainebleau; la princesse de Conti fut atteinte la première de cette maladie; Armand de Bourbon voulut soigner sa femme et devint la victime de son dévouement. La vie de ce prince fut assez incolore, comme la vie de tous ceux qui ne commandaient pas les armées, ou qui ne jouaient pas un rôle actif dans les débauches royales. Pour se mettre en vue à cette époque, il fallait gagner des batailles ou courber l'échine dans les antichambres; par là seulement on arrivait aux honneurs, et les historiens brevetés du Roy consentaient à transmettre votre nom à la postérité.

Armand de Bourbon, au surplus, était brave; il se distingua au siège de Luxembourg; — mais le potentat évinçait les princes trop courageux, témoin le valeureux duc Philippe d'Orléans; le courage de sa famille eût trop fait ressortir sa nullité de capitaine et de soldat!

Madame de Sévigné, esprit brillant, bon courtisan à ses heures, et constamment à l'affût d'une nouvelle à sensation, reporter féminin de la Cour de Louis XIV, avec la pointe d'humeur de la femme supérieure reléguée au dernier plan, nous donne son opinion sur le prince, lettre du 24 juin 1680, à l'époque de son mariage. Le feuilletonniste en jupons s'exprime ainsi : « *Il jette l'argent héroïquement, a des bontés de Henri IV, des procédés de Bayard et des justices de Sully.* »

Ne vous en déplaise, Madame de Sévigné, vous maniez mieux le style que la vérité ; jeter au vent l'argent du peuple ne devait pas coûter beaucoup à votre idole ; quant aux autres qualités, les Mémoires parlent un langage plus modéré et plus proche de l'impartialité. Si le prince eût aimé autant que Mademoiselle de Blois, sa femme, les arts et les lettres, votre jugement, sans cesser d'être outré, s'approcherait davantage du véritable sentiment historique.

Ce qui sauvera toujours une mémoire, — ce qui excusera même les fautes, les torts, les écarts de la vie privée, — assurément ce sera la bienveillance libéralement étendue sur les poëtes, les écrivains, les peintres, les philosophes, les sculpteurs, cette phalange de génies, qui, seule, peut immortaliser une époque, un règne, un nom royal ; — ces conquêtes valent bien les ruineuses guerres, et les impôts écrasants qu'elles motivent, et la haine des peuples qu'elles occasionnent, et les écroulements qu'elles préparent, et les malédictions qu'elles attirent.

Les conquêtes de l'esprit brillent dans les âges ; l'Égypte, l'Inde, Babylone, Palmyre, Byzance, Jérusalem, Memphis, Alexandrie, Thèbes, Athènes, ont tour à tour porté le flambeau de l'idéal dans le monde ; les sciences et les arts y fleurirent ; de magnifiques ruines attestent ces splendeurs du passé. Le génie de Champollion a entr'ouvert les portes du sanctuaire; les savants ne s'arrêteront pas, — et l'antiquité reculée nous sera peut-être révélée tout entière, avec ses arts, ses lettres, sa civilisation luxuriante, ses coutumes étranges, ses abus et ses crimes, ses abaissements et ses grandeurs !

Les rayonnements de l'intelligence occupent les sommets de l'histoire, avec Sémiramis, Cléopâtre, Aspasie, Léon X, les Médicis, Élisabeth d'Angleterre, François Ier, soutenant la Renaissance des Lettres et des Arts, — avec les petites colonies qui se formèrent en Allemagne, à la suite de la funeste et si fatale *Révocation de l'Édit de Nantes*, foyers de progrès, de lumières et de viriles protestations, — avec tous les princes, protecteurs éclairés de l'intelligence dans ses multiples incarnations et dans ses *manifestations* invincibles.

La Princesse de Conti, — fille adorable d'une mère qui vit s'agenouiller devant elle le Roy le plus hautain de son siècle, — eut cet amour des choses de la pensée; cette passion généreuse lui fit rechercher la société des philosophes et des poëtes, les vrais dispensateurs de l'immortalité; — et cet amour fut le plus rare joyau de son écrin, — et ce fut la plus belle, la plus délicate fleur de sa couronne d'esprit et de beauté !

SURSUM CORDA

SURSUM CORDA

Nous arrivons à la fin de ces annotations avec un soulagement d'esprit et de conscience que nous ne chercherons pas à dissimuler un seul instant. Les pourritures de la Régence nous ont procuré des souffrances morales que sauront apprécier les écrivains dignes de ce nom.

Nous demeurons cependant persuadé de l'utilité de ces Études sur le passé monarchique de la France; comme effet d'opposition, ces retours de la pensée conserveront toujours leur mérite, surtout à une époque où la demi-science, les tiers et quart de savants, tiennent le haut du pavé, avec un orgueil en complète harmonie avec leur ignorance, leur insuffisance absolues. Notre époque pourrait être appelée celle des eunuques littéraires.

Ennuques, avons-nous dit?... Oui; et nous ne reculons pas devant cette expression.

Assurément, le mouvement en avant est remarquable, — nous ne songeons pas à le contester; — mais que de nullités prétentieuses grouillent dans les bas-fonds de la littérature! que d'espérances poétiques ne verront jamais le seuil de l'imprimerie! que d'aspirations sans fondement, — condamnées à produire, soit un romancier sans lecteur, soit un rédacteur d'annonces, qui se pavanera à la quatrième page d'un journal politique!

Là est le danger, plus grand qu'on ne le suppose. Les déclassés deviennent redoutables. L'orgueil froissé se change en rancune amère contre la société, et l'*incompris* appelle de tous ses vœux un bouleversement quelconque, une catastrophe, qui lui permettent de jeter son nom aux mille échos de la publicité.

Éduquer! éduquer! tout le problème social, si difficile à résoudre en apparence, se trouve là, — et là seulement!

On se plaint du suffrage universel; nous ne voulons prendre parti ni pour ni contre, — ce n'est ni le lieu ni le moment; il y aurait une issue honorable à toutes ces récriminations, ces rodomontades, ces trompe-l'œil politiques; et cette issue, nous croyons pouvoir le dire avec conviction, ce serait l'instruction répandue à flots dans les couches profondes de la société française. La politique de défiance et de résistance mène aux abîmes; on ne peut gouverner aujourd'hui qu'en méritant l'estime de la nation par de bonnes lois, de libérales institutions, conservatrices des droits de chacun, — et, avant toute chose, par un constant souci et préoccupation de l'instruction populaire.

L'exemple de la Régence doit être concluant, ou l'écrivain se désintéressera des enseignements historiques si profitables, si énergiques, si éloquents ! Il faut ramener les générations aux *fortes études,* — c'est le seul moyen qui reste aux hommes d'État, c'est la dernière ancre de salut. Nous ne pouvons pousser qu'un cri d'alarme ; nous faisons œuvre de citoyen, laissant au législateur le soin de se prononcer à son tour, et plus humainement, et plus efficacement pour la cause du progrès, la cause de la civilisation, la cause sacrée de la France !

Deux niveaux ont souverainement besoin d'être relevés parmi nous, — celui de l'intelligence, celui de la conscience, — aveugles et coupables ceux qui ne le voient pas, plus responsables encore ceux qui, le voyant, passent outre avec l'indifférence d'un Philippe d'Orléans ou d'un Louis XV !

Les lettrés ne nous manquent pas ; nous avons même trop de *portions de lettrés,* — les fortes organisations se révèlent par leur absence ; l'originalité littéraire et poétique va s'éclipsant de plus en plus, — et, quand l'astre radieux qui nous enveloppe encore des rayons de son majestueux couchant aura incliné son orbe à l'horizon, quelle vaillante École osera porter son glorieux drapeau ?

Victor Hugo, nous le savons, ne peut être remplacé, ni continué ; l'essence du génie est de briller de siècle en siècle sur les sommets de l'humanité; au moins devrait-on s'appliquer à l'étude, à la réflexion, et ne pas dépenser en plaquettes, en brochures, en romans, la vie, la force, le nerf d'une jeune littérature qui peut tenir, si elle le veut d'un opiniâtre désir, les promesses faites à l'avenir; que le niveau de l'intelligence s'élève, — et tout le reste nous sera donné comme par surcroît !

Les études doivent avoir l'homme pour objectif principal, l'homme si puissant avec ses faiblesses, ses grandeurs, ses aberrations, ses chutes, ses crimes eux-mêmes, tout l'homme, si l'on espère dégager d'un sérieux travail une saisissante moralité historique.

Et l'homme, nous l'avons saisi corps à corps dans ce milieu *ondoyant et divers* de la Régence ; et l'homme s'y présente tel qu'il est, tel qu'il restera,

> Borné dans sa nature, infini dans ses vœux !
> LAMARTINE.

capricieux dans ses espérances, orgueilleux dans ses rêves personnels, mesquin et parfois coupable dans l'agencement de sa vie domestique et publique, — mais toujours marqué de ce caractère indélébile et profond de la recherche aventureuse vers l'idéal.

Ah ! c'est par là surtout que l'homme, — et nous n'exceptons ni les meilleurs ni les plus grands, — conserve son cachet impérissable.

L'homme commande aux éléments, — ses routes de fer ont supprimé les distances, — les montagnes se sont inclinées devant sa volonté dominatrice, — les mers ont marié leurs ondes, et les colosses aux ailes de vapeur ont sillonné ces routes océanesques, rêvées par l'imagination fertile des anciens, et construites par la volonté persistante des modernes, — l'électricité joint les deux mondes, comme une main amie serre une autre main affectueuse, — le compas et l'algèbre ont trouvé le secret des cieux, entrevu par Newton, et l'homme en est arrivé à donner un rendez-vous fixe aux comètes les plus vagabondes, aux météores les plus échevelés, — et toutes les forces de la nature, l'éternelle et indestructible harmonie des corps célestes, le bruissement des flots dans une rade à l'abri des tempêtes, les murmures de la vague courroucée sur les falaises géantes, — et l'art avec ses richesses, et la poésie avec ses splendeurs, et les sciences astronomique, physique, chimique, géologique, ont livré leurs secrets merveilleux, et la royauté de l'homme s'est constituée, — et, si une portion du monde se brisait dans un cataclysme, l'homme la reconstruirait avec le génie de son cerveau, l'amour de son cœur et l'infini de son âme !

Mais cette Royauté de l'homme sur les éléments n'est pas sans défaillances, nous les avons constatées en touchant aux personnages de la Régence ; l'expérience est concluante pour le lecteur de *bonne foy*, comme le disait si bien Montaigne au début de ses immortels *Essais*.

La science expérimentale, les doctrines abstraites, de l'*à priori* à la démonstration, des prolégomènes aux déductions finales,—tout cet ensemble de notions ne vaudra jamais pour la pensée, même cultivée, l'étude *de l'homme* et des phases civilisatrices qui correspondent à ses divers développements.

La Régence nous a montré l'homme grand seigneur, en même temps valet du pouvoir, tyran dans sa province et gobe-mouches à Versailles, justicier inflexible dans ses terres et servile aux pieds d'une reine de la main gauche!

Les sociétés antiques, lettres mortes d'une nature essentiellement édifiante, nous ont incliné à considérer l'homme plutôt avec ses mauvais instincts qu'avec ses nobles et hautes aspirations; nous l'avons retrouvé ainsi au moyen âge, avec un vernis de catholicisme romain en plus, une débauche de sentiments, une religiosité monastiques, qui devenaient impossibles par leurs propres excès,—et, après plusieurs siècles de souffrances, une explosion formidable, protestation de la liberté, fondement de l'ère moderne!

L'homme,— nous ne le perdons pas de vue, nous sommes destiné à le retrouver dans peu de temps, quand nous aborderons la Révolution Française avec Danton, *un des sacrifiés* de cette époque héroïque et lugubre, criminelle et sublime, révolutionnaire et civilisatrice, la plus noble et la plus grande, la plus décriée et la plus vantée, la plus incomparable des incarnations et des rénovations!

On nous l'a dit,—et nous acceptons l'augure avec tous ses périls imminents,— nous ne prendrons rang dans la littérature qu'avec l'Étude sur Danton ; cette mise en demeure ne nous inspire aucune frayeur ; nous nous trouverons au rendez-vous avec un mauvais livre, peut-être, — les bons livres sont rares aujourd'hui, — — mais nous pourrons nous rendre cette justice que la sincérité seule a dicté nos jugements et nos appréciations.

La Régence, une rude école pour un apprenti des lettres, nous a familiarisé avec les abaissements de l'homme, les turpitudes des grands en face du pouvoir et le *silence* des peuples, — silence significatif et trop méprisé !

La Révolution nous attire ; nous allons mettre la dernière main à nos études sur le dix-huitième siècle, avec les *Ruelles* et les favorites, les médisances de Cour et les spirituels bavardages de salon ; — ensuite, nous nous tournerons vers l'orient, vers l'avenir ; aux ruines du moyen âge nous opposerons les institutions nouvelles.

Les pronostics malveillants ne nous empêcheront pas de porter le flambeau de l'examen dans la période révolutionnaire ; les silences calculés n'entrent pas dans nos habitudes de controverse historique ; la vérité,— et la vérité sévère, — nous guidera vers ces hommes surhumains, titanesques, qui fondèrent un monde nouveau sur un monde subitement écroulé, qui formulèrent les droits et les devoirs du citoyen,— qui sacrifièrent leurs intérêts, leurs aises, leurs réputations à l'intérêt suprême, le bien-être du plus grand nombre,—et qui sau-

vegardèrent nos frontières de l'invasion européenne,—
et qui poussèrent l'esprit d'abnégation jusqu'à porter
leurs têtes sur l'échafaud, héros et victimes tout ensemble !

Comparée à cette époque, la Régence n'est qu'une
fête de nuit dans les boudoirs de Cléopâtre et de Messaline; c'est une orgie romaine qui s'est trompée de date;
c'est une débauche orientale de l'esprit et des sens,
avec le sourire lascif des prostituées de bas-étage, avec
les propos voilés et engageants des belles patriciennes,
oubliant le foyer, et ses devoirs, et ses caresses, et ses
engagements solennels, et ses ivresses, et les tendres
baisers des nouveau-nés, oubliant jusqu'au rôle de la
mère, qui ne s'abandonne pas comme on laisse glisser
les agrafes d'or d'un manteau complaisant sur des
épaules frémissantes de volupté,—et le délire effroyable
de la luxure, de la cupidité, de l'intrigue, la corruption
et l'oppression !

Certes, la Révolution roule des fanges dans son lit;
— mais les blocs de granit, les marbres de Paros et les
pierres précieuses y sont en grand nombre; l'échafaud
a purifié l'atmosphère; où le sang a coulé, l'historien,
attendri et rêveur, doit incliner sa tête; — et ces graves
et terribles événements ne peuvent et ne doivent se
juger que l'œil fixé sur la Croix, qui eut l'honneur
insigne de porter une victime auguste, un homme de
charité, doux et clément, un libre-penseur, un révolutionnaire, — Jésus-Christ !

LES PRODUCTEURS INTELLECTUELS

EN 1875

QUELQUES MOTS PERSONNELS

LES PRODUCTEURS INTELLECTUELS

EN 1875

QUELQUES MOTS PERSONNELS

Nous n'avons pas eu la prétention de révéler un auteur ; La Grange est connu ; l'œuvre entier du poëte n'est pas apprécié comme il mérite de l'être ; les Odes, imprimées tantôt en 1723 à l'étranger au nombre de trois, réimprimées en France en 1795, au nombre de cinq, — et courant les *Ruelles* et les *Cabinets* dans une foule de copies manuscrites plus ou moins tronquées, tantôt deux, trois ou quatre Odes sans remarques autorisées, avec de grossières fautes prosodiques et des écarts historiques plus graves encore, — tel est le bilan de ces éditions !

La Grange, certes, n'est pas de la race des dieux l'éclair ne brille pas sur son front ; il ne possède n l'invention homérique, ni l'observation shakespearienne, ni le souffle michelangesque, ni le vol d'aigle hugonien, ni l'ardente colère juvénalesque, — mais tel qu'il est, avec ses défauts, avec sa phrase assez souvent prosaïque et les angles du langage un peu roides, La Grange offre à l'historien une série de strophes dignes de fixer l'attention.

Nous ne visons pas une œuvre de scandale; les *Philippiques* se prêteraient facilement aux accusations haineuses, aux *clichés de parti* contre la famille d'Orléans; ce point de vue n'est pas le nôtre; au contraire, nous avons dessiné un portrait de Philippe, Régent de France, avec toutes les précautions et toute la conscience que nécessite un travail de cette nature; il ne dépendra pas de nous que le Régent soit mieux connu, mieux apprécié, avec ses grandes qualités personnelles, ses manquements à la morale, ses vertus de Prince malheureusement trop restreintes; ces touches de son portrait sont irréprochables, nous le croyons; le libre-penseur, attaché aux institutions du *self-government*, ne perce pas sous l'écrivain.

Ce n'est pas une œuvre haineuse que nous avons faite; — c'est plutôt une œuvre de réparation et de réhabilitation historiques. Les morts illustres ont droit à notre respect; leurs crimes ou leurs vertus doivent servir d'enseignements aux peuples; — l'écrivain qui flatterait tel parti, tel personnage, qui servirait telle visée princière, ne comprendrait pas l'honneur des lettres, — et moins encore sa dignité personnelle.

Ces précautions préliminaires ne sont pas déplacées à une époque qui foisonne en inventeurs de toute sorte, — et même en *littérature ;* on exhume de la poussière des bibliothèques des écrivains justement oubliés, sans notoriété de leur vivant; ces œuvres, éditées à grands frais, se pavanent insolemment sur le plus pur hollande et souvent sur le chine; les excellents papiers anglais se prêtent aussi à ces profanations. Ne ferait-on pas mieux d'abandonner ces entreprises de littérature pour se consacrer aux immortels écrivains dont la France est fière, que l'Europe nous envie, et qui font l'admiration universelle? Où s'arrêtera cette dangereuse manie des nouveautés? Ce n'est pas ainsi qu'on relève à ses propres yeux un peuple vaincu, quoique toujours digne des plus vives sympathies; la France a besoin d'une nourriture morale plus substantielle; elle a soif de progrès, de justice, d'émancipation sociale, de paix et de travail;—ces graves préoccupations s'accommodent peu des fantaisies littéraires. Quelques éditeurs intelligents le comprennent, — mais que de publications sans intérêt, lancées à grand renfort de réclames, viennent encore retarder l'éclosion des grandes œuvres!

La presse, — et nous y comptons, — s'inscrira en faux contre ces prétentions à l'archaïsme qui dénaturent notre production intellectuelle, qui feraient déchoir la France du rang si élevé qu'elle n'a cessé d'occuper en Europe. Au nom du patriotisme, — plus nécessaire que jamais dans les circonstances pénibles que traverse la Patrie, — abandonnons les éditions fantaisistes, les renommées faites en serre-chaude; allons droit au sérieux, à l'utile, au progrès, à l'avenir!

Arrivons aux dettes de cœur, les plus sacrées que l'homme puisse contracter, celles qui se payent complétement, capital et arrérages.

Je remercie ceux de mes amis dont l'appui, aussi désintéressé qu'intelligent, m'a rendu plus facile l'accomplissement de ma tâche; leur adhésion spontanée, et leurs conseils m'ont encouragé, ranimé, soutenu dans les heures pénibles où, doutant de soi-même, — et souvent avec une si juste raison, — on a besoin d'une parole sincère, qui vous permette de jeter sur l'avenir un regard plus confiant.

Un souvenir tout particulier à M. le comte de Vauxelles; sa vaste érudition, ses idées libérales exprimées dans ce style du dix-huitième siècle, dont nous avons perdu le secret, ses précieuses lumières historiques ne m'ont pas fait défaut; le savant, enveloppé dans l'homme du monde du savoir-vivre le plus exquis, me restera toujours excessivement sympathique; et, je puis sans doute l'ajouter, dût-on me taxer d'exagération, voire même d'une ambition que je ne ressens pas, si je produis un jour quelques pages dignes de figurer dans le panthéon littéraire contemporain, c'est à M. le comte de Vauxelles que je le devrai.

Chateaubriand repoussait de toutes ses forces le reproche d'ingratitude, qu'il considérait comme le plus sanglant de ceux qui s'attachent à une mémoire, flétrissure que rien ne peut effacer ; l'auteur des *Mémoires d'outre-tombe* avait raison ; je m'associe entièrement à sa doctrine sur ce point.

Mes honorables éditeurs ont aplani les difficultés de toute nature. Un pareil service rendu avec tant de courtoisie au début de la vie littéraire, est un de ceux qui ne s'oublient jamais ; qu'ils veuillent bien recevoir ici l'expression de ma vive reconnaissance !

Puis-je mieux finir une Étude où les souvenirs douloureux, les scènes attristantes, les perspectives sombres, ont peut-être suggéré des réflexions pessimistes à beaucoup de lecteurs ?

Je pose la question ; et la poser, c'est la résoudre. Je juge du cœur des autres sur le mien ; l'humanité n'a qu'une formule d'expansion.

J'en appelle au sentiment de l'indulgence, toujours nécessaire, même aux écrivains parvenus à la célébrité, indispensable à plus forte raison aux débutants dans la carrière des lettres, parfois si difficile.

Je termine en souhaitant à notre chère patrie de ne plus connaître, autrement que par les récits de Rome et du Bas-Empire, les mœurs et les pratiques de la Régence, si misérablement copiées par un régime récent encore ; les mêmes causes ont produit les mêmes effets ; la logique des événements est inflexible ; ni les individus, ni les nations ne peuvent fléchir cette justice implacable. Le moment fatal de la responsabilité arrive tôt ou tard ; les peuples qui s'abandonnent sont châtiés sévèrement; les gouvernants qui abusent de leur pouvoir tombent victimes de leurs fautes, ou vont mourir en exil; mais que de larmes versées, que d'immolations héroïques, sont le résultat de ces odieuses saturnales!

Et quand la patrie laisse un lambeau d'elle-même dans ces effroyables aventures, quand l'équilibre européen se trouve déplacé à son détriment, quand ce n'est pas trop de tout son sang et de tout son or pour sortir brisée du combat, quelle redoutable responsabilité remonte vers l'auteur de tant de calamités nationales!

Ah! soyons dignes de la liberté; soyons dignes de la République, cette forme de gouvernement *qui nous divise le moins;* rapprochons-nous, aimons-nous; éteignons la haine des partis, soyons tous du parti de la France; pratiquons le travail, le respect des lois, la justice et l'humanité; soyons prêts à la guerre, c'est le seul moyen de conserver la paix, ce bien qui produit tous les autres; et ne désespérons pas de l'avenir; la Fortune nous doit une revanche; nos drapeaux flottent au souffle venu de l'Est, ils sont humides encore des baisers de nos vieilles gloires!

Le brusque retour aux catastrophes sera toujours amené, soit par les débauches, soit par l'abus du pouvoir personnel, deux fléaux, — souvent réunis sous la même autorité corruptrice, — pour le malheur des peuples, l'enseignement de la conscience, la morale de l'histoire et le châtiment des rois!

Paris. Décembre 1879.

TABLE

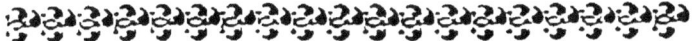

TABLE

		Pages
Dédicace.		i
Lettre de Victor Hugo.		
Réponse à Victor Hugo.		ix
LE RÉGENT.		5
I. Considérations générales.		7
II. Les trois siècles précurseurs de la Révolution.		11
III. Les Encyclopédistes et leur œuvre.		17
IV. Résumé des trois chapitres précédents. — Quelques vues sur les théories modernes.		23
V. Le Régent. — Aperçus sommaires.		31
VI. Le pouvoir personnel au tribunal de l'histoire.		39
VII. L'oncle et le neveu. — Portrait de Louis XIV.		43
VIII. Louis XIV, censeur du duc d'Orléans, jugé par ses contemporains.		51

Pages.

IX. Philippe d'Orléans, son rôle à l'armée et à la cour. — Son caractère et sa vie privée. — Dubois, Cardinal-Archevêque de Cambrai. — Jugements de Saint-Simon, Duclos et Mathieu-Marais. 77

X. Catastrophes royales. — Les Dauphins enlevés par un mal étrange. — Fagon et Boudin, médecins de la cour, concluent à la mort résultant du crime. — Maréchal fait les autopsies; il conclut à la mort naturelle. — Louis XIV se range à son avis. — Accusations incestueuses; conduite plus imprudente que coupable. — Légèretés apparentes du Régent et de sa fille, la duchesse de Berry; non culpabilité de l'un et de l'autre; opinions de Saint-Simon et de Duclos. 107

CHANCEL DE LA GRANGE. 131

I. Les origines de la famille Chancel en Périgord. . 133

II. Quelques dates concernant La Grange. — Une vue sur le plan de notre Étude. 143

III. Les Philippiques, envisagées au point de vue littéraire, et rapprochées des productions de l'école Romantique-Hugonienne. 146

IV. La strophe de Mirabeau. — Une tactique éventée. 174

V. La Grange et sa production littéraire; — Théâtre et pièces diverses. — Voltaire et ses inconséquences. 186

VI. Biblioigraphie des Philippiques. 234

	Pages.
Les Philippiques.	239
Ode première.	241
Remarques sur l'Ode première.	261
Ode deuxième.	281
Remarques sur l'Ode deuxième.	297
Ode troisième.	321
Remarques sur l'Ode troisième.	331
Ode quatrième.	363
Remarques sur l'Ode quatrième.	375
Ode cinquième.	413
Remarques sur l'Ode cinquième.	421
Ode sixième.	455
Remarques sur l'Ode sixième.	463
Une strophe inédite. (Notre édition définitive.	469
La Princesse de Conti, protectrice de La Grange.	481
Sursum Corda.	503
Les producteurs intellectuels en 1875. — Quelques mots personnels.	513

Paris. — Typ. de Bonze, Dunon et Fresné, rue du Four-Saint-Germain.

Achevé d'imprimer

A PARIS

le 1ᵉʳ décembre MDCCCLXXV

POUR

ADOLPHE MOUVEAU ET G. LEVESQUE

LIBRAIRES-ÉDITEURS

20, avenue du Maine, 20

PAR

ROUGE, DUNON ET FRESNÉ

43, rue du Four-Saint-Germain, 43

A LA MÊME LIBRAIRIE

LA

SÉMIRAMIS AILÉE

POÉSIE ROMANTIQUE, LETTRE DE VICTOR HUGO

EAU-FORTE D'ÉMILE HÉBERT,

sculpteur, auteur du *Balzac* si remarqué au Foyer de l'Odéon

Un volume papier teinté. 2 fr.
20 exemplaires Hollande, épreuve de l'eau-forte à la sanguine, couverture parchemin, le volume . . . . 10 fr.

LES RUELLES

DES XVIᵉ, XVIIᵉ ET XVIIIᵉ SIÈCLES,

LES SOTTISIERS, GAZETIERS HOLLANDAIS, MERCURES,
AUTEURS ARISTOCRATIQUES,
PIÈCES SATIRIQUES ET BURLESQUES, LA PLUPART INÉDITES,
SOCIÉTÉS GALANTES,
CABINETS D'ESPRIT, SALONS LITTÉRAIRES, ETC., ETC.

AVEC UNE PRÉFACE

PAR

M. ALEXANDRE DUMAS Fils

de l'Académie Française

Deux volumes in-8, papier ordinaire (à petit nombre), chaque vol. . . . . 8 fr.
50 exemplaires d'amateurs, papier Vosges, titre rouge et noir, parchemin, numérotés et paraphés par les éditeurs, chaque vol. . . . . 25 fr.

Le premier volume sera mis en vente le 1ᵉʳ avril et le second le 30 octobre 1876.

Ces deux volumes, œuvre littéraire et historique, sont établis sur un précieux manuscrit du siècle dernier ; une étude de M. Léon de Labessade examinera les productions de Ruelles aux différents points de vue critique, linguistique et social ; — ce dernier mot s'applique à la femme, considérée aux dix-huitième et dix-neuvième siècles.

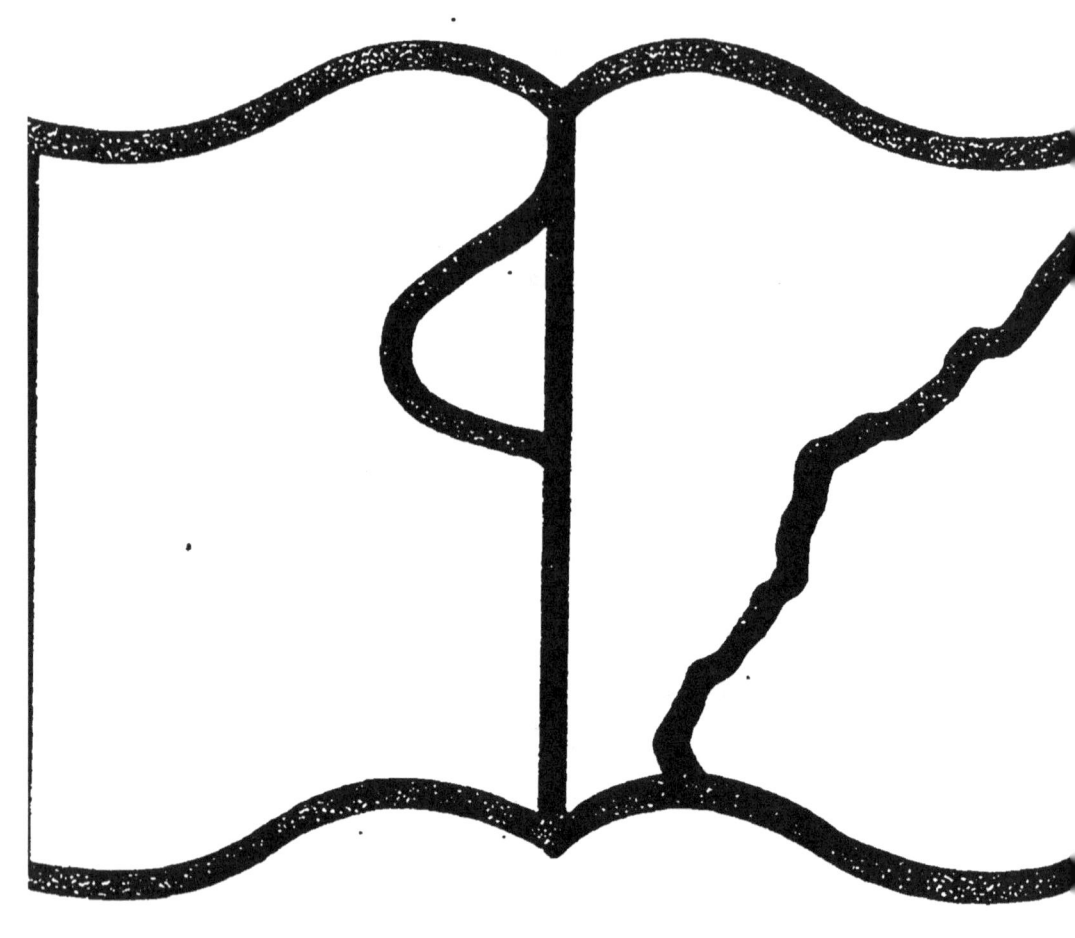

Texte détérioré — reliure défectueuse

NF Z 43-120-11

- Contraste insuffisant

NF Z 43-120-14

www.ingramcontent.com/pod-product-compliance
Lightning Source LLC
Chambersburg PA
CBHW071202240426
43669CB00038B/1582